U0908099

★ 二战将帅传记丛书 ★

ROMMEL's BIOGRAPHY

隆美尔全传

金泽灿 著

華中科技大學出版社
http://press.hust.edu.cn
中国 · 武汉

图书在版编目(CIP)数据

隆美尔全传 / 金泽灿著. -- 武汉 : 华中科技大学出版社, 2017.9(2023.7 重印)

ISBN 978-7-5680-3129-5

Ⅰ.①隆… Ⅱ.①金… Ⅲ.①隆美尔(Rommel,Erwin Johannes Eugen 1891-1944)-传记 Ⅳ.①K835.165.2

中国版本图书馆 CIP 数据核字(2017)第 155885 号

隆美尔全传
Longmeier Quanzhuan

金泽灿 著

选题策划:亢博剑
责任编辑:康 艳 沈剑锋
封面设计:今亮後聲 HOPESOUND 2580590616@qq.com · 小九 白今
责任校对:曾 婷
责任监印:朱 玢
出版发行:华中科技大学出版社(中国·武汉) 电话:(027)81321913
武汉市东湖新技术开发区华工科技园 邮编:430223
印 刷:鑫艺佳利(天津)印刷有限公司
开 本:710mm×1000mm 1/16
印 张:20.5
字 数:336 千字
版 次:2017 年 9 月第 1 版第 1 次印刷 2023 年 7 月第 1 版第 2 次印刷
定 价:88.00 元

【序言】

沙漠之狐

1944年10月14日，隆美尔这个曾经在“二战”北非战场上令盟军将领蒙哥马利、亚历山大、蒙巴顿等人吃尽苦头的“沙漠之狐”，在一辆小轿车中“结束”了自己的一生。这一年，距离他与希特勒第一次见面刚好10年。

这10年里，隆美尔起初只是军事院校的一名普通教员，之后得到希特勒的青睐，担任其大本营卫队长，进入德军最高统帅部，指挥装甲师。隆美尔由一名陆军中校一跃成为德国陆军元帅，他的成就令人震惊。他打破了德军高级将领多出自军人世家的传统，平民出身，且体质不佳；他也从未在“高级职务的摇篮”——德军总参谋部任职，却深受希特勒的宠信和重用，这使他遭到了众多总参谋部出身的同僚的忌妒。

不少评论家认为，隆美尔之所以能够声名远扬，风头盖过同期的其他德国将领，主要是出于宣传的需要。希特勒需要一个强悍、进取的军人偶像，以便向德军将士灌输一种成功的热望，向德国人民传达一种胜利的信念。于是，他选择了隆美尔——一个其貌不扬、身材矮小、出身平凡的陆军中校。在大众看来，这样的人在当时的德国随处可见，似乎人人都能望其项背。

当然，不是人人都能成为隆美尔。在被希特勒看重之前，隆美尔已经蛰伏多年，作为一名曾经在战场上浴血奋战的军人，他比任何人都渴望成功，渴望建立功勋。在第一次世界大战中，他在战场上多次立功，获得了功勋勋章。

战后，隆美尔进入军事院校成为教员，期间他以自己在“一战”中的亲身经历，总结了许多日后使他在北非战场上扬名立万的战术，并著录成书。在他的书中，进攻精神贯穿始终，因而定名为《步兵攻击》。凭借这本书，他叩开了辉煌的军旅生涯的大门，短短几年时间便当上了他梦寐以求的装甲师师长。一个步兵出身的指挥官，去指挥一支不受重视的装甲部队，既是一个挑战，也是一个机遇。在欧洲战场上，隆美尔的装甲兵指挥艺术在他一次次的亲历指挥中臻于完美。

作为一名出色的战术专家，隆美尔善于运用地利，出奇兵以制胜。他深知侦察的重要性，每次作战取胜均得益于仔细侦察。根据侦察的情报，或以正面示敌，或从侧翼迂回，或一路穷追猛打，或切割包围。

在北非战场，隆美尔“临危受命”，以其变幻莫测的战术、高超的指挥艺术及冒险突进的精神，率领编制不全的德国装甲部队、军心溃散的意军反戈一击，以迅雷不及掩耳之势打得训练有素、装备齐全的英军节节败退。他和他的非洲军团向傲慢的英国人展示了装甲部队作战的典范，也令英军闻风丧胆。即便整体实力远远超过了隆美尔，英军也不敢轻易与之决战，甚至一退数千里。就这样，隆美尔在生与死、血与火的残酷战争中缔造了一个个战术传奇，赢得了“沙漠之狐”的美誉。到 1942 年夏季，他击败部署在盖加拉和托卜鲁克之间的英第 8 军，进至尼罗河三角洲的边缘——他的偶像拿破仑曾挥剑战斗过的地方。

巧合的是，伟大的拿破仑曾将自己的军队抛在埃及悄悄返回法国，隆美尔也最终步自己偶像的后尘，离开了他的非洲军团（其中有身体不堪重负的因素），至此，他的军旅生涯已接近尾声。

诺曼底登陆后，隆美尔被卷入了刺杀希特勒的事件，受其参谋长斯派达尔牵连，被迫自杀。事后，希特勒为他举行了国葬。

总的来说，隆美尔在欧洲战场与北非战场的表现可圈可点。身为装甲兵指挥官，他身上有着其他德军军官，比如古德里安这位“闪击战”先驱的缩影，他们的指挥艺术在当时居于世界前列。后人评价隆美尔，除了称赞他精湛的战术之外，虽然对他身先士卒，总是身临前线指挥战斗，甚至亲自参与侦察工作的做法褒贬不一，但不可否认，这使他获得了底层士兵的敬重与热爱。他最为人诟病的是其战略把握能力，有人认为非洲军团败就败在他没有全局的战略眼光，缺乏严密的战略思维能力，导致非洲军团补给线太长，最终败给了蒙哥马利。

正义终归要战胜邪恶，当盟军在一次次的失败中获得机械化作战的经验后，凭借自身在人力、财力上的优势，渐渐取得了主动权，扭转了战局。纳粹的倒台，和平的重现，只是时间问题而已，这是身处纳粹战车上的隆美尔等一干纳粹军官们无法阻挡的。

在此，仅以与隆美尔同期的英国军事理论家李德·哈特的话作结：

隆美尔不仅在沙场上立下赫赫战功，而且更是在文笔上也扬名于后世。在他成为名将之前，便已根据他在第一次世界大战中的经验，写了一本非常优秀的步兵战术教科书。多数战术教科书的内容都是死气沉沉，毫无趣味可言，可是他这一本书却与众不同，显得异常活泼。在第二次世界大战中，战争更趋于机动性，他个人的地位也越来越高，所能写的范围也越来越广——他充分地利用了这个机会。他是一个天才的作家，也是一个天生的战士。

目　录

Contents

第一章　遵父命投笔从戎

幸福的童年

海登海姆是德国巴登－符腾堡州东部一个小小的县城，位于施瓦本汝拉山北侧的布伦茨河畔。1891 年 11 月 15 日，这是一个星期天，早晨的小镇稍微带点古典韵味，且如往常一样宁静。镇上没有多少人，人们大多显得沉默、古板，他们的生活也像布伦茨河水一样平静。

这天快到中午的时候，埃尔温·隆美尔校长离开正在上课的学生，匆匆赶回家里，他的妻子海伦生产了。这是个略显羸弱、肤色格外白净的男孩，是埃尔温·隆美尔的第二个孩子。按照传统习俗，老埃尔温·隆美尔以自己的名字为儿子命名，这样一来，孩子的名字就有些长——埃尔温·约翰尼斯·尤根·隆美尔。长辈们没有料到，这个很不起眼的男孩，日后会成为“二战”元凶希特勒的爱将之一，并跻身世界战争史的名将之列。

埃尔温家族与军方并没有太深的渊源，如果一定要在其家族中找到一点军事背景的话，那就是老埃尔温·隆美尔年轻时曾在炮兵部队服役过两年；隆美尔的哥哥卡尔后来为了逃避学校的考试而服兵役，成了一名陆军侦察机领航员。

老埃尔温·隆美尔时任海登海姆文科中学的校长和数学老师，以数学家的身份而小有名气，在海登海姆非常受人尊敬。他的祖上已有几代人从事这个高尚的职业，算得上是书香门第。不过，一个普普通通的中学教师即使做到了校长这个位置，还是无法与达官贵族相提并论，就其财富和地位而言，充其量可以划归中产阶级之列。他的长相也毫无特点，只有脸上那浓密的大胡子可能会给人留下一些印象。他的一头短发总是时髦地从中间分开，光滑地垂向两边，夹鼻眼镜紧紧地架在高耸的鼻梁上，学究气很足。他的性格有些古怪，不苟言笑，使人一眼见到就觉得他身上有着某种威严的气质。而他待人也确实很严厉，近乎苛刻，包括对自己的孩子。

隆美尔从小体弱多病，完全看不出他未来会在军队中有远大前程。许多人都认为，他注定要走他父亲的路，成为一个做学问的人。

隆美尔的母亲海伦·隆美尔出身于官宦人家，她的父亲冯·鲁斯是巴登－符腾堡州地方行政长官。受家庭教育和传统文化熏陶，她知书达理、善良贤惠。1886 年，老隆美尔娶了年轻漂亮的海伦为妻。婚后，这对基督教徒过着平静的生活，精心养育自己的孩子。除了长子卡尔、次子隆美尔外，后来他们又有了小儿子杰哈德和女儿小海伦。在这个家庭里，孩子们似乎有些疏离父亲而更亲近母亲。因为父亲醉心于教育孩子，经常出些稀奇古怪的题目来考问他们，比如这个建筑物叫什么名字，那种花属于什么科目。有一次，隆美尔的哥哥卡尔为此气得差点要用椅子去砸他的父亲。而母亲则很平易随和，有一颗慈爱之心，常常和孩子们打成一片。

隆美尔的相貌和他的母亲相似，与兄弟们相比，他体型显得矮胖，头发呈淡黄色而且略显稀薄，皮肤苍白，因而被家人称为“小白熊”。幼年的隆美尔性格温顺，常和兄弟姐妹一起在花园、小树林以及河畔自由自在地玩耍。据隆美尔本人的人事纪实录中夹着的备忘录上的自述，他的童年很幸福——“小时候常在自家宽大的庭院里游玩，十分幸福。”

老隆美尔并不热衷于仕途，也丝毫不指望借婚姻沾老丈人的光，他一心钻研学问，想在学术上有所成就。1898 年，老隆美尔成了阿伦文科中学的校长，全家也因此搬到阿伦。由于阿伦的小学刚升级为中学，已到入学年龄的隆美尔没有小学可读，而父母也不放心把他送到更远的地方去上学，于是就请了私人教师来授课。直到 1900 年，隆美尔才进入由父亲管理的中学就读。这是一所拉丁语学校，对于习惯家乡生活的隆美尔来说，在阿伦的学习成绩显然不尽如人意。他的哥哥卡尔不喜欢学习，喜欢各种游戏和运动，而隆美尔既不喜欢书本，也不偏爱游戏，即便是最吸引人的活动他也很少参与，更谈不上对竞技、体育等感兴趣，显得散漫而懒惰。他的学习成绩居于全班末位，但他毫不介意。

有一次，为了刺激隆美尔，前任老校长许诺说："如果隆美尔默书一字不差，我们就请一个乐队到郊外去玩一天。"他话音刚落，隆美尔立即安坐下来，很快便交上了一份连标点符号都毫无错误的试卷，他的记忆力真是令人惊讶。这是他第一次因老师的激励而调动自己的学习热忱。然而，老校长食言了，郊游化为泡影。隆美尔又恢复了以前那种凡事无所谓的姿态。

隆美尔 10 岁时，才发现自己的身材比同伴矮小。普鲁士民族普遍有尚武的传统，隆美尔在体质上已差人一等，而学习成绩也经常被人嘲笑，因此，这位柔弱少年难免有些自惭形秽，最终他被激起了上进心，变得活跃起来。为了增强体质，他开始自觉地加强锻炼，慢慢喜欢上了打网球、骑自行车、溜冰、登山等运动。同时，他对学习也越来越重视，尤其是自然科学和数学等学科的成绩明显变好。也许是从父亲那里继承了数学的天赋，他的数理思维敏锐而严密。从那时起，他开始理解父亲为什么能从自己喜欢的学问中找到乐趣，并对未来有了朦胧的憧憬和志向，由于喜欢机械学，他最大的愿望是当一名维修飞艇的工程师，并开始尝试制作飞艇。

他首先拿自家的一些钟表开刀，一有空就拆开研究。只要是带有机械装置的东西，他都十分好奇它们的工作原理，因此，东西无论新旧，大多在劫难逃，不少东西被他弄坏了，免不了挨父亲的责骂。就在美国的莱特兄弟发明飞机不久，欧洲刚刚出现原始的动力飞机时，14 岁的隆美尔和他的好友季特尔就制作出了一架完整的微型盒式滑翔机，并在阿伦郊外多次试飞。

据隆美尔在人事纪实录中说，那架滑翔机能飞起来，滑行几十米，并且拍下了珍贵的照片。这是一个不小的成就。隆美尔一直保存着这架滑翔机的照片，时不时就拿出来得意扬扬地夸耀一番。

1908 年，隆美尔转到格蒙登皇家现代中学五年级就读，这时他的学习成绩已经名列前茅。一年后，他升上六年级，这成了他入伍前的最高学历。由于学历不高，当他日后跻身将军、元帅之列时，与一些有着显赫家世、受过杰出教育的同行相比差距甚大，难免自愧不如，但这反过来也刺激了他奋发向上的意志力。

在进入这所学校的前一年，隆美尔在跳越一条宽阔的山溪时，不小心踩歪了石块，扭断了右脚的踝骨，幸好骨头接得还不错，让他免于成为残疾的风险。但他从此失去了对体育运动的兴趣，到这所学校后便一心一意地研究机械学，尽管当时没有多大成就，但阴差阳错地为他将来领导一支机械化部队打下了一定基础。

意外入伍

隆美尔自己很有信心成为一个机械工程师，但是，老隆美尔并不希望儿子像自己一样钻到学问堆里去，平淡地度过一生。真正凭做学问而功成名就者毕竟是凤毛麟角，所以，老隆美尔对儿子的志向不太赞同。

身为一个学究，老隆美尔受普鲁士军国主义思想的影响极深。普鲁士人是德意志民族中较富于传奇性的一员。在拉丁人眼中，他们是侵入并摧毁了罗马帝国的哥特人，与日耳曼人一样属于野蛮种族。但普鲁士人自己却认为，他们肩负着统一德意志民族的历史责任，更是德意志民族的希望。

19 世纪 60 年代，德意志资本主义经济得到迅猛发展，德意志已从落后的农业国发展成为工业化国家联盟。普鲁士国王威廉一世[①]任命俾斯麦[②]为宰相，开始了统一德意志的进程。俾斯麦认为，“德意志的统

---

① 威廉一世（1797—1888）：全名威廉·腓特烈·路德维希，普鲁士国王，德意志帝国第一任皇帝。因其统一德意志的伟大成就被后人称为“威廉大帝”。

② 俾斯麦：即奥托·冯·俾斯麦（1815—1898），德意志帝国首任宰相。任期内对内实施“铁血”政策，残酷镇压工人运动，对外运用联盟政策确立德国在欧洲的霸权，人称“铁血宰相”“德国的建筑师”及“德国的领航员”。著有回忆录《思考与回忆》。

威廉一世画像

一不是空谈，而是要用铁与血”，即普鲁士必须以武力来统一德意志。为此，被称为“铁血宰相”的俾斯麦对内进一步加强军事力量，并以此为后盾施展外交手段，通过三次王朝战争，于 1871 年统一了德意志（德国），结束了德意志长达 952 年的分裂状态。

普鲁士人的思维逐渐成了德意志的思维，他们严谨、逻辑性强、勤奋努力，有时就像机器的预定程序一样缺乏想象力，理智的控制力也超强。他们耐心、细致、坚韧，对快感的要求不强，别人觉得厌倦的事，他们大多能不知疲倦地干下去。因此，许多著名的数学家、科学家和哲

俾斯麦画像

学家都诞生在德国，如莱布尼茨、高斯①、希尔伯特、海森堡、爱因斯坦、康德和黑格尔。在一切学问领域，凡是艰苦沉闷但又基础性的工作，都是他们的专长。

老隆美尔就是最典型的德意志性格，他对孩子的影响和教育与他的个性是密切相关的。有人说，如果隆美尔出生在高斯之前，首先解析“1 + 100”谜题的人可能就不是高斯，而是隆美尔了。而第二次世界大

① 高斯：即阿尔弗雷德·高斯（1896—1967），德国国防军中将，第二次世界大战时任第5军首席参谋陆军总参谋部参谋、西线第10军参谋长及军长、第38军参谋长、德意志非洲军团参谋长等职。

战也不会持续那么长时间，且被《凡尔赛和约》[1] 认定的 4000 名战犯军官簿上也不会有埃尔温·隆美尔的名字，他的大名也许会被载入数学家的行列。

然而，历史不容假设，它往往具有戏剧性。德国人的天性适合打仗，这不仅因为他们是哥特人的后裔——在拉丁艺术家看来，哥特人皮肤白，眼睛蓝，身材高大，长相粗糙，笨重而没有风度，脸上的线条乱七八糟，近乎粗野，是比较好斗、崇尚武力征服的人——更因为他们能吃苦、守纪律、不怕死，在军事上就像在数学上一样富有逻辑能力。进入 20 世纪后，普鲁士军国主义思想也在孕育之中，新崛起的德意志帝国为了争夺世界霸权，积极扩军备战，军人的社会地位十分优越，比普通人享有更多的特权。受社会环境变化的影响老隆美尔自作主张地为儿子选择了从军之路，让这个柔弱的书生去经历战火的洗礼。

老隆美尔给驻符腾堡的炮兵部队写了一封申请信举荐自己的儿子，他在信中夸赞隆美尔“健壮、可靠，是一个优秀的体操运动员”，但遭到了拒绝。随后，他又向步兵部队提交申请。这次，符腾堡的步兵团接受了老隆美尔的申请，并通知隆美尔去报到体检。结果，医生发现体弱的隆美尔患有疝气。于是，老隆美尔为儿子安排了手术，并买了一套军官候补生军服。就这样，19 岁的隆美尔参军了。

上帝是公平的，他在赐予隆美尔柔弱的体质的同时，又让他拥有了另一样闪光的武器——非常灵光的大脑。心理学对这种现象的诠释是：文弱的人如果要做危险的事，往往斗智而不斗勇，所以通常选择走阴柔的路数。纵观隆美尔日后在战场上的表现，我们不难发现，背后狙击、出奇制胜、瞒天过海等招数被他发挥得淋漓尽致，其军事才能令人称道。

1910 年 7 月 19 日，19 岁的隆美尔正式加入驻魏因加滕的皇家陆军“威廉一世皇帝”符腾堡第 6 步兵团（即德意志帝国陆军第 124 步兵团

---

① 《凡尔赛和约》：全称《协约和参战各国对德和约》，结束第一次世界大战的和约之一，其主要目的是惩罚和削弱德国，所以战败国被排除在谈判之外。

第7连），成为一名下级军官候补生。起初他在连部做勤务工作，3个月后被提升为下士，6个月后成了一名中士。

隆美尔的母亲也认为做一名职业军人是很好的选择，“在德国，军官总是显赫的”。不过，要从军士做到军官，哪怕只是升个尉官，也并不容易，尤其是在和平年代，升迁更是缓慢。为此，隆美尔的母亲利用她的父亲冯·鲁斯州长在军队中的影响力，为隆美尔找到了一条捷径——上军官学校。于是，隆美尔入伍才半年多时间，就被送到波罗的海岸边的但泽皇家军官候补生学校进行培训。

情迷但泽

但泽濒临宁静的波罗的海，是波兰的一个美丽的海港城市。它从1793年起被普鲁士占领，当时属于德国。这座城市典雅的建筑和波罗的海的蓝色波涛，都令来自南德山区的隆美尔心驰神往，仙界般的环境预示着军校生活的美好。不过，平时的军训却十分严格。隆美尔的射击和操练相当出色，他尤其喜欢击剑和骑马，而且进步很快。尽管如此，校长还是有点为他担心，因为他“身材中等偏下，瘦弱，体格相当糟糕，而且很虚弱”。

尽管军事训练十分辛苦，但隆美尔还是以饱满的热忱参加各种课余活动。当时，当地驻军的军官团体经常举办正式舞会，但泽市民本来就有崇尚军人的传统，而市长又是一位尚武的德国绅士，非常赞成和支持当地的年轻姑娘参加舞会，甚至许多有教养的女士也来和年轻的军官们跳舞。起初也许是身材原因，隆美尔不喜欢这种沉闷多礼的盛大集会，也不大喜欢跳舞。后来，在一次舞会上，他遇到了一位风姿绰约、苗条漂亮的金发少女露西，这个美丽的女子令他怦然心动。此后，他便迷上了跳舞。与其说他是迷上了跳舞，不如说是迷上了露西。露西那娇小的身材、灵动的眼眸、活泼的性格深深印在了隆美尔的心中。

露西开始并不喜欢表情严肃、个子偏矮的隆美尔，觉得他一点儿军人气概都没有，但在第二次跳舞的时候，隆美尔突然变得活泼起来，非常主动地追求她。他按照普鲁士流行的方式戴上单片眼镜（军官候补生是禁止戴眼镜的），露西被他那搞怪的样子逗得哈哈大笑，觉得他不仅内敛刚毅，不失幽默感，而且严肃的外表下有着火一般的热情。一直对自己的身材不甚满意的隆美尔兴奋地对露西说："我们都是上帝的杰作，天生的一对。"他以军人的魅力深深地打动了露西，两人很快便坠入爱河。

露西全名叫露西·玛利亚·莫林，是意大利和波兰混血儿，这一年她刚满 17 岁。她并非但泽本地人，来这里是为了学习德语。她的父亲和隆美尔的父亲一样，曾经当过中学校长，但已经去世了。

美好的时光总是易逝。经过 8 个月时间的培训，隆美尔顺利地从军官候补生学校毕业，而且校长对他的评价很高，说他"性格倔强，意志坚韧不拔、热情活泼……守纪律、时间观念强、自觉、友善、智力过人，有高度的责任感，是一个很能干的军人"。

1912 年 1 月 27 日，隆美尔获得少尉军衔，重新回到符腾堡第 6 步兵团。

一对热恋的情侣就此分离，此后，隆美尔只能靠书信与露西保持联络。他们的关系对他的父母来说还是一个秘密，以他们的年龄和职位，爱情不可能很快就开花结果。所以，他写给露西的信件，一般是偷偷投进驻地外的民用邮箱，再转交她所在地的邮局，以免信件被她的母亲拦截。

这年春天，露西寄给他一张很特别的明信片，上面贴有她戴着草帽在风靡一时的探戈舞会上表演的照片，这让隆美尔高兴了很长一段时间。从照片中可以看出，随着露西逐渐长大，她出落得愈发漂亮了。隆美尔十分想念她，恨不得每天都能见到她的新照片，就像每天都能见到她本人一样。他在回信中写道："我收到了你从家乡寄来的明信片，可我仍旧在等着更多的照片，如果你让我等得太久的话，我很快会对你感到恼火的。我希望你认真地对待这件事。"

回到部队后，隆美尔主要负责该连的新兵训练工作。魏因加腾是德意志联邦共和国南部巴登－符腾堡州的重要城市，第 124 步兵团驻扎在靠近魏因加腾的一座古老修道院里。隆美尔不喜欢这座修道院，觉得它的气氛过于肃穆沉闷。他每天都在做一些机械而枯燥的琐事，日复一日、毫无变化的训练工作令他快活不起来。他既不喝酒也不抽烟，与他的年龄相比，他显得过于老成持重。这并不是因为威卡尔登的夜生活不丰富，相反，这座城市的年轻女子比但泽的女子更大方、更开放，但这位年轻的少尉丝毫不为所动。事实上，他还是一个禁欲主义者，唯一能使他的生活丰富一点儿的事情是到野外一边散步一边读书。驻地附近有一片森林，正是一个可以安静学习的好地方。他主要研读自然科学和一些军事著作，尤其喜欢读对战术论述比较详细的著作，如克劳塞维茨[①]、约米尼[②]等人的军事著作，以及描写近代的沙恩霍斯特将军、格奈森将军的一些战例方面的书。慢慢地，他在训练中初步展示出自己在军事组织和指挥方面的特殊才能。他在训话时常常向士兵们灌输由普鲁士创建的德意志第二帝国即将成为一个“世界帝国”的侵略思想——这个帝国的社会制度、国家制度和社会结构都是完美无缺的，军人的职责就是不惜代价捍卫现存的一切。

不久，隆美尔平静的生活被家庭发生的变故打破了。1913 年夏，在做完一次小手术后不久，老隆美尔去世了，隆美尔没能见上父亲最后一面。尽管他对父亲并不是那么亲近，但父亲的死仍然给他的生活蒙上了一层阴影，毕竟父亲做了他应该为儿子做的一切，并把他的忠诚、敬业精神给留传了下来。隆美尔经历父亲的死亡后，开始思考国家命运、家族命运和自己的命运，他首先想到的是自己的军人生涯应当有所建树，在事业上出人头地，这样才不会辜负一心助他参军的父亲的遗愿。

就在隆美尔确立自己的奋斗目标之际，又发生了一件让他遗憾终生的事情。

---

① 克劳塞维茨：即卡尔·菲利普·戈特弗里德·冯·克劳塞维茨（1780—1831 年），德国军事理论家和军事历史学家，普鲁士军队少将。著有《战争论》一书。

② 约米尼：即安托万·亨利·约米尼（1779—1869），瑞士裔法国将领、军事理论家，现代军事思想的奠基人之一。受拿破仑赏识被任命为上校参谋、参谋长。著有《战略学原理》《战争艺术概论》等书。

克劳塞维茨画像

一天，隆美尔正在郊外一边看书一边思考问题。他对拿破仑和汉尼拔[①]的指挥艺术很感兴趣，因为他们曾经率领由不同民族和种族组成的大军，在远离祖国的异国他乡常年征战，而他们同时又是杰出的政治家。战争本身就是政治斗争不可调和的产物，但隆美尔不喜欢把战争与政治搅在一起，或者说他一点儿也不喜欢政治，而偏好于思考战争指挥艺术及战术运用。兴趣的单一带来了专注，我们无从得知这位年轻的少尉当时悟到了多少领兵作战之道，以至于后来他的指挥艺术似乎浑然天成。

---

① 汉尼拔：即汉尼拔・巴卡（前247—前183），北非古国迦太基名将、军事家、欧洲历史上最伟大的四大军事统帅之一，被誉为“战略之父”。

隆美尔正思考得入迷，突然听到有人跟他打招呼，他抬头看了对方一眼，不禁有些惊讶。对方是一个漂亮端庄的年轻女子，而他从未见过她，开始他还以为她是个站街女，不打算理会她，但他完全想错了。原来她骑自行车不小心撞到树上，把车把弄歪了，想请他帮忙矫正一下。临别时，她除了道谢外，还把自己的名字告诉了他：瓦贝卡·史坦慕尔。

隆美尔很快就将这件事忘记了，然而，命中注定他们会再次相见。不久，隆美尔得了严重的胃病，由于部队医疗所条件有限，他住进了一家教会医院，而瓦贝卡正是这家医院的医护人员。

隆美尔住院期间，瓦贝卡对他倍加关心，悉心照料。他们一起讨论信仰问题，尽管两人都不是教徒。信仰对隆美尔来说是一个很纠结的难题。他不信上帝，因为上帝只赐给教徒福祉；他也不信仰党派，因为党派只会为自己的利益而争斗。但他对拯救国家的普鲁士战斗精神充满了敬佩之情，并认为军人应以忠诚服从、敢于战斗、为国效死为准则，不惜牺牲、不计代价。他指着少尉肩章的图案对瓦贝卡说："你看见肩章后面一根元帅的权杖①没有？"瓦贝卡盯着肩章看了半天，哪里有什么权杖？她突然明白了隆美尔的意思，不由得大笑起来。

瓦贝卡是一个聪颖、有见识的女子，她不仅能理解隆美尔所说的信仰和理想，而且深有同感，不管做哪一行都要做到最好，做军人就要做到元帅。隆美尔还跟她讨论过心目中的英雄偶像恺撒大帝、腓特烈大帝。恺撒坚信一个原则：最好的防守就是进攻。这影响了隆美尔在日后众多战役中的战术运用。

这年秋天，瓦贝卡怀孕了，事情来得如此突然，以至于双方都心慌意乱。他们还没有考虑过婚姻问题，隆美尔甚至没有向瓦贝卡表白过爱情。瓦贝卡比隆美尔大一岁，她知道自己只是一时冲动与他有了肌肤之亲，并不小心有了孩子，尽管她喜欢这个书生气十足的小个子军官，但

---

① 元帅的权杖：一种象征着元帅的责任和权威的手杖。第二次世界大战期间希特勒曾向隆美尔赠予元帅权杖。

以他眼下的状况，他们不可能结婚，甚至以后也不可能有任何结果。隆美尔内心的负罪感也很重，他还一直思念着露西，即使与瓦贝卡在一起的时候也无法忘记她，他觉得既对不起露西，也伤害了瓦贝卡。他只得请求瓦贝卡宽恕自己，并让她不要公开此事，如果孩子生下来，他将支付全部生活费用。瓦贝卡爽快地答应了隆美尔的要求，第二年她生了个女孩，取名哥露特。隆美尔后来也请妻子露西宽恕他这一严重的“过错”，这是他生命中的一大憾事。每次他给女儿哥露特写信的时候，最后的署名总是写“爱你的叔叔”。

病愈归队后，怀着对亡父和瓦贝卡的负疚感，隆美尔开始努力工作。由于工作表现突出，他赢得了该团团长斯坦因上校的赞扬，说他“全身心地工作”“多有成就”，并将他提升为中尉。

第二章　崭露头角立战功

“一战”爆发

1914 年年初，隆美尔的工作变得忙碌起来，因为这一年团里的新兵增加了好几倍。他以军人的敏感判定，这必是为即将开始的战争作准备。他开始关心起时事来。3 月，他接到命令，被调到驻乌尔姆的皇家陆军第 3 野战炮兵团（即德意志帝国陆军第 49 野战炮兵团）。该团与第 6 步兵团同属驻符腾堡的陆军第 27 步兵师，驻地离隆美尔的家乡不远，这使他有机会跟家人见面并得到了不少他们的消息。

按照传统，德军始终十分重视炮兵建设，炮兵的装备明显优于其他欧洲国家，但炮兵部队的训练却算不上一流水平。隆美尔借此良机，一边如饥似渴地学习炮兵知识，一边积极组织连队训练。

此时，大战的阴云已经笼罩在德国上空，英、法、俄等国组成了协约国组织，德国、奥斯曼帝国、奥匈帝国等则结成了同盟国联盟，两大阵营的矛盾日益尖锐，战争一触即发。

进入夏季，德军开始朝南方的法国边境移动。威廉二世①自恃拥有世界一流的军队，早就梦想把锁在密室中的“施里芬计划”② 付诸实

---

① 威廉二世（1859—1941）：德意志末代皇帝、普鲁士国王，威廉一世的长孙。第二次世界大战后退位。

② “施里芬计划”：第一次世界大战前由德国元帅阿尔弗雷德·冯·施里芬提出、德国总参谋部制订的一套作战计划，此计划的目的是应付来自德国东西两面的敌国的夹攻，可以视为后来的“闪电战”的雏形。

施，实现自己征服世界的野心。

1914 年 6 月 28 日，奥匈帝国的皇储斐迪南在塞尔维亚被刺杀，“一战”导火索“萨拉热窝事件”爆发，威廉二世立即怂恿奥匈帝国向塞尔维亚宣战。7 月 31 日，威廉二世迫不及待地宣布德国进入“战争危急状态”。

斐迪南大公一家

从穿上军装、踏进军营的那一刻起，争强好胜的隆美尔就被一种建功立业、出人头地的渴望折磨着，他时时刻刻都在祈求战争早日到来，以便在硝烟弥漫的战场上一展身手。因此，当他得知德国进入“战争危急状态”的消息后，兴奋不已，在纪实录中详细描写了这段时间的所见所闻所感：

德国农村要想摆脱战争灾难的威胁实在是不容易。坟墓和忧心忡忡的面孔到处可见，古怪的谣言以光一般的速度四处传播，天一亮，人们便一个接一个地拥挤在报摊周围。

清晨7点左右，第49野战炮团第4连踏着整齐的步伐走过城市古老的鹅卵石路，队列前头是团队的军乐队。《保卫莱茵》的乐曲在狭窄的街道上空回响，市民们把所有的窗户都敞开，男女老幼的声音一起加入这雄壮的旋律中。

我骑在马上，是这个用清一色的战马拉着大炮前进的连队的一名排长。自3月1日起，我便被派到这个连队。我们快步走进清晨的阳光里，就像往常每天的操练一样，然后在成千上万欢腾的人群陪伴下又返回营房。

对我来说，这是在炮兵队伍中的最后一次操练……由于局势变得一天比一天严峻，我必须不惜任何代价返回自己的老团队中去，这个连队近两年的新兵都是我训练的。

在勤务兵汉尔的帮助下，我匆匆整理好自己的全部财物。晚间我和前来迎接我的好友贝伊中尉一起步行回到我们的驻防区——魏因加腾。我们谈起了战争中可能面临的严峻形势，尤其对我们这些年轻的步兵军官来说，这一形势就更不一般了。

1914年8月，驻扎在坚固的魏因加腾修道院里的连队营房就像一个繁忙的蜂巢，士兵们全都穿上了土灰色的军装。我回去报到，重新和第7连的部下聚在一起，很可能我将带领他们参加战斗。那一张张年轻的脸上，洋溢着多么快乐、兴奋和期待的神情呵，想必没有比率领这样的士兵与敌人作战更美妙的事情了！

下午6点，全团接受检阅，汉斯上校对穿着灰色军服的部下进行第一次检阅后，作了一篇热情洋溢的演说。就在我们解散的时候，动员令下达了。战争就这样开始了！士气高昂的德国青年兴高采烈的欢呼声在修道院历经沧桑的四壁间回荡。我们的上司动员大家准备战斗！我们刚才向指挥官作出的保证，现在能够而且将用我们的行动加以证实：忠于祖国，至死不渝。

1914 年 7 月 31 日，在奥匈帝国对塞尔维亚宣战三天后，俄国沙皇进行了总动员，准备插手巴尔干。作为奥匈帝国的盟国，德国对协约国宣战已迫在眉睫。8 月 1 日，德国正式对俄宣战。8 月 3 日，德国又对法国宣战。8 月 4 日，德国入侵比利时；同日，英国以德国侵犯比利时为借口，向德宣战。8 月 23 日，日本对德宣战，8 月 25 日又对奥匈帝国宣战。第一次世界大战就这样像火山一样全面爆发了。

8 月初，在隆美尔的强烈要求下，他又转回第 6 步兵团，担任该团第 2 营第 7 连的一个排长，率队出征。

8 月 2 日夜幕降临时，隆美尔目送第 6 步兵团前往拉芬斯堡，朝西部边境进发，而隆美尔因为要带领预备队殿后，晚儿天才能出发。乐队奏起乐曲，人群欢呼雀跃，以满腔的热忱欢送步兵团出征。

8 月 5 日，隆美尔和他所在的部队，在人们的欢呼声中开赴前线。对于当时的情景，隆美尔在纪实录中这样写道：

在科威汉姆，我和母亲、两个兄弟和妹妹的会面只是短短的几分钟，火车很快就鸣笛启动了，告别的时候来临了！啊，这最后的一瞥，最后的一次握手！

穿越施瓦本汝拉美丽的河谷和草原的行军是令人难以忘怀的。士兵们唱着歌，每到一个车站，人们都用水果、巧克力和面包欢迎我们。夜里，我们跨过莱茵河，探照灯的光柱划破夜空，搜寻着敌人的飞机和飞艇。歌声渐渐停歇，士兵们躺在座位和地板上沉入了梦乡。我站在机车的踏脚板上，凝视着机车锅炉敞开的炉膛（火光仿佛象征着命运，燃烧而飘忽，前面可能有死亡，也有可能是荣誉），或是盯着窗外宛如正在窃窃私语的沉闷的夏夜。我还能再次见到母亲和家乡的人吗？

8 月 6 日下午晚些时候，我们到达了目的地。走出窄小的车厢，使人感到说不出的舒坦。我们行军穿过迪登霍芬，向路斯瓦勒行进。迪登霍芬不是一个洁净的所在，街道和房屋都很肮脏，人也不太友善，与我们施瓦本汝拉的故土相比，区别太大。我们继续轻快地向前行进。夜幕降临时，下起了瓢泼大雨，不一会儿，大伙全身都湿透了，背包压得我们喘不过气来。这是良好的开端。几英里①外的法国边境上隐约传来零星的枪声。

隆美尔以优美的文笔，勾画了战争第一夜生动而立体的画面。这画面鲜明而轻快，正是这个年轻中尉的心情写照，体现了他怀着梦想踏上战场时激动而复杂的感情。他唯独没有考虑的是，战争将给无辜的普通民众带来深重的伤害，而这跟一个年轻军官迫切渴望在战场上建功立业是相互矛盾的。一切就这样开始了，命运将指引他通向何方呢?

初露锋芒

早在隆美尔刚刚参军的时候，北非就已经燃起了战争的硝烟。1911年10月初，意大利海军联合舰队以战列舰“维克多·伊曼纽尔”号、“埃列娜女王”号、“罗马”号和“那波里”号为核心，闯过地中海，抵达的黎波里港外，打算进攻土耳其在北非的殖民地——地中海南岸的利比亚。这些舰艇首先向土耳其人的海岸炮台射击，随后，意军派遣海军陆战队登陆。土耳其军驻利比亚要塞的黎波里的兵力不足，因而没有抵抗太久便撤出了这座历史名城。

意军占领的黎波里之后，继续在的黎波里塔尼亚②和昔兰尼加③登

① 1英里=1.609千米。

② 的黎波里塔尼亚：也称“泰拉布鲁斯”，指利比亚西北部地区，是利比亚非常重要的政治、经济、文化中心。

③ 昔兰尼加：指利比亚东部地区，范围从利比亚中部往东到埃及边境，南部到利比亚与乍得和苏丹交界处。在陆地上受埃及影响，在海上受希腊影响，属典型的东地中海文化圈。

陆，陆续占领了胡姆斯、德尔纳、托卜鲁克和班加西[①]。但意大利海军仅拥有制海权的优势，步兵刚走出的黎波里两英里，便被土耳其和利比亚联军打得一败涂地。随后，意军将大量炮兵、弹药、装备和人员源源不断地运到利比亚这块被称为“第四海岸”的土地上。

土耳其人自然不会甘心让意大利夺走利比亚，他们从本土君士坦丁堡经埃及派来了他们最优秀的军事指挥官，在陆地上与意军展开了一场真正的较量。意大利人原以为入侵不过是一场“阅兵式”，根本没把土耳其人放在眼里。他们忽视了土耳其人的战斗精神。

战斗开始后，一群群强悍的部落人从沙漠和绿洲赶到沿海地区，与土耳其正规军并肩战斗，把意军封锁在沿海几个孤立的据点里，并在意军的大炮射程之外公开扎营。经过几次小规模的战斗后，利比亚军队很快便变得聪明起来。他们意识到，仅凭老式的单发希腊式步枪和战马去攻击装有铁刺网和机枪防御的沿海据点，是一种有勇无谋的自杀行为。遗憾的是，他们学会了谨慎，却没学会耐心，总想身披长袍，挥舞马刀，把意军杀个干净。

而意军则从最初的战斗中学会了耐心和等待。他们用了好几个月时间，才推进了几十英里，再进一步就是黄色的沙漠了，那里是利比亚人的天下，意军的每一次推进都被利比亚骑兵击退。双方相持不下：意大利军队背靠着海洋，利比亚军队依托着沙漠，各取所长。

一年后，意大利政府和土耳其政府在瑞士洛桑签订了和约。双方撤出各自在利比亚的军队。意大利享有在利比亚的宗主权，的黎波里塔尼亚和昔兰尼加完全独立，但由土耳其苏丹[②]派人管理。列强也承认了和约及意大利的宗主权。

隆美尔很早便开始关注在这片贫瘠土地上发生的战争，他认为，发动这样的战争纯粹是出于军事需要（石油当时还没有引起人们的重视），占领这一地区对控制地中海的制海权具有十分重大的作用。

---

① 班加西：位于利比亚东北部，西临地中海苏尔特湾，是利比亚第二大城市、重要海港。

② 苏丹：此处指阿拉伯语的尊称，对一个特殊统治者的称号。

土耳其没有得到国际上的声援，也没有更多的军队来抵抗意军，只好放弃了利比亚。但利比亚人不愿屈服，他们决心为自由和独立而战。这种战斗在大沙漠里整整持续了 20 年，消耗了意大利大量的军力和财力。

当然，的黎波里塔尼亚的抵抗是有限的，毕竟双方军事实力悬殊。一位柏柏尔人首领要求独立，遭到意大利的拒绝，于是他组织人马在内富萨山区与意军打了一仗，结果被击溃。再加上当时沿海平原的人比较富裕，并不想打仗，因此，的黎波里塔尼亚很快就被意军征服了。

昔兰尼加的情形则恰好相反。这里是塞努西教团的天下，塞努西教团具有极强的宗教号召力。另外，一些土耳其志愿军也留在山区帮助部落人反抗，战争陷入了漫长而血腥的泥沼。

意军已经积累了一些对付利比亚人的经验，他们使用大量兵力，步步为营，稳扎稳打，渐渐控制了局势，小心翼翼地朝南方的沙漠地带推进。当发现利比亚人没怎么抵抗之后，他们便胆大起来，决定孤军深入费赞，抢在法军之前确定利比亚的南方边界，保住这块看起来没有多少价值的沙漠国土。

在米亚尼中校的指挥下，意军经过艰苦跋涉，终于到达了费赞，并占领了几处绿洲。米亚尼中校的军事行动与两千年前罗马帝国大将费斯特的费赞远征极为相似，但军事成就却差得多。意军在横越沙漠时几乎没有见到任何活物，沙漠中的人和牛羊都转移到锡尔提加去了。部落民众决心抵抗到底，自由对他们来说比生命更珍贵。意军虽然到达了地理上的目的地，但饥渴、天花、斑疹、伤寒、黄疸病等沙漠瘟疫几乎要把他们拖垮了。他们驻扎在分隔得很远的几处绿洲中，给养和弹药全靠易受攻击的骆驼队运输。

塞努西教团领袖赛义德·艾哈迈德是一位天生的沙漠作战能手，他立刻看出战争的关键地区就是费赞绿洲区。在那里，他不必与意军正面交火，只要袭扰他们漫长而脆弱的补给线就足以置他们于死地。于是，艾哈迈德在费赞东边的沙漠深处建立了自己的军事大本营，把他的部下从马尔马里加地区迅速转移到了那里。

沙漠部落在锡尔提加这样的死亡地带调动起来真像个谜：他们怎样解决水和粮食问题？怎样应对昼热夜寒的天气？又怎样识别方向？不管怎样，抵抗大军转移到了费赞的侧翼，致命的攻击马上就要开始了。

1914 年 8 月，一支意大利补给驼队在沙漠中被歼灭了。从此，再没有哪一支补给纵队能从的黎波里塔尼亚安全到达费赞。意军失去了补给，就像失水的植物一样很快就“枯萎”了。这时，塞努西部队不失时机地对意军发起了正面攻击。一系列要塞相继失守，其中包括费赞的一些重要城镇。意大利的红、白、绿三色旗在费赞绿洲飘扬了仅仅 4 个月，就被利比亚人拔光了。最终，米亚尼中校带着不足 1000 人的部队撤回地中海海岸，这次远征以失败告终，利比亚人获得了一次意义重大的胜利。

意大利设在的黎波里塔尼亚的政府为此惊慌失措，宣布所有占领区都进入紧急状态。但塞努西教团的势力因胜利而越来越强大。1915 年 3 月，深入沙漠攻击的一支意军部队几乎被塞努西部队全歼。米亚尼中校不甘失败，率领一支 4000 多人的意军部队，由 35 名利比亚人为向导，再次深入锡尔特沙漠。战斗刚一打响，利比亚向导全部倒戈，经过一番残酷的杀戮，只有米亚尼中校和少数人逃脱。塞努西部队缴获了 5000 多支步枪、几百万发子弹以及 12 门大炮，从而士气大振。意军被迫放弃一个又一个据点，退向沿海，撤退很快变成了溃逃。部落骑兵凶猛地追击溃逃的意军，大批意军官兵被杀死。到最后，意军只得守在的黎波里塔尼亚、胡姆斯等几个沿海大港口城市，以扬长避短。的黎波里塔尼亚的态势又恢复到 1911 年刚开始时的样子。沙漠之战后，连意大利也承认自己遭到了“可耻的失败”，加上意大利准备投入第一次世界大战，只得暂时搁置对利比亚的征服，仅以零星战斗力维持现状。

随着的黎波里塔尼亚的大撤退，意军在昔兰尼加的撤退也开始了。此时的意军只占据了沿海 20 英里的狭长地带，而把整个绿洲区丢给了一度陷于惨败的塞努西部队。当土耳其宣布对协约国作战时，德国、奥匈帝国和土耳其的潜水艇就活跃在昔兰尼加海岸，为利比亚运来了一批军官和武器，部落人对意军继续施加压力。

1915 年 11 月，塞努西部队放弃自身擅长的游击战术，由土耳其人指挥，从利比亚一直杀向埃及的英军阵地。他们一路势如破竹，一直打到阿拉曼①，结果被英军打得落花流水，从此一蹶不振。

这与第一次世界大战无关，却与隆美尔有关。后来隆美尔在“二战”中也沿着同样的路线打到阿拉曼，被人称为“沙漠之狐”，但又同样被击败，成了一个绝妙的历史巧合。

现在让我们将视线转向隆美尔在“一战”中的表现吧！

1914 年 8 月，德国东、西两线几乎同时开战。西线德军按“施里芬计划”向比利时、卢森堡和荷兰进攻，然后向西南迂回，避开法军主力兵团，直驱巴黎；接着在巴黎以西展开大规模的包围行动，将法军主力逼至法国东部边境地区，并会同在此战斗的另一支德军主力迅速全歼法军。

这是 1757 年腓特烈大帝著名的洛伊滕会战的大规模重演，德军统帅部认为必胜无疑。当时一位外国的内行军事评论家这样描述战争爆发前的情况：“它像一场赌博，如果一个人走一圈去看圆桌周围的赌徒们手中的牌，他准会认为德国人能赢。”德国人也怀着这种必胜的心态和希望。他们认为，法国早在 40 年前就是手下败将，这次作战必胜无疑。

隆美尔所在的部队——第 6 步兵团此次正是赶赴西线作战部队。

8 月 6 日天很晚的时候，火车终于停下了，部队抵达靠近法国边境的迪登霍芬车站。下火车后，隆美尔跟着队伍一路疾行，来到路斯瓦勒。当地人对这些前来“为了祖国而战”的士兵们并没有展示他们的友好，这就导致他们不能在此宿营，只得继续朝比利时境内行进。

8 月 20 日，德军拿下比利时后，兵分五路，直指法国北部。法、英两国原本也研究过如何防止和阻挡可能发生的德军从比利时进攻法国的问题，但直到战争爆发也没有形成统一意见，所以，德军的进攻一路畅通。

8 月 23 日清晨，隆美尔所在的排在比利时战场上与法军交上了火。

---

① 阿拉曼：位于埃及北部，是第二次世界大战北非地区的主战场。

这是隆美尔生平第一次参加实战。上司交给他的任务是率领这个排对朗维附近浓雾缭绕的百里村进行侦察。此前他已经连续巡逻 24 个小时，几乎没有合眼睡上一觉，加上吃了一些有毒的食物，现在的隆美尔已经精疲力竭，连抬腿上马的力气都没有了。

但是，接到命令后，隆美尔立即带领全排出发了。他们在村子附近遭到法军的阻击，隆美尔立即吩咐部下原地待命，自己带上一名军士和两名下等兵继续前进。透过浓雾，他们依稀可以看见一道高耸的篱笆，里面围着一家农舍，有一条小路与另一家农舍相连。在转角处，隆美尔终于看清对手是 20 多名法军士兵，他们站在路的两旁，而隆美尔这边只有 4 个人，双方力量悬殊。

隆美尔来不及考虑，大叫一声，一跃而起朝法军冲了过去。他一边冲一边开枪，他的三个同伴也立即就地射击，几名法军士兵应声倒下，其他法军士兵连忙卧倒还击，猛烈的火力压得隆美尔无法抬头。这时，排里的其他士兵听到枪声后迅速赶了过来。隆美尔命令一半人以火力掩护，另一半人以麦秸为掩护接近小屋，然后把麦秸点燃扔进小屋和马厩中。就这样，隆美尔率部突破了敌人的防线，与残敌展开了“逐屋争夺战”，直到把村里的敌人全部肃清为止。

进入 9 月后，战场上的形势发生了变化。从西线全局来看，由于德军步兵部队机动速度太慢，无力实施大规模的迂回，也未能集中起占绝对优势的兵力来包围法军主力，以致法军顺利逃出包围圈。德军企图“速战速决”全歼法军的计划彻底破产了。

9 月 3 日，法国政府被迫撤出巴黎，迁往波尔多；英军也紧随其后，步步后撤。就在这时，德军总参谋长小毛奇①削弱了西线右纵队的力量，从中调出 2 个步兵师和 1 个骑兵师前往东线抵御俄军，留下 4 个师防守比利时，并将另 3 个师调往法国边境执行封锁任务。

法军和英国远征军于 9 月初撤至马恩河以南，在巴黎至凡尔登一线

---

① 小毛奇：即赫尔穆特·约翰内斯·路德维希·冯·毛奇（1848—1916），俗称小毛奇，德意志帝国陆军大将。第一次世界大战初期任德军总参谋长，主持施里芬计划，因计划失败被解职。

1914 年，在马恩河战役后三天，德军开始撤退

布防。法军总参谋长约瑟夫·霞飞[①]抓住这一有利战机，排兵布阵，准备实施反攻。德军总参谋长小毛奇获悉法军即将反攻后，考虑到西线德军继续进攻的力量不足，于 9 月 4 日命令部队在巴黎以东转入防御。德第 1 集团军司令克鲁克则继续率军南下，形成有利于联军反击的态势。

9 月 8 日，克鲁克所部撤至马恩河北岸，法第 5 集团军和英国远征军逼近马恩河，构成对德第 1 集团军的包围态势。由于德军兵力不敌，又对地理不熟悉，这场大规模会战以德军失败而告终。

这就是著名的第一次马恩河战役，双方共有 152 万人参战，法军以死亡 2.1 万人、受伤 12.2 万人的代价，换取了德军 1.3 万人死亡、17.3 万人受伤的胜利，更重要的是，它扭转了“德进法退”的战局。德军总参谋长小毛奇因指挥失误而被解职，继任者为法尔肯海恩[②]。此后，双方又进行了代号为“奔向海岸”的战斗，争夺多佛尔海峡沿岸地区，但德

---

① 约瑟夫·霞飞（1852—1931）：法国元帅、军事家。第一次世界大战初期任法军总指挥，因性格沉稳而略显迟钝，被称为“迟钝将军”。

② 法尔肯海恩：即埃里希·冯·法尔肯海恩（1861—1922），德意志帝国步兵上将。曾参加八国联军镇压中国的义和团运动。第一次世界大战中任德军总参谋长。

军未能达到切断英、法军队交通要道的目的，该地区在双方你争我夺中，多次易手。

9 月 24 日，隆美尔率部抵达瓦伦尼斯。在这里，他又孤身遇敌，以一支空步枪与三名法军士兵周旋、肉搏，最终俘虏了他们。这一机智勇敢的行动使他获得了平生第一枚战斗勋章——二级铁十字勋章，但他也为此付出了代价，他的左腿被一颗步枪流弹打伤，不得不住进医院。

从 12 月起，德军在西线的进攻层层受阻，战争演变成了一场旷日持久的堑壕战和阵地战，双方的伤亡也随着时间的推移而不断增多。

1915 年 1 月中旬，隆美尔伤好归队，当时德军第 6 步兵团正陷在阿贡纳斯森林里，与法军进行着难解难分且疲惫不堪的堑壕战。隆美尔分析了敌我形势，立即向上司建议主动出击，这是根据他最初的战术思想提出来的。两个星期后，隆美尔奉命带着一队士兵主动向法军发起进攻，由于行动突然，阵地上的法军几乎惊呆了。隆美尔率先爬过 100 多米铁刺网，带领部下闯进法军的主要阵地，并一口气攻占了法军的 4 个地堡，随后又凭借这 4 个地堡打退了法军一个营的反攻，法军为此愤怒不已，组织了一次更大规模的反攻。隆美尔深知力不能敌，便在法军调派大批军队重新组织反攻前，带领士兵迅速撤出了阵地。在整个战斗中，隆美尔的损失不足 12 人。他这一勇敢行动，使他获得了另一枚更高的勋章：一级铁十字勋章。在第 6 步兵团里，他是第一位获得如此高荣誉的尉级军官，因而在全团小有名气。

从这场战役开始，隆美尔逐渐形成了自己的战斗风格，即不论作战规模大小，一有机会就采取先发制人的打法，抢先一步把敌人的阵脚打乱，效果总是不错。他在枪林弹雨中奔跑，冲击铁刺网，守卫积满雨水的战壕，看着周围的人一个个死去。起初，伤兵的惨叫还会给他留下印象，后来他对一切都习惯了、麻木了。减少伤亡的最好办法就是主动进攻，抢先一步把敌人消灭，隆美尔慢慢懂得了什么叫战争。不过，德军的其他部队并没有像隆美尔那样主动进攻，这种僵局在西线战场上一直持续到 1917 年。隆美尔曾为德军的一路挺进而振奋不已，也曾为德军被迫败退而扼腕叹息。但他一直坚信，服从指挥、忠于德皇，是自己不可推卸的职责。或许正是这一心态，导致他在日后希特勒发动的那场罪恶的战争中执迷不悟，离正义越来越远。

1915 年 1 月底，在土耳其的战事进行得尤为激烈，英、俄军队与德国本土军队打得热闹非凡。隆美尔内心很向往那样的战场，而且他的哥哥卡尔也在那里作战，他不想在西线僵持的战争中浪费时间，日夜盼望有一天能够前往土耳其，并为此做着积极的准备，甚至开始学起了土耳其语。不过他最终未能如愿以偿，只能在法国的土地上艰苦奋战。值得庆幸的是，他的种种表现得到了上司的认可。

荣获功勋奖章

1915 年 10 月，隆美尔被派往符腾堡山地营第 2 连担任连指挥官。

到达符腾堡山地营后，隆美尔才知道这是一个新建的加强营，不仅编制不齐，而且士兵普遍没有经过训练。按照编制，全营应有 6 个步兵连和 6 个山地机枪排，比普通步兵营的规模要大近一倍，但实际差距却很大。

不过，组建山地营并不是要把它作为一个整体团队投入作战，而主要是把它的各个连单独运用到山地进攻行动中，这正是隆美尔喜欢干的事情。在这种特种突击部队中，不用机械地排兵布阵，而要发挥机动作战的特长。为了适应战场的需要，整整一年时间，隆美尔都在对连队进行特殊训练。由于之前在实战中积累了不少经验，他在训练士兵时得心应手，希望自己的连队早日投入战斗。

他像牧师献身宗教一样，发自内心地要把一生都献给战争。他总是渴望立即行动，然而，前线战事如火如荼之际，他却只能在后方一丝不苟地教新兵们一些军事常识，这让他心急如焚。所幸他还有一个巨大的精神寄托——他与露西的爱情已经到了瓜熟蒂落的时节。1916 年 11 月 27 日，在征得上级的同意后，他匆匆赶往但泽，与分别两年多的露西结婚。露西这一年 22 岁，可依然像 17 岁时那样小巧玲珑，一双黑黑的大眼睛更加妩媚动人；隆美尔刚过 25 岁，笔挺的身材，一头淡黄色的金发，满怀激情。

新婚的露西显得更加美丽动人，她勤奋、勇敢、坚强的性格，终会使她成为一位杰出军人的好妻子。他们在性格上正好互补，隆美尔内向、善思且易冲动，露西外向、好动而理智。隆美尔对自己的新婚妻子十分满意，经常满心喜悦地围着她转，而露西也是个聪明得近乎刁猾的女子，很会指使隆美尔干活，显然隆美尔也过分娇宠她。敏感、爱争吵、虚荣、细腻、热烈、爱美食、好穿戴、有支配欲等，几乎都是露西的特点，但露西越是这样，隆美尔越爱她。他在露西身上发现了自己性格和志向的另一个极端——他最缺乏的另一部分心理。

快乐的时光总是过得太快，新婚才半个月左右，隆美尔便接到上级命令，他所属的山地营即将奔赴前线。

于是，这个热切盼望参加战斗的普鲁士斗士，辞别娇妻，匆匆赶回自己的连队，开始了紧张的备战工作。这一期间，他不断写信向露西表达自己的爱意，夫妻间的书信几乎每天往来不断。

意大利在第一次世界大战中参战时间相对较晚。开战之初，意大利很大一部分军队在利比亚作战，政府持中立态度。有影响力的社会党人贝尼托·墨索里尼在报纸上说，这是一场帝国主义列强利用工人阶级的鲜血来争夺权益的战争，它只能使我们回到野蛮时代。如果意大利政府表现出任何破坏中立的立场而倾向于三国同盟，那么，意大利无产阶级只有一种选择：举行起义。他的每次讲话总是那么富有鼓动性，又那么斩钉截铁："我们的中立必须是绝对的！""打倒战争！"但不久，法国给他送来了银子，于是他的立场完全改变了，在报纸上发表了一篇题为"从中立到相对中立"的社论，预言德奥将败北，鼓动意大利加入协约国参战。不久他还应征入伍。

意大利政府虽然不完全赞同加入协约国，但却暗中与协约国眉来眼去。它的小算盘是，与其费尽口舌一寸一寸地向奥匈帝国讨要土地，不如赶在奥匈帝国被战争打垮之前，乘机帮协约国一把，以便日后光明正大地参与对它的瓜分。

1915 年 5 月 23 日，意大利终于向奥匈帝国宣战，出动 4 个集团军

贝尼托·墨索里尼，意大利国家法西斯党魁，独裁者，
第二次世界大战的元凶之一

35 个师 87 万人——大部分用于入侵奥匈帝国。当时奥匈帝国的大部分兵力都放在俄国，眼下即使集全国之力也不过 20 多个师，为此奥匈帝国采取了防御态势，将主力集中防守在伊松佐河一带。奥、意边境长达 500 多英里，但奥军拥有阿尔卑斯山这个天然屏障，可以凭借地理优势坚守。意大利因为没有对其他国家宣战，所以能集中有生力量，全力打击奥军在其本土的主力。意军统帅部计划在北部交通不便的阿尔卑斯山区实施防御，而在距塞尔维亚较近且利于进攻的东部边境向伊松佐河地区发动大规模进攻。

奥军凭险据守，双方军队在阿尔卑斯山战线上对峙，彼此都没有多大进展。而两军在伊松佐河地区一年内进行的 4 次较大战役，也没有决出胜负。意军因缺乏重炮和弹药，不熟悉阵地攻防战术，而且预备队也未能及时投入战斗，兵力分散，到年底仍没有取得重大突破，共计伤亡17.7万人，歼灭奥军11.7万人，有效牵制了奥军在本土25个师的兵力。1915年年底至1916年春，意大利战线出现短暂的平静。

1916年2月，德军发起凡尔登战役，法军总司令霞飞呼吁意军总司令卡多尔纳①将军在伊松佐河发动攻势，以减轻法军的压力。3月11日至29日，意军第2、第3集团军以7个军的兵力，发起对奥军的第5次战役。第2集团军在炮火的掩护下，重点进攻戈里齐亚以北的奥军阵地。因雨雪和大雾，意军的炮火收效甚微，步兵遭到奥军的顽强抵抗，进攻受阻。

同年6月，特伦蒂诺战役结束后，卡多尔纳向伊松佐河地区增兵，准备发动新的进攻。意军第3集团军补充了12个师的兵力和数百门大口径火炮。8月6日，经过猛烈的炮火准备，第3集团军20个师在戈里齐亚以北萨波齐诺山至海边14英里正面发起第6次战役，攻打萨波齐诺。8月8日，意军占领了戈里齐亚和卡尔索高地北部的几个制高点，但奥军第5集团军依托其他制高点重新组织防御，意军因缺乏预备队，仍未取得决定性突破。8月17日，战役结束。此役虽然没有取得决定性的胜利，但是改变了伊松佐河东岸意军的进攻态势。

8月底，协约国军队在东、西战线的胜利，促使卡多尔纳连续发起第7、第8和第9次战役，但因兵力不足，意军作战行动仅限于戈里齐亚以东和以南地区，加之天气恶劣、火炮不足，数次战役打下来，意军伤亡7万人，奥军伤亡5.2万人。

奥军的损失虽然少于意军，但它在本土作战的兵力实在有限。面对意军来势汹汹、规模一次比一次大的战役，奥军有点儿招架不住，只得向盟友德国求助。

此时，东线战场上的德军也很吃紧，俄军在1916年夏季进攻时突破了德、奥联军防线，向前推进了30～93英里。抛开德、奥的政治关

① 卡多尔纳：即路易吉·卡多尔纳（1850—1928），意大利陆军元帅。第一次世界大战期间任陆军总司令，因卡波雷托战役惨败被解职。

系不谈，仅从军事角度讲，奥匈帝国是德国的东线侧翼，在德军东、西两线作战时，它能起到保护侧翼的作用。为了支持奥匈帝国，德皇被迫从其他战场上调动兵力，支援东线。根据上级的命令，隆美尔所在山地营的6个步兵连和6个山地机枪排被调离西线战场，前往罗马尼亚。

1917年1月7日，隆美尔指挥一支从各连抽调的精兵组成的先遣队，趁着夜色展开了行动。当时气温已是－10℃，他们悄悄越过己方防线约6英里处的加杰什蒂村，忍着刺骨的严寒潜伏在村外的野地里。深夜，趁敌军全部入睡之机，隆美尔突然发起攻击，使将近400名罗军官兵睡眼惺忪地做了俘虏。积极主动的突袭战正是隆美尔的杰作，现在他已经驾轻就熟了。

3月，俄国内部发生了武装起义，沙皇统治被推翻，俄军的士气多少受到了影响，在同年6月的进攻战中仅取得了极为有限的突破，并在7月19日德、奥联军反攻时被击退。东线的临时胜利，使得先期前来支援的德军得以部分撤出，隆美尔所在营又返回到法国前线。

不久，德军加大了对俄作战的攻势，准备从9月起朝里加方向进攻，直逼圣彼得堡。于是，隆美尔所在营又匆匆回到对俄作战前线。

8月10日，就在重返东线战场的第二天，隆美尔负伤了，一颗子弹从后面穿透了他的左臂，但他不顾自己的伤势，简单包扎了一下又坚持战斗了两个星期。

9月24日，山地营奉命调往另一个更为紧迫的战场——意大利北部。

意大利战线与法国战线完全不同。它没有平缓的原野和森林，地势令人望而生畏，阿尔卑斯山的山峰高耸入云，峡谷深不见底，萦绕山梁的迷雾使人辨不清方向，湍急的河流在谷底发出咆哮，高山危岩令人目眩。正因为这个山区地理位置的特殊性和重要性，意大利与奥匈帝国都想要得到它。双方为此已进行了11次交战，意军越战越勇，陷入困境的奥匈军队被迫向德军求援。德国组建了由奥托·冯·贝罗将军指挥的第14集团军开往伊松佐前线，隆美尔带领的山地连恰好可以在此一展所长。

这时，墨索里尼正在前线与奥国作战，谁也没有想到，20 多年后，战争会把隆美尔和他的命运联结在一起。

1917 年 10 月 24 日至 12 月 26 日，德、奥联军对意军发起了伊松佐河战役的最后一战，即卡波雷托战役。这是一场具有决定性意义的大规模决战。

参加这次战役的德、奥联军（德国第 14 集团军，奥匈帝国第 2、第 10 集团军）共有 15 个师。德、奥联军的 1922 门火炮和迫击炮、1000 个毒气施放器经 6 个小时的炮火准备后，以数个突击群对普莱佐、托尔米诺之间地段的意第 2 集团军（25 个师，3000 余门火炮和迫击炮）发起了攻击。山地地形和兵力上的优势虽然有利于意军进行防御，但其第一梯队只有 4 个师，无力抵抗德、奥联军，其防御阵地正面很快便被联军突破。德第 14 集团军在卡波雷托地区渡过伊松佐河，朝乌迪内纵深进攻。

也许是隆美尔对战争的渴望感动了上天，所以上天给了他更多发挥军事才能的机会。伊松佐防线的制高点主要有高耸入云的蒙特山、库克山、1114 号高地、科罗弗拉山脊，每个制高点都由意军构造精良的大炮控制着。

意大利战线（阿尔卑斯山战区）的德、奥联军最高指挥官冯·贝罗将军许诺，在夺取这些制高点的过程中，如果表现优秀，特别是夺得 1114 制高点和 5400 英尺①高的蒙特山主峰，将可以获得普鲁士军队的最高勋章。这是人人艳羡的功勋奖章，远非一级、二级铁十字勋章可比。所以，德军基层指挥官个个都鼓足了劲，决心为得到这个最高荣誉而不惜一切代价。隆美尔自然也不例外，而且他这一愿望尤为强烈。

10 月 24 日，德第 14 集团军从卡波雷托向意军发起猛攻，并有奥军第 2、第 10 集团军支援。

为了突破科罗弗拉阵地，隆美尔率领部下进行了激烈的战斗，很快占领了一个小山峰。接下来是科罗弗拉山主峰。隆美尔部的前面是意军构筑的坚固的混凝土炮兵阵地，进攻严重受阻。据营长西奥多·斯普诺

---

① 1 英尺 =0. 3048 米，文中的 5400 英尺约等于 1645. 92 米。

塞少校的战斗报告称，意军工事很坚固，全部由顽强的机枪手掩护，火力凶猛，正面进攻几乎没有取胜的可能。

来自巴伐利亚的费丁南德·舒尔纳中尉率队连夜急行军，抢先攻打1114号高地，但数次进攻都受挫。

隆美尔来到阵前，亲自察看了敌人的工事系统，发现1114高地正是通向科罗弗拉主峰的咽喉，这条通道过于狭窄，既无法向南和向西伸展，也很难强取。欲取主峰，必须迂回攻占科罗弗拉山的山脊。

找到突破口后，隆美尔立即带着连队乘夜穿插，从山的北侧攀登高达3000多英尺的科罗弗拉山脊，直取南端的库克山。第二天清晨，隆美尔率部突然闯入意军阵地，意军措手不及，经过3个小时的战斗，隆美尔攻克了阿尔卑斯山南端的第一个制高点——库克山。

1114号阵地的意军发现隆美尔部突然出现在自己后方（南面），顿时陷入一片恐慌之中，失去了坚守的决心。德军的一个步兵营乘势从突破口涌入，舒尔纳中尉的连队乘机拿下了1114号高地。

这样一来，舒尔纳中尉获得了第一枚功勋章——“蓝马克斯”勋章。

隆美尔闻讯感到非常气愤，他向营长斯普诺塞诉说了自己的委屈，斯普诺塞只能劝他忘掉这件事，毕竟舒尔纳占领了1114号阵地是事实。隆美尔身为军人，只能无条件服从命令。

接下来是攻占蒙特山的主峰。冯·贝罗将军又给了年轻的军官们竞争的机会，攻下4000多米高的蒙特山主峰同样可以获得“蓝马克斯”勋章。为了争取这枚勋章，隆美尔故伎重演，迂回敌后进行快速突击。他们爬越新雪初落的山梁，负载稍重一点儿就很容易在那一地带坠落；他们攀登的陡峭悬崖，即便是熟练的山民也可能裹足不前。就在这下雪的夜里，天刚蒙蒙亮时，隆美尔的连队便越过蒙特山山梁插入意军在蒙特山主峰的阵地前沿。

此时，几乎每一块岩石后面都埋伏着一名意大利士兵和一挺机枪。种种迹象表明，意军绝不会轻易放弃蒙特山主峰阵地。隆美尔一马当先，以机枪朝意军扫射，连岩石上溅起的碎片也具有一种势不可挡的杀伤力，遭到突袭的意军试图躲进沟壑里。这时，德军另一个团的先遣队也越过山梁猛冲过来。在这突如其来的打击下，1500 多名意军官兵没多久就投降了。一个连的兵力能够俘获这么多敌军，不能不说是一个奇迹。

攻占主峰后，隆美尔骄傲地打出了一发白色、三发绿色的信号弹，宣告自己的胜利。

但遗憾的是第二天，德军总参谋长埃里希・冯・鲁登道夫①将军宣布，蒙特山主峰是由勇敢的西里西亚指挥官瓦尔特・斯奈伯上尉攻克的。其实，斯奈伯攻占的是另一个山峰阵地，离蒙特山主峰很近，但远在柏林的鲁登道夫将军哪里知道意大利的一个偏僻山头在哪里呢！如此一来，本属于隆美尔的奖章又飞走了。

鲁登道夫（右）与兴登堡（左）

① 埃里希・冯・鲁登道夫（1865—1937）：德国陆军将领。早期受施里芬赏识参与了施里芬计划的历次修订。第一次世界大战期间任东线第 8 集团军参谋长，是兴登堡将军的得力副手。

隆美尔这次没有忍让，他认为蒙特山主峰战役中的这枚功勋奖章应毫无争议地属于自己，为此他直接给阿尔卑斯战区司令官贝罗将军写了一份控诉书，但他等来的却是沉默。隆美尔对此十分失望，但他没有忘记自己是个真正的军人，服从命令是军人的天职。因此这件事并没有影响他的战斗热忱，但从这件事可以看出，隆美尔把荣誉看得胜过一切。极度渴望得到承认的他，永远无法忍受这种委屈，这也许是他日后效忠德国纳粹的原因之一。隆美尔指挥的山地连是斯瓦比亚营的前卫，而这个营又是第14军团的先锋，可谓尖刀上的刀尖，地位十分重要。此后，他仍然以奇袭和迅速跟踪的战术，顽强地追杀士气低落的意军。

令人惊奇的是，他这个连虽然没人得到功勋奖章，但依然能在整个集团军中脱颖而出。这群施瓦本汝拉山民，似乎天生习惯于爬越积雪的山峰，攀上危崖和峭壁，迂回到敌后，毫不畏惧数量远远超过自己的敌人。两天后，隆美尔又抢占了山下的一个隘口，然后沿着一条又窄又深的沟壑顺流南下，这条山谷通往山下第一镇——隆格诺恩镇。

隆格诺恩镇是意大利防线的中枢，连接北、西、南三方，战略位置十分重要。在通往镇子的山路上，有一座吊桥跨过深达500英尺的瓦杰特峡谷，隆美尔连全然不顾个人安危，第一个冲过吊桥。

通向隆格诺恩镇的道路打开了。但是，离镇子约半英里的地方便是皮尔弗河，意军在河岸用机枪构成交叉火力，固守河桥的一端。当隆美尔率领突击队准备过桥时，从隆格诺恩方向横扫过来的步枪和机枪火力压得他们抬不起头来。就在他们准备发起第二次强攻时，突然传来一声巨响，通往镇子的唯一一座桥梁被炸毁了。

隆美尔被迫从桥头撤下来，用望远镜观察四周的情形，发现大批意大利士兵正在河下游的不远处向南溃逃。隆格诺恩镇被后撤的意军部队和军事装备挤得水泄不通。隆美尔命令一个机枪排跟随他顺流而下，在靠近意军的河对岸等待时机。傍晚，他命令机枪排涉水渡河。不一会儿，18名士兵顺利渡过了湍急的皮尔弗河，尽管他们的衣服都快结冰了，但还是迅速在南岸构筑了阵地。夜幕降临时，隆美尔和全连士兵都过了河，像一颗钉子一样钉在了意军从隆格诺恩镇向后撤退的公路上。

为了控制铁路，隆美尔又命令两个排穿过镇子，没想到他们误入意大利机枪手防守的街垒，伤亡惨重。隆美尔知道，以现有的兵力一时无法攻下街垒，只得下令撤回。

当隆美尔回到河岸阵地时，发现自己的步兵团有四五个连正在渡河。他连忙让机枪排全力掩护他们过河，自己则带领一支 20 余人的突击队，包抄到隆格诺恩镇南方的公路上。迂回到敌后是他一贯爱用的典型战术。夜深时，隆美尔率领突击队突然攻击一支在公路边等待撤退的意军部队。黑暗中，搞不清状况的意军不知德军有多少人，纷纷缴械投降。此役隆美尔共俘虏了 800 名意军。

在隆美尔的征战生涯中，以极少的兵力去冲击敌人重兵团是他惯用的手段。他经常凭直觉行事，根本不顾战争的规则，让敌人摸不清他的战术。

意军很快发现德军只有 25 人，于是，镇里的意军开始追击他们，隆美尔率队用机枪 6 次打退追兵，并放火烧了沿路的房屋，让敌人产生一种被包围的错觉。

幸运的是，隆美尔的营长和一个奥军师随后赶来，很快攻占了隆格诺恩镇，逼降了整整一个师的意军。

仍在山上坚守的意军主力部队发现隆美尔和奥军师突然出现在自己后撤的南面通道上，顿时惊恐万状，整个防线开始崩溃，意第 2 集团军（25 个师）被打垮。德、奥联军势如破竹，到 10 月 27 日，意军总司令卡多尔纳将军下令右翼的意军后撤；10 月 29 日，奥第 11 集团军的进攻也迫使意军卡尔尼集群和第 4 集团军后撤。意军在卡波雷托、阿尔卑斯山 180 多英里的战线上开始全面溃退，这一撤就是 60 多英里，一直退到皮亚韦河。

意军的溃败使协约国英、法联合指挥部也陷入恐慌之中，忙向意大利派遣了 11 个师（英军 5 个师、法军 6 个师）。在英、法联军的支援下，意军遏制了德、奥联军在皮亚韦河畔的攻势，并于 11 月底稳定了战线。

卡波雷托战役使意大利几乎屈膝投降，直到当年 12 月 26 日，德、奥联军才因兵力耗费过大而撤退。此役德、奥联军不仅以 11 次血战、100 万死伤的代价夺得十几万平方公里的土地，还顺利突破了山地战区的阵地防御，深入北意大利 62 英里，占领了近 1.4 万平方公里的土地。

战后，一向把荣誉看得跟生命一样重要的隆美尔继续为勋章一事大肆活动。他请求官方战史家修改记录，并指出当时斯奈伯是中尉而不是上尉。他还请求政府加以补充说明：40 名意大利军官和 1500 名士兵是向隆美尔投降的。

如此一来，德皇终于知道了有一个为他拼死效命的小人物——隆美尔中尉，一个月以后，隆美尔得到了自己渴望的最高礼物——一枚至高无上的功勋奖章。德皇在颁布的嘉奖令中说：这是对他突破科罗弗拉防线、攻克蒙特山、占领隆格诺恩镇的奖赏。这是一枚镶金的灰蓝色珐琅质十字勋章，凡是获得它的人，在德国都赢得了极大的尊敬。隆美尔总是用绶带把它挂在脖子上，炫耀自己亲自参加第一次世界大战建立的功业。许多年后，他对自己学生时代的老朋友汉斯·塞兹说："你简直想象不到军官们对我的功勋奖章是何等嫉妒，在这一点上根本谈不上什么战友之情。"

不过，德、奥联军在卡波雷托的进攻虽然取得了显著战果，但并未扭转总的战略态势，德、奥联军最终彻底败北。德国经过近一个世纪的强盛和骄横之后，面临着空前的屈辱。德皇逃居比利时，德国陆军被迫大大地压缩裁员，军舰也不得超过巡洋舰的吨位，赔款金额更是高达天文数字。政治瓦解，社会动乱，各种理论和自由主义四处流行，军人开始遭人嘲笑。但德国军官团保住了，隆美尔也因大战中的功勋得以留在规模大减的陆军部队中，并且升任上尉。1918 年 1 月 7 日，他奉命离营休养，作为凯旋的英雄回到德国，受到了热烈而隆重的欢迎。

此时的德国已沦为任人宰割的羔羊，明眼人都看得出来，以后继续在军队里混不会有前途了。在讨论重建战后世界新秩序的巴黎和会上，为限制德国的发展，法国“胜利之父”乔治·克列孟梭[1]总理力主严厉制裁和削弱德国。《凡尔赛和约》签订之后，德国进入魏玛共和国时代。《凡尔赛和约》不仅使德国失去了昔日统辖的殖民地，甚至连固有的大片国土也遭到邻国的分割。同时，德国不得建立空军和制造潜艇，只能保留为数很少的轻型军舰和一支 10 万人的国防部队。

大局的骤变直接关系到隆美尔的命运。1918 年 1 月中旬，隆美尔被派往第 64 集团军任参谋军官。该军驻守在佛日山脉以东阵地，以屏护阿尔萨斯。看着士兵们终日守在堑壕里，隆美尔心情很不愉快，恨恨地写道：“我最大的遗憾是没能再回山地部队，而被调到高级司令部任职。”

其实，他能得到这份差事已经很不错了，许多立过战功的军官都被遣散了。如果不是列强为了对付东方苏联的布尔什维克政权，也许连德国陆军也要解散。

隆美尔的本能告诉他，军队是他生命的寄托，他天生就是军人，除了军队，他简直不知道该待在什么地方。在长达四年之久的残酷战争中，作为下级军官的隆美尔初步展示了自己的战术风格，即先发制人并不惜冒一切风险，快速机动穿插，千方百计地渗透到敌人防线后方，动摇其决心，同时巧妙地发挥火力，尽量夺取敌人的弹药。

---

① 乔治·克列孟梭（1841—1929）：法国政治家、新闻记者、法兰西第三共和国总理，法国近代史上少数几个最负盛名的政治家之一。第一次世界大战中为协约国的胜利和《凡尔赛和约》的签订作出重大贡献，被当时欧洲称为“胜利之父”。

第三章　潜心修学任教官

模范军事教官

德国的大裁军使隆美尔虽然被提拔任用，但并没有什么实事可做，因此，他大部分时间都待在家里，享受快乐自在的家庭生活。

现在的露西已经由一个天真活泼的少女变成了一个性格刚毅的成年女子，透露出一种成熟的味道，隆美尔十分宠爱她。她享受着支配隆美尔的权力，自然也非常崇拜、敬重他。露西的一位女友说："看着隆美尔总是那样大惊小怪地围着她，让人觉得实在有趣。他的口头禅是：'你有什么要求就说吧，露西！'到头来宠得露西的性情竟变得有点儿像泼妇了。倘若她驱逐了某个朋友，她的其他朋友也必须把那个女人排斥在自己的团体之外。然而隆美尔一点儿也不在意。"

隆美尔一有机会就动员露西参加各种户外运动，而他们在这方面其实很不协调，常常闹出笑话。有一次，隆美尔提议去游泳，露西马上抗议道："我游泳活像一只铅砣。"但她还是勉强去了，结果在湖中把船弄翻了，差点儿溺毙湖中。还有一次，隆美尔利用休假带露西一起上山滑雪，途中，露西执拗地坐在雪地上抱怨天气太冷。隆美尔转身叫她："你最好还是站起来，我可没建议你来冻死。"但露西仍不动弹。隆美尔无奈，只得骑马送她下山。

隆美尔对露西的感情十分执着，并且满足于和她一起生活。和平生活对热爱战争的他来说简直是一种折磨，但他只要和露西在一起，什么烦恼都可以烟消云散。

当时，作为军团司令部的参谋，隆美尔只是做些文牍工作，他对此很不适应，更不愿意充当一个为别人鞍前马后服务的角色，他时时渴望获得驱使他人的权力。

按照德军的传统，高级军官首先要在各级司令部担任参谋，而且只有受过良好教育并具备深厚军事理论素养的优秀军官，才有可能被提拔到德军总参谋部。各级司令部参谋是一个初级阶梯，总参谋部则是德军培养、造就优秀军事人才的摇篮，德国历史上的著名将领大多在总参谋部任过要职。因此，能跻身总参谋部可谓是一种荣耀。战后，德军总参谋部被迫取消，代之以军令署，但实质上并没有多大改变。

隆美尔已经登上第一个阶梯，但他仍不愿意在这个清闲的位置上多待一天，战争已把他打造成一个刚强、坚毅的成年男子，而不再是一个体弱的年轻人。他用阅兵场上那种刺耳的咆哮和粗暴的举止，来弥补自己性格上的不足，只有在朋友当中，他才用施瓦本汝拉那种咬舌的方言谈话。他打定主意，要调到基层带连队去。

1918 年 12 月 12 日，隆美尔终于如愿以偿，被调到斯登卡德去指挥一个步枪连。他这个连级上尉军官一当就是九年，虽然中途换了几个地方，但一直没有得到提升。

1919 年 3 月，隆美尔作为资深的军训官，被派往康士坦士湖的弗朗德理查斯芬指挥一个内务安全连。这是一群只讲信仰、不讲实际的狂热分子，他们嘲笑戴着勋章的隆美尔，拒绝进行操练。然而不久，隆美尔便让他们服服帖帖了。

隆美尔是个闲不住的人，在连队任职期间，他大大丰富了自己的军事技术知识，还研究过机枪，成了一名熟练的射手和装弹手。同时，他还学会了有关内燃机的一切原理，把机动车拆了装，装了又拆。他抽时间给士兵讲解社会风习，有时还组织他们跳舞。他自己也开始学习拉小提琴，但他的音乐天赋实在堪忧。他冬天滑雪，夏天玩摩托车，经常拉着露西一起去郊游。有一次，他让露西坐在摩托车后座上，带她到意大利去游览他当年立下战功的地方。他一身戎装，感觉特别荣耀，但德国军官在那里却不受欢迎，住旅馆的时候还得由露西去登记。他的照相机在隆格诺恩镇引起了人们的敌意，并被禁止在那里拍照和逗留。

隆美尔的早期军旅生涯就这样在平淡的20世纪20年代流逝了，没有战争的生活让他这个好战分子感到枯燥乏味。每当想起“一战”中意大利战场上的激烈场面，他都不禁感慨万分，向往不已。幸而露西常伴他身边，并带给了他美满的家庭生活。1928年圣诞节前夕，他们的第一个孩子，也是他唯一的一个孩子降生了。这是个可爱的男孩，隆美尔给他取名曼弗雷德。三口之家的生活朴实无华，宁静舒适。

1929年9月，隆美尔的营指挥官在考评隆美尔时写道：“他性格文静、纯洁，举止有条不紊，谦虚庄重。”鉴于隆美尔在操练军队方面取得的良好成绩，营长向上级推荐他担任军事教官。10月1日，隆美尔被调往德雷克斯顿步兵学院担任教官。

真是冤家路窄，隆美尔的竞争对手舒尔纳上尉也在这个学校任教，而且校长是舒尔纳的巴伐利亚老乡，所以他感到非常得意，经常不把隆美尔放在眼里，只有当他想要捉弄一下隆美尔的时候，才会想起这位曾在整个集团军很有影响力的战友兼对手。隆美尔在学校常穿便服，看上去就像一个笨拙呆滞、无法适应环境的人。舒尔纳惯常的恶作剧之一，就是把食堂里的银质餐具放进参加正规宴会的客人的衣袋里，然后待在一旁观望那些勺勺叉叉从客人口袋里掉出时客人所表现出的那副窘相。当这样的事情发生在隆美尔身上时，他总能机智而平静地化解舒尔纳的招数，使自己免遭羞辱。后来，每当有人提到步兵学院的那段生活，隆美尔多少还是流露出了他对舒尔纳的怨恨。

与舒尔纳的恩怨只是一些不愉快的小插曲。在工作中，隆美尔的上司对其评价很高，常赞扬他具备“十分了不起的军事才能”，认为他可以当一名模范的军事教官。而隆美尔确实做到了这一点。他对地形有着出色的直觉，而且在第一次世界大战中积累了丰富的经验。他曾对记者说：“我要教给他们的，首先是如何拯救人的生命。”因为他从战争中总结出，他所需要的指挥官与那些把优秀的士兵毫无同情心地送上屠场的人大不相同。“任何攻击者都需要最为大胆与强烈的进取心，但应该流汗，而不应该流血。”这是他的一条格言。

有位教官抱怨周一上午的课程很难，隆美尔便自愿承担起这位教官的任务："我敢保证，上我的课他们绝不会睡觉！"结果，他成了学校里最受欢迎的战术教官。他是一位善于在崎岖地形展开小规模战斗的天才艺术家，他把自己在阿贡纳斯打地堡战的方法，以及在罗马尼亚和意大利山地战斗中的绝招当作生动的教例，配上直观图讲解给学生们听。学员们都很崇拜隆美尔，不仅羡慕他那枚功勋奖章，而且希望有机会能效法他的战术思想。

隆美尔在教学工作上几乎倾注了自己的全部精力。上课之余，他还用心学习研究军事学，掌握了不少专门的军事技术，提高了自己的军事素养，为后来的指挥作战和步步高升奠定了一定的基础。与此同时，他开始撰写自己的学术著作。

1933 年 10 月 10 日，隆美尔被提升为校级军官，成为驻德国中部哈茨山区戈斯拉堡第 17 步兵团第 3 营的营长。军校的同事送别他时，一位高级教官说："即使是在精心挑选的军官群中，他的人品也是出类拔萃的。他是一个天生的领袖、第一流的战术教官，受到同行的尊敬和学生的崇拜。"

隆美尔到任后，同样做得十分出色。

第 3 营又被称为"猎人营"，官兵们个个都是滑雪高手，人人擅长山地战。德国"闪击战"战术的奠基人古德里安①就出身于该部队。隆美尔到任第一天，军官们就邀请他参加一项活动——爬上当地的一座高山，然后再滑雪而下。

隆美尔心里明白这友好邀请背后的含义——想给他一个下马威，看他有没有这个能耐。他们显然不知道他曾是山地连的领导。他不动声色，爽快地接受了邀请。但他不想太便宜这些青年军官，敦促他们一连往返了三次。当他邀请这些军官第四次爬山时，他们全都以哀求的表情

① 克德里安：即海因茨 · 威廉 · 古德里安（1888—1954），德国军事家、军事理论家、战术家，德国陆军大将，是"闪击战"的创始人，"装甲战""坦克战"的倡导者，被称为"德军装甲兵之父"，与曼施坦因、隆美尔一起被后人并称为第二次世界大战期间纳粹德国的三大名将。

连声谢绝，对这位个子不高但很壮实的少校肃然起敬。

在任期间，隆美尔整天骑马挎枪在森林里转悠，简直成了一个“猎人”。后来，隆美尔调走后，他的继任者说：“‘猎人营’实际上已成为‘隆美尔营’，他是一名卓越的山地部队指挥官。”

初识希特勒

崇尚荣誉，不仅是军人核心价值观的重要内容，也是军人进行战斗精神培育的重要理念。军事家克劳塞维茨曾说：“在一切高尚的情感中，荣誉心是人的最高尚的感情之一，是战争使军队获得灵魂和生命。”但很多时候，荣誉也是一把双刃剑，对荣誉的过分追求，很容易使一个人走上不归路。作为一个热切追求荣誉的职业军人，隆美尔时刻都在寻觅机会，甚至忘了思考这种机会是不是合乎正义。

1933 年 1 月 30 日，希特勒当上了德国总理，上任第二天他就宣布：“建立德意志帝国的武装是我们最重要的不可缺少的目标。”他随即大肆扩军备战。这一年，德国实行普遍兵役制，正规军扩充到 30 万人。同年 10 月，希特勒又宣布德国退出日内瓦裁军会议，计划建立一支规模为 12 个军 36 个师约 50 万人的强大军队。魏玛共和国因希特勒上台而寿终正寝，德国随之进入了历史上最黑暗的希特勒时代。这个前奥地利下士的发迹，彻底改变了德国和隆美尔的命运。隆美尔开始感受到军队急剧扩充的变化，并热切盼望重振德国军人雄风的这一天。

1934 年 2 月，纳粹冲锋队的组织者恩斯特·罗姆要求冲锋队与国防军合并，遭到陆军部的极力反对。罗姆是接受希特勒的邀请从玻利维亚返回德国的。这个拥有 200 万人的冲锋队实际上是一支非常残暴的私人军队，在纳粹攫取权力的过程中实施街头暴力，干了许多坏事。隆美尔对此感到很愤慨。和大多数同行军官一样，隆美尔十分憎恶罗姆手下的冲锋队暴徒。

1934 年年初，全国到处都有迹象表明罗姆正在酝酿夺权。隆美尔在戈斯拉目睹了冲锋队所进行的准备工作。1934 年 6 月，在那个声名狼藉

1933 年，希特勒被任命为德国总理，这是他当时的留影

的长刀之夜，希特勒终于采取行动，对罗姆和他讨厌的老朋友们进行了大规模的屠杀。10 多万正规军以欣慰的心情为希特勒的行动欢呼。隆美尔也同样感到高兴，尽管他私下向副官表达了自己对大屠杀的批评意见："总理根本没必要那么做，他没意识到自己拥有的强大权力，否则，他可以用一种更为宽容和合法的办法来行使自己的权力。"当然，他内心是赞同希特勒这一行动的，因为这使德国正规军上升到应有的重要位置。

1934 年 7 月，希特勒到喀塞普尔斯堡视察，隆美尔营奉命警卫希特勒等纳粹要人的安全。视察结束后，希特勒特意会见了隆美尔。当时，隆美尔戴着旧德意志帝国的尖顶钢盔，穿着擦得能照见人影的马靴，在喀塞普尔斯堡议政厅里与这位元首合了影。这是他们第一次见面。希特勒对隆美尔的印象并不深刻，而隆美尔对政治也不是很感兴趣，不过，希特勒的政策给他提供了机会，因此他始终对希特勒怀有尊敬和感激之情。他受希特勒的疯狂人格、集体操练、大型检阅及极具煽动性的演讲所影响，对希特勒大刀阔斧的领导才干和军事才能十分钦佩。

这次会见对双方来说不过是例行公事，但负责宣传工作的戈培尔[①]却发现隆美尔是个人才。当时，“罗姆事件”刚过去不久，党卫队和正规军之间的矛盾与冲突并未彻底化解，为了加强警卫工作，党卫队的新头目海因里希·希姆莱[②]坚持要加派一些党卫队员。这显然是对军队不信任的表现，隆美尔自然婉言谢绝。经戈培尔调解，希姆莱放弃了自己的主张，使隆美尔得以维护军队的尊严。而戈培尔也找到了一个宣传军队地位的好机会，因为它关系到希特勒帝国未来的生存和发动侵略战争的成败。从此，他与隆美尔结下了深厚的友谊。隆美尔后来能够出任希特勒的卫队长，也是得益于戈培尔的举荐和鼎力相助。

由于新兵骤增，波茨坦陆军学院的校园一下子沸腾起来了，上万名青年军官被送进学院培训。1935 年，隆美尔被派往波茨坦，担任波茨坦陆军学院的教官。

波茨坦在德国人心目中是昔日辉煌的摇篮，隆美尔对于这一任命感到十分兴奋，他写信给露西说：“这是绝密！到波茨坦来吧！不要告诉外人。”他和露西在学校附近居住，过着轻松、平静的生活，与柏林社交界的名流没有丝毫纠葛。隆美尔每天锻炼身体、骑马，沉醉在自己的爱好中。

学校的训练工作紧张而有序。每天清晨，学员们都要进行两个小时的体能强化训练。隆美尔一如既往地强调身体素质的重要性。有一天，他把一个叫弗雷叶的学员叫过来，询问其对此有何意见。弗雷叶满怀敬意地答道：“清晨两个小时的体育训练太多了，我们太累，不能很好地听

① 戈培尔：即保罗·约瑟夫·戈培尔（1897—1945），德国政治家、演说家，自 1924 年加入纳粹党后便一直为纳粹摇鼓宣传，1929 年被任命为纳粹党宣传部部长。因其擅长讲演，被称为“宣传的天才”“纳粹喉舌”。以铁腕捍卫希特勒政权和维持第三帝国的体制，被认为是“创造希特勒的人”。

② 海因里希·希姆莱（1900—1945）：纳粹德国战犯之一，历任纳粹党卫队队长、党卫队帝国长官、盖世太保首脑、警察总监、内政部长等要职，先后兼任德国预备集团军司令、上莱茵集团军群司令和维斯杜拉集团军群司令。

课。”他话音未落，隆美尔便大发雷霆，当着众人的面把他臭骂了一通。

除了常规训练，隆美尔训练学员也有自己的一套方法，他特别注重培养青年军官的个性和自主精神。有一次，一位学员在他面前引用普鲁士军事学说之父克劳塞维茨的格言，隆美尔气得脸一直红到耳根：“别去管克劳塞维茨说什么，关键是你自己的主意是什么!”他不太喜欢克劳塞维茨的学究气，要求一切从实战出发。

在家里，他也花了不少时间教育自己的儿子曼弗雷德。他对儿子有三个希望：优秀运动员、伟大的英雄（军人）、数学家。为了培养儿子的勇敢精神，他让8岁的曼弗雷德学习游泳，要求曼弗雷德爬上跳板的顶端再往下跳，并把所有学员召集起来观看。曼弗雷德大声喊道：“我不想往下跳!”隆美尔问道：“为什么?”曼弗雷德理直气壮地回答：“我珍惜自己的生命，我不会游泳。”隆美尔说：“没关系，你带着游泳圈呢。”“万一游泳圈炸了怎么办?”“万一那样，我会救你的。”隆美尔涨红了脸，大声吼道。曼弗雷德站在跳台上，注视着父亲说：“你穿着马靴呢，除非你现在把它脱掉。”隆美尔拒绝了，于是，曼弗雷德从跳台上走了下来。游泳事件就这样不了了之。

还有一次，隆美尔把曼弗雷德带到陆军学院学习骑马，但曼弗雷德太小了，腿很短，只能把双脚塞进马蹬皮带里。但还没等他跨上马背，这匹马便挣脱缰绳，拖着一条腿挂在马蹬皮带里的曼弗雷德跑了足足30米远，曼弗雷德的头上划破了一个口子。隆美尔吓坏了，悄悄给了曼弗雷德一枚硬币，说：“回家告诉妈妈这是你不小心从楼上摔下来弄破的。”不言而喻，学习骑马也因此泡汤了。不过，几十年后，曼弗雷德当上了市长。

军校的同行认为隆美尔有着不少施瓦本汝拉山民的品德——节约到极点，俭朴得过分，忠诚而勤奋。但对他过度迷恋功勋荣誉，希望别人注意的行为则评价不高。他有时也心胸狭窄，忌恨别人，尤其是对特权阶层和姓氏中带有“von[①]”字的贵族。他认为一个人应该凭自身的能

① von：德文，一般译“冯”或“范”，为贵族姓。

力取得地位，而不是以世袭的封号高人一等。

1936 年 9 月，隆美尔担任希特勒大本营的临时指挥官。当时，纳粹党正在纽伦堡举行集会。作为希特勒警卫部队的指挥官，隆美尔担负着比一般安全警卫更大的责任。一天，希特勒决定乘汽车兜一兜风，并指示隆美尔，他的车后最多只许跟 6 辆车。到了指定的时间，隆美尔发现希特勒公寓的路边挤满了部长、将军、省长和他们的汽车，这些要员都争着想在希特勒这次出游中占一个席位。然而，隆美尔不折不扣地执行了希特勒的命令，他让前面的 6 辆车通过后，便站在道路当中命令其他车子停止前进。纳粹党的要员们大声诅咒道："真是无法无天！上校，我们要把这事报告给元首。"隆美尔回答说，他已经在前面的路口停了两辆坦克，把道路堵住了。谁要驱车过去，除非他能把坦克推下公路去。当天晚上，希特勒派人把隆美尔叫去，对他坚决果断地执行命令表示了赞赏。不过，隆美尔真正得到希特勒的赏识是在出版《步兵攻击》一书之后。

在担任高级课程教官期间，隆美尔整理了自己战术方面的讲稿，大量地补充了他在"一战"期间所经历的战斗实例，尤其是他参加过的机动战，并用现在时态改写成一部 6 章的书稿，然后交给当地的出版商沃格赖雷特。这本书写得十分精彩，1937 年年初，书稿出版了，书名叫《步兵攻击》。该书贯穿了德国军事理论所倡导的进攻精神，提出了"进攻，进攻，再进攻"的观点，并列举了许多实例，条理分明，说理生动。隆美尔充分强调了发扬强火力在机动战中的重要性，"数量居于劣势之军，可以采取更多地使用自动武器或者更加迅速地发扬火力的方式压倒数量居优势之敌"。同时，隆美尔还特别强调计谋在战术上的巨大作用。第二次世界大战期间，隆美尔在法国和北非所展现的精湛的指挥艺术，正是他在"一战"中所用战术的丰富和发展。

《步兵攻击》很快就成了畅销书，到 1944 年 10 月，这本书至少再版了 18 次。与此同时，古德里安也将自己的讲稿汇编成《前进！坦克》一书出版，为"闪击战"大唱赞歌，并为建设坦克装甲部队摇旗呐喊。这两本书在德国引起了巨大的轰动，而这并不完全是时间上的巧合。后来，曼施坦因[①]、隆美尔和古德里安被后人并称为第二次世界大战期间纳粹德国的三大名将。

对隆美尔来说，《步兵攻击》一书给他带来了千载难逢的机遇。此时，德国纳粹党正在大力鼓动发动复仇战争，争夺所谓的“生存空间”，在军事上倡导传统的积极进攻。因此，纳粹党的宣传部长戈培尔对这本战术专著的出版给予了大力支持。这本书的出版使隆美尔一举三得：

一是赚了一大笔稿酬。隆美尔对同事瓦尔特·汉斯教官透露：“实在令人惊讶，这样的书竟赚了这么多钱。我真不知道该如何处理这些滚滚而来的金钱，我根本不可能把它们全部用光，我现在所拥有的东西就已经使我感到够幸福的了。写那些好人怎样丧失生命，并以此作为赚钱的手段，我是不喜欢这种做法的。”

二是名气大涨。德国青年看了这本书后，开始崇拜隆美尔，军校中也开始广泛宣传“隆美尔中校是一个对青年有着特殊影响力的最优秀的教官”。就连美军也将该书翻译成英文，并多次印行。美国著名将领乔治·巴顿[②]将军曾反复研读这本书，并对其中的重要章节了如指掌。

三是引起了希特勒的注意，而这也是最重要的一点。隆美尔于1936年9月升为中校，将近一年之后即1937年8月1日又升为上校。他隐约感到自己的快速升迁正是政治带给他的。事实上，他很少过问政治，如果说他有什么政治观点的话，他倒是更倾向于社会主义。这是一个把战场的恐怖归罪于冷漠的上层阶级的士兵所能做出的典型反应。

有一次，在家里，曼弗雷德问他战争像什么，为了回答这个问题，隆美尔熟练地画了一幅超现实主义的场景：被毁坏的房屋，残倒的树木，污泥和屠杀。同样，作为一个爱国者，纳粹对他的吸引力也是很强的，但纳粹的大多数口号并没有对他产生影响。露西则不然，她对元首有着

---

① 曼施坦因：即埃里希·冯·曼施坦因（1887—1973），纳粹德国元帅，活跃于两次世界大战中，与隆美尔和古德里安并称为第二次世界大战期间纳粹德国三大名将。

② 乔治·巴顿：这里指小乔治·史密斯·巴顿（1885—1945），美国陆军上将。第一次世界大战中作为潘兴将军的副官赴法作战。第二次世界大战期间历任第1装甲军军长，第3、第7、第15集团军司令。

宗教般的虔诚。

升为小将

1937 年 2 月，隆美尔被指派担任希特勒青年团领袖巴尔杜尔·冯·席拉赫的作战部特别联络官。但是，隆美尔与席拉赫配合并不默契。

时年 29 岁的席拉赫是 450 万青年的领袖，他比隆美尔年轻 11 岁，长得英俊潇洒，而且更加西方化（他的母亲是美国人）。而隆美尔的普鲁士味太重，4 月份他们第一次在席拉赫的湖边住宅相遇时，席拉赫听到他用施瓦本汝拉方言谈话，不禁大吃一惊。“隆美尔一直待到吃晚饭，”席拉赫回忆说，“我妻子想把他的注意力引向窗外巴伐利亚山脉的美丽景色上去，但这对他丝毫不起作用。‘谢谢您，我对山非常熟悉。’他对窗外的景色甚至不屑一顾。赫伦蒂（席拉赫的妻子）无意中给了我们的客人一个暗示，因为隆美尔在 1917 年曾因攻克阿尔卑斯山的某个山峰而荣获功勋奖章。他滔滔不绝地就这个话题讲了两个小时。我觉得他的故事非常有趣，然而对赫伦蒂来说，所有军事上的事情她都感到讨厌，听得几乎要睡着了。”一个月后，席拉赫在魏玛的一次野营时，勉强把隆美尔介绍给 3000 名希特勒青年团的领袖。

席拉赫的作战部负责传授青年体育、文化和纳粹哲学方面的知识，并规定青年们必须接受半军事化训练。席拉赫说，他十分怀疑那些青年军官在空闲的周末会无事可做，情愿来教这些毛头孩子怎样稍息、立正。隆美尔回答说：“只要下命令，他们就会服从。”他表示要在青年中开展初级军事教育，提议德国军队里的未婚青年中尉应该担负起培训希特勒青年团的工作。但席拉赫担心这样做会把自己的青年团转变为一种初级军事组织，于是随意找了个借口搪塞隆美尔。

有一次，戏院举行庆祝晚会，席拉赫自己坐在第一排，而把隆美尔安排在第二排。隆美尔直接移到他旁边的一个空位上坐下，并大声宣告：“我代表着德国军队，在这个国家，军队应该是第一位的。”德国国防部部长阿尔弗雷德·约德尔[①]在日记中伤心地写道："席拉赫企图利用隆美尔上校来拆散德国军队和希特勒青年团之间的紧密合作。"与席拉赫这位希特勒的宠儿做斗争并没有影响隆美尔的前程，相反使希特勒由注意隆美尔的那本畅销书而更加注意隆美尔本人。1937 年 8 月 1 日，隆美尔晋升为上校。

政治游戏没有任何规则可言。希特勒刚刚上台时，与意大利墨索里尼的关系并不好。德国一度想吞并奥地利，但却以失败告终。事后，墨索里尼约希特勒在意大利会晤，给希特勒施加压力说不准动奥地利一根手指头（奥地利总统陶尔斐斯和墨索里尼私交不错），希特勒点头表示同意。他上飞机回国时，墨索里尼说了一句："这家伙是个疯子，不会信守诺言的。"果然不出他所料，1938 年 3 月，希特勒继续对奥地利实施吞并，德军长驱直入，兵不血刃地占领了奥地利，并且暗杀了奥地利总统陶尔斐斯，代之以许士尼格。不久，英、法、美等国承认了德国对奥地利的吞并，分别把驻奥使馆改为驻维也纳领事馆。苏联则强烈谴责纳粹德国的侵略，并建议召开国际会议讨论联合起来对付希特勒的侵略，但西方国家对苏联的建议置之不理。希特勒吞并奥地利后，增强了德国的经济、军事实力和战略地位，更加肆无忌惮地推行其侵略计划。

1938 年 9 月 15 日，英国首相张伯伦[②]生平第一次乘飞机出行，赶赴希特勒位于慕尼黑郊外的别墅所在地伯希特斯加登。根据会议记录，张伯伦没有问过能否保持一个领土完整的捷克斯洛伐克的独立，也没有问过这对西方列强会产生什么样的战略影响，甚至根本没有考虑过捷克斯洛伐克的领土完整，就拍板把捷克斯洛伐克出卖给了希特勒。当然，人们也不会忘记慕尼黑会议上的另一个绥靖主义者。在 9

---

① 阿尔弗雷德·约德尔（1890—1946）：纳粹德国陆军大将。第二次世界大战中成为德军最高统帅部作战局局长、威廉·凯特尔的副手，负责制订"二战"中德国许多军事行动计划。战后被英、美盟军逮捕，在纽伦堡受到审判，处以绞刑而死；行刑 6 年后重新审理被宣判无罪。

② 张伯伦：即亚瑟·内维尔·张伯伦（1869—1940），英国首相、政治家。因在第二次世界大战中积极推行绥靖政策而闻名。

月 18 日的会议上，法国总理达拉第[①]力图使英国人相信：希特勒是个诚实办事的人，他在获得捷克斯洛伐克的德意志人居住地之后，绝不会再寻求其他非德意志人居住的领土。张伯伦则说："如果捷克斯洛伐克政府接受现在向他们提出的建议并确定不会同时发生军事政变的话，英王陛下政府准备参加拟议中的保证。"达拉第的一句话把英国推进了世界大战，而张伯伦的一句话又把捷克斯洛伐克投入了民族苦难的深渊。

希特勒会见张伯伦

9 月 30 日，在慕尼黑，英、法、苏迫使捷克斯洛伐克把有争议的边界领土苏台德地区割让给德国，希特勒决定到那几个古老的德国城市去游览一番。隆美尔的任务是指挥警卫部队，保卫元首安全。几次接触下来，隆美尔忠于职守的表现给希特勒留下了深刻的印象。

---

① 达拉第：即爱德华·达拉第（1884—1970），法国政治家、总理、激进社会党领袖。历任国民议会议员，殖民、公共工程、国防、外交和军事等部部长，三度出任总理，并代表法国和希特勒签署《慕尼黑协定》，毁灭了《法苏互助条约》。

1938 年，希特勒在《慕尼黑协定》上签字

此时隆美尔也成了希特勒的完全支持者，他在写给露西的信中赞美希特勒的字句也日渐增多，如："德国人民受到太阳（指希特勒）的指引与领导，这一切或许是上天注定的。"

11 月 10 日，也就是德国迫害犹太人，进行打砸抢并为之狂欢的第二天，隆美尔被派到新维也纳城的军官候补生学校担任校长。他野心勃勃，一心想把这所学校办成德国最新式的军事学院。事实上，尽管他远离了柏林，却依旧难以摆脱来自总理府的吸引力。原本希特勒让他去搞军事教育只是为了考验他的政治立场。

1939 年 3 月 10 日，亲德的斯洛伐克地方政府被布拉格的捷克中央政府解散，一批追随纳粹德国的分裂主义分子也遭到了逮捕。捷克政府维护国家统一的行动，成了希特勒入侵捷克的借口。3 月 15 日凌晨 2

点，面对德国大军压境以及戈林①和里宾特洛甫外长的催促，年迈的捷克斯洛伐克总统埃米尔·哈查心脏病突发，昏了过去。醒来后，他被迫签署了邀请德军入境的《德捷协定》，糊里糊涂地对自己的祖国宣判了死刑。希特勒下令武装占领捷克全境，并成立了临时“元首总部”。隆美尔被任命为总部司令官，建立了“元首随从营”的第一批部队，这使他一夜之间成为元首首席陪同。

作为“元首随从营”的指挥官，3 月 14 日下午，隆美尔与最高统帅部副官处讨论了行动计划，确定希特勒乘火车抵达苏台德区波希米亚－莱帕，然后再安排下一步日程。从莱帕到布拉格仅 62 英里，乘火车只需两个小时，但装甲军指挥官埃里希·霍普纳将军却提议希特勒驱车直入布拉格，以显示眼下谁是这个国家真正的主人。这个主意令希姆莱和其他将军感到十分震惊，但希特勒却接受了这个建议，决定驱车直入布拉格，以炫耀自己的权力和武力。隆美尔对元首的决定毫不惊奇，反而觉得这正是希特勒的激情所在，说明元首是个有胆识的人。他立即安排警卫部队组织进军队伍。当晚，希特勒抵达布拉格，并向全世界宣布，捷克斯洛伐克已不复存在，取而代之的是“波希米亚和摩拉维亚保护国”。

当天夜里，隆美尔在布拉格给露西写信说：“结果好就证明一切都好，我们的大邻国对事态摆出一副恼怒的面孔。对于波兰和法国，这是一个值得参考的内容，它们都失去了捷克斯洛伐克这样一个盟友。”他接着写道：“谢天谢地，你为我准备了足够御寒的衣物。”

后来，隆美尔对好友汉斯吹嘘说：“我就是那个劝希特勒驱车前往布拉格的人，在我的亲自护卫下，我们一直驱车来到哈拉德克尼城堡。我告诉他，除了沿这条路长驱直入这个国家的心脏——首都布拉格要塞外，他没有别的选择。在一定程度上，我使他顺从了我，他完全由我摆布，并一直没有忘记我向他提出的那个忠告。”

---

① 戈林：即赫尔曼·威廉·戈林（1893—1946），纳粹德国元帅，担任过德国空军司令、盖世太保首长、“四年计划”负责人、国会议长、冲锋队总指挥、经济部长、普鲁士邦总理等要职，曾被希特勒指定为接班人。

不过，有一点隆美尔没有吹嘘，那就是他确实离希特勒很近。在此期间，他有机会亲自与希特勒谈话，并一起共进午餐。他特别重视希特勒的情绪，并明显发现："此刻可能是元首情绪最佳的时候，现在我时常和他聊天，我们的谈话十分投机。"

当许多同行军官还在对纳粹哲学感到无所适从的时候，隆美尔的转变无疑是十分彻底的，他把希特勒这个具有强烈种族主义色彩的好战分子，当成自己心目中最完美的人物，这种崇拜无以复加。为此，他不仅在行为上，而且在思想上都紧紧追随着希特勒，甚至在写给朋友的私人明信片上，他也要签上"嗨！希特勒！你诚挚的埃尔温·隆美尔"字样。

1939 年，希特勒对波兰宣战

值得一提的是，隆美尔的竞争对手舒尔纳此时也被提升为名誉上校，成了希特勒非常信任的一名军官，舒尔纳自以为是希特勒的亲信，并以此为荣。

征服捷克之后，希特勒再次向波兰提出归还德国旧领土的要求。其实，这些领土都是德国在沙俄、普鲁士和奥地利三国近代三次瓜分波兰时攫取来的。“一战”后，战败的德国被迫将这些土地归还给波兰。但希特勒全然不顾这些事实，他所想的只是如何重新统治这些地方。理所当然地，他的要求遭到了波兰政府的严词拒绝。

为此，纳粹报纸反对波兰的叫嚣与日俱增，有关边境事端的报道也接二连三地出现。隆美尔明白，希特勒要对波兰动手了。其实，每一个血气方刚的德军军官都期待着进攻波兰，隆美尔也不例外。特别是但泽，那里的一切仍然令他神往不已。那个美丽的城市曾是他跻身军官行列的起点，也是他和露西的爱情的见证地。

隆美尔认为，“今天的军人必须有政治远见，因为他必须随时准备为我们的新政权而奋斗”。这个时刻很快就到来了。

对于希特勒，隆美尔内心充满了感激之情，因为正是希特勒的赏识改变了他的命运。同时，纳粹党的扩张理论也很符合他内心那种大德意志的民族意识。这是他追随希特勒的一个基本前提。

1939 年 8 月 22 日，隆美尔终于接到了准备行动的命令，紧急赶往柏林。此行让隆美尔获得了一个意外的奖赏——希特勒授予他少将军衔。

隆美尔当天自豪地告诉妻子：“我穿着一身新的将军制服，作为一名新的将军离开了帝国总理府。”约一个小时后，隆美尔遵照希特勒的命令，率领警卫营朝波美拉尼亚的一个小火车站巴德波尔辛开进，大批德军正在那里集结。

在入侵波兰之前，希特勒已经两次兵不血刃地为德国攫取了大片领土，一次是吞并奥地利，另一次是逼迫捷克割让 2.8 万多平方公里的土地给德国。纳粹这些不流血的胜利给隆美尔留下了深刻的印象。他目睹了被解放了的德国阿什埃格尔和卡尔斯巴德出动成千上万人为希特勒欢呼的情景，这使他对希特勒的崇敬到了顶礼膜拜的地步。短短四年半时间，希特勒就使一个政治混乱、经济在崩溃边缘、被解除了武装的欧洲大陆最孱弱的国家，一跃成为强大的军事大国。富于煽动性的希特勒以自己的侵略行动鼓动了德国人的战争热情，也使军队获得了前所未有的崇高地位，因此，希特勒极具煽动性的拳头指向哪儿，军队便跟着涌向哪儿。作为希特勒越来越器重的人物，隆美尔也兴奋地紧随希特勒的思维东奔西跑。对于纳粹哲学，他已彻底接受，并心甘情愿为其效劳。

1939 年 9 月 1 日，德国突袭波兰。希特勒建立千秋日耳曼帝国的野蛮战争开始了。德国战列舰“石勒苏益格－荷尔斯泰因”号炮击了位于但泽自由市的一座波兰军事转运站，空军和陆军则同时向另外几个波兰目标发起进攻。

当时，波兰陆军拥有 30 个现役师、10 个后备师和 12 个骑兵旅，国力弱小的波兰错误地幻想依靠英、法同盟保护，对纳粹德国的侵略毫无戒备，战争动员非常迟缓；同时，波军的作战思想和武器装备十分落后，部队编制陈旧，没有组建适应现代化战争的装甲师和摩托化师，部队普遍缺乏反坦克武器和防空武器。这些因素决定了波兰的失败。相比之下，德军拥有 40 个步兵师、6 个装甲师、4 个轻装甲师和 4 个摩托化师，坦克 3600 辆，飞机 1929 架，组成了南方集团军群和北方集团军群。

希特勒的宠儿——党卫军装甲师一马当先，强渡布速拉河。而后，在强大的空军集群掩护下，德军 14 个机械化师以“闪击战”向波兰纵深快速推进。

9 月 4 日凌晨 1 点 56 分，“美洲”号专列缓缓驶进了巴德波尔辛火车站，希特勒亲自率领工作班子——“元首大本营”莅临战区。佩有“元首大本营”臂章的卫兵们，在整个车站布置了安全警戒线，高射炮兵各就各位。15 分钟后，希姆莱和其他纳粹部长搭乘的“亨利克”号指挥车也抵达了。

隆美尔原以为希特勒亲临前线只是进行一次短暂的视察，然而，希特勒在前线一待就是三个星期，几乎每天都会钻进一辆半履带式装甲车驶往前线，穿过波兰狙击手仍不时出没的森林，踏着波兰人遗弃的军用物资残骸，来到塞纳河边视察实施“闪击战”的部队。

从一个军人的视角，“闪击战”对隆美尔触动极深，这些装甲部队也使得他对战争给普通民众带来的灾难视而不见。9 月 11 日那天，他无动于衷地观察着随处可见的穿着普通衣服的波兰流亡人群。“他们大多数很可能是在战斗失利时穿上平民服装的军人。他们已经被我们的警察赶到一起，并一个个地放逐了。”几天以后，隆美尔详细地描述了他所目睹的一切：“在波兰，游击战争不会延续多久，所有体格强壮的人正在被集中，在我们的监视下从事繁重的劳动。”对于被流放的波兰人的命运，他丝毫没有考虑过。

不久，露西写信让他搜寻几个失踪的波兰亲戚的下落，他才稍稍意识到战争给民众带来了痛苦。他几乎每天都会收到同样的请求。9 月 14 日，他去拜访露西的叔叔爱德蒙·诺斯克兹尼尔斯基，没过几天，这位天主教牧师就悄然失踪，下落不明。直到两年后，隆美尔写信向希姆莱的副官询问此事，党卫队才回了封措辞冷淡的信：“隆美尔将军，他很可能已沦为变幻莫测的战争的牺牲品，或者死于严酷的寒冬了。”其实，这位牧师和成千上万的波兰知识分子一样，已经被党卫队屠杀了。

波兰遭到德国法西斯的蹂躏，战争随之演变成一场全球性的战争。9 月 3 日，英、法对德宣战，第二次世界大战爆发。

至9 月中旬，德国对波兰的入侵已接近尾声。9 月 19 日，希特勒耀武扬威地来到但泽，在德国工匠们于 14 世纪修建的阿杜索夫·格尔德霍尔港大楼，向全世界发表了广播演讲。

当希特勒访问波兰的格丁尼亚港时，发生了一件当时看起来微不足道的小事，但这件事却直接影响了隆美尔未来的命运。

当时，面对德军所取得的巨大胜利，希特勒情绪饱满，要求司机把车子开到水边去。由于街道狭窄，坡度陡斜，隆美尔再次扮演了交通指挥的角色。他唐突地命令众人说：“只有元首的车和另一辆警卫车可以开下去，其余的车辆在原地等待！”就像在纽伦堡一样，他站在道路中间强迫别人服从自己的命令。这时，第三辆车子已经启动，隆美尔立即上前迫使它停下来。他抬头一看，发现坐在车上的是壮实的纳粹党魁马丁·鲍曼[1]。鲍曼一边大声嚷嚷一边做着手势，但隆美尔却一动不动。“我是大本营的司令官，”他说，“这不是幼儿园出外游玩，你得照我说的办!”鲍曼在大庭广众之下被这般斥责，气得涨红了脸。为了报这一箭之仇，鲍曼等了5年，1944年8月发生了暗杀希特勒的事件，阴谋败露后，隆美尔受到了牵连，鲍曼在促使希特勒做出让隆美尔自杀的决定中起了关键作用。

不管怎样，当时希特勒对隆美尔的忠诚是非常赞赏的，而隆美尔也每天都能与希特勒同桌进餐两次，自认为军人又重新拥有了自己的价值。正是这种得宠的感觉，使他有点忘乎所以，飘飘然地狂傲起来。同时，他的崛起也引起了希特勒手下其他人的嫉妒。曾在第13步兵团当过隆美尔三年上司，现在是希特勒第一副官的鲁道夫·施蒙特上校就公开表示了自己的不满。隆美尔自己也发现了这一点，“显而易见，我在元首那里的职位太显眼了。当然我想知道我该采取什么样的态度，我不希望自己被那些比我年轻的人任意摆布”。

9月26日，隆美尔随同希特勒返回柏林，之后赶回维也纳与家人短聚了几天。10月2日，他又奉命飞往波兰首都华沙，为希特勒的胜利阅兵典礼做准备。战后的华沙残破不堪，隆美尔在给露西的信中写道：

房屋十有八九被烧成了枯架，商店消失了，里面的陈列品荡然无存，店主们只好用木板把它堵上，已经整整两天没水没电，没有煤气，没有粮食了……主要的大街均被街垒堵塞，老百姓的来往被隔断，百姓经常暴露在当时无法逃避的炮火之下。市长统计的伤亡人数是4万……人民的痛苦或许会因为我们的到来而有所减轻，我们会把这一切结束的。

---

① 马丁·鲍曼（1900—1959）：纳粹“二号战犯”，历任纳粹党秘书长、希特勒私人秘书、纳粹党总部主任。他掌握着纳粹党的钱袋子，人称“元首的影子”。

华沙已经成了一个令人恐怖和讨厌的地方，而他却浑然不觉。

10 月 5 日，希特勒在华沙举行了两个小时的阅兵仪式，隆美尔始终在检阅台上站在他身边。第二天，希特勒又对国会发表了一通神话般的演讲，正式向英、法提出了和平建议。

隆美尔知道战争可能就此结束了，又该回到枯燥无味的柏林军营去，他感到有些失落，但又盼望着能回家与妻儿团聚，继续过平静快乐的生活。他从战争开始就处在这种矛盾的心情中，甚至一生也没有解脱过。

但在一次军事会议上，希特勒又宣告他还要进军西方，首先要入侵比利时，以便使战争远离德国至关重要的鲁尔工业区。他之前提出的各种和平建议只是一个幌子而已，隆美尔隐隐察觉到了希特勒的勃勃野心。天气渐冷，隆美尔让露西把冬装送到柏林，以防突然被调到什么寒冷的地方去。他写信告诉露西："除去元首那极为有趣并总是长达两个小时的军事会议之外，我在这里无所事事。根据元首的演说，我们仍在等待对方作出决定。"

很快，希特勒与英国、法国取得和解的希望落空了。当时一个名叫乔治·艾尔塞的木匠，因预感到希特勒将给德国和欧洲带来一场灾难，于 1939 年 11 月 8 日将定时炸弹装在了离希特勒演讲处不足 1 米远的地方。但遗憾的是，当天由于大雾，希特勒的演讲提前结束了。在演讲结束 8 分钟后，炸弹才炸响，而此时的希特勒已经离开了。刺杀虽然没有成功，但希特勒却利用这次刺杀事件，将责任推给了英国，谴责英国背信弃义，为自己向西方发动进攻找到了"合理"的理由。精明的隆美尔在给露西的信中这样写道："那枚慕尼黑炸弹的企图只是更加坚定了他（希特勒）的决心。"

第四章　魔鬼之师奏凯歌

突破马其诺防线

英国对德宣战后，英海军总部将斯堪的纳维亚视为将来与德国开战时的潜在战区。英国政府和军方因着之前的教训，不愿再次在大陆上开战，认为那样做会重蹈“一战”覆辙，因而开始考虑使用封锁战术间接削弱德国。

1939 年 9 月，当德军正侵入波兰时，海军总司令埃里希·雷德尔[1]上将曾与希特勒讨论挪威有出现英国基地的危险，以及在英国之前夺取这些基地的可能性。他认为必须占领挪威，这样做除了可以控制其附近的海上交通线外，还可作为未来对英国作战的基地。但德军总参谋部对此兴趣不大，在他们看来德军与英、法联军相比力量悬殊，在海上主动向英国发起攻击，简直是以卵击石。在这种情况下，海军只得单独行动，悄悄在英国的斯卡帕湾（位于英国苏格兰地区最北端）进行了试探性的攻击。

9 月 17 日，英国皇家海军航母“勇敢”号被德海军潜艇 U－29 号发射的鱼雷击中，20 分钟后沉没，1259 名船员中有 518 人随船沉入大海。10 月，德海军 U－47 号潜艇大胆地潜入位于斯卡帕湾的英国皇家海军基地，一举击沉“皇家橡树”号战列舰。这次成功的战例成为海

---

① 埃里希·雷德尔（1876—1960）：纳粹德国海军元帅。纳粹德国海军的主要缔造者，担任过德国海军部部长、海军总司令，后因不满希特勒辞职。

军史上一个传奇般的故事——不仅因为完成这次作战任务的过程很精彩，而且因为它具有重要的战略意义。

德军突袭斯卡帕湾的成功，极大地震撼了当时的英国政府，他们开始意识到自己在海上并非无可匹敌，由此也引发了大西洋上英国皇家海军与德国海军的潜艇部队旷日持久的激烈斗争。

11 月 23 日，希特勒将他的高级将领召集到总理府，严厉地批评了这些保守的将军，还直截了当地责骂总参谋部。事后，总参谋部根据希特勒的授意，重新拟订了一个规模空前的“黄色方案”计划（即开辟西线战场，因具体方案出自曼施坦因之手，又称“曼施坦因计划”），将再次采用“闪击战”，横穿法国，一直打到法国北部的敦刻尔克，并占领英吉利海峡沿岸港口。希特勒认为，这是德国突破封锁的必经之战。英、法联军是德军的主要进攻目标，但希特勒对周边的荷兰、比利时、卢森堡等小国，也想来个顺手牵羊。

隆美尔把希特勒责骂那些将军的一字一句都加以欣赏玩味，毫不怀疑希特勒决策的正确性，并从中窥见了这位野心勃勃的政治家准备靠武力称霸世界的野心。他把这次会议的经过向露西作了详尽的叙述，他在信中写道：

> 昨天我目睹了元首向军事指挥官和他的参谋长们发表重要演说的情景，元首的言辞丝毫没有矫揉造作的味道，在我看来，这些话极为必要，因为我在和自己同行的将军们谈话时发现，难得有谁是忠心耿耿地支持他的。

隆美尔此前已在波兰战场见证了“闪击战”的威力，很想到自己羡慕已久的坦克部队去，于是两次向陆军总司令布劳希奇[①]提出请求。希劳希奇觉得隆美尔在山地部队任职多年，有丰富的山地步兵作战经

① 布劳希奇：即瓦尔特·冯·布劳希奇（1881—1948），纳粹德国陆军元帅，第二次世界大战期间任德国陆军总司令，指挥过入侵波兰、荷兰、比利时、法国及苏联等战争。

验，因此建议他到斯布鲁克或慕尼黑指挥山地师。但隆美尔内心却想指挥一个装甲师。当时，德军仅有为数不多的6个装甲师，都是陆军的当家宝贝，哪里舍得让从没在装甲部队干过的隆美尔去指挥这样珍贵的兵种。无奈之下，隆美尔只得硬着头皮去见希特勒，直接向他提出了这一请求。

布劳希奇（左）与希特勒（右）

1940年2月，隆美尔收到陆军司令部的一封电报，让他四天以后到莱茵河的巴特戈德斯贝格去指挥第7装甲师。隆美尔欣喜不已，2月10日早晨7点，他乘火车前往巴特戈德斯贝格，透过车窗，他看到了奔流湍急的莱茵河，心里有一种说不出的喜悦。几个小时后，当全师官兵集合起来接受新师长的检阅时，官兵们觉察到了隆美尔的与众不同——这位少将的致敬辞是："嗨，希特勒!"而他本人并非纳粹党人。

他给官兵们留下的第一印象是双唇紧闭，神态严厉，没有幽默感。他那双蓝眼睛里闪烁着勇猛、果断、敏锐和狡猾。他宣布明天早上要视察他们的防区，丝毫不理会他们提出的第二天是星期天的异议。

视察完第 7 装甲师后，隆美尔有些失望。这是一个新编师，与党卫军装甲师相比，差距不是一般的大。他发现这个师不像最早建立的 6 个装甲师那样有 2 个团的编制，只有 1 个团——第 25 装甲团。更让他吃惊的是，该师投入波兰战场时，只辖 1 个轻型坦克营和 4 个摩托化步兵营，装备 90 辆轻型坦克，而且大多是抢来的捷克旧货。战后这个师才因扩军需要被改编成装甲师，下辖第 25 坦克团，第 6、第 7 步兵团，第 78 炮兵团（拥有 105 毫米火炮 36 门、37 毫米反坦克炮 54 门），第 37 侦察营，第 58 工兵营，第 7 摩步营和第 42 反坦克炮营。全师的新旧坦克加在一起，只有 218 辆，其中一半是德制马克Ⅲ型坦克，另一半是捷克造的 38T 型轻型坦克，装甲薄、火炮口径小，唯一的优点是速度快。

一个星期后，隆美尔向希特勒作了简短的汇报。希特勒赠给他一件送别礼物——一本写着“赠隆美尔将军惠存”字样的《我的奋斗》，然后他和 4 位新近任命为军长的将军一起共进午餐。席间，希特勒开始谈论臭名昭著的“阿尔特马克”号事件。在这次事件中，一支英国驱逐舰编队得知一艘没有武装的德国船只将运载几百名英国俘虏的消息后，在挪威海域袭击了这艘船。纳粹报纸叫嚣要对这种侵犯中立水域的行动进行报复，但在总理府，希特勒却称赞英国人这一勇敢的行动。“历史将由一个人的成功或失败作出裁决，”他神气十足地说，“这就是它的价值，没有人会对胜利者提问，你是对还是错。”

作为希特勒的随从，在度过了 6 个月的悠闲生活后，隆美尔对军官们养尊处优的生活反感起来。他写信给露西说：

> 我想不会有很多人急于仿效我的榜样，他们大都过惯了养尊处优的生活，有些人甚至明显表现出肌肉松弛的样子。

他把希特勒的训话当成至理名言。他深深懂得，胜利者永远是对的。而取胜的根本因素是人，任何灵巧的现代化武器系统都不能代替受过严格训练的士兵。所以，他准备以狠抓军事训练、整顿战斗作风为管理重点来弥补装备上的不足。对他本人而言，在波兰战争期间，他留意到自己有心脏病。因此，他想用积极的锻炼来医治心脏病。

2 月的莱茵河畔还是寒风劲扫，每天早晨 6 点，隆美尔就独自沿着巴特戈德斯贝格附近一条狭窄的林间小路慢跑 1 英里。6 点 55 分，他乘坐奔驰汽车来到士兵们身边。7 点，他通过汽车收音机收听新闻广播，直到 12 点钟才返回驻地吃午饭。他的生活既有规律，又很紧张。

没用多长时间他就摸清了这个师的状况，了解了士兵、军官和车辆保养的情况。2 月 27 日，他雷厉风行地解除了一名营指挥官的职务，并当众限他 90 分钟内离开军营。他的这一举动让所有军官都开始振作起来。

陆军司令部为隆美尔配备了一批强有力的助手。其中，卡尔・卢森堡上校担任该师主要突击部队第 25 坦克团团长。卢森堡曾在 1918 年任连指挥官时荣获过“功勋奖章”，44 岁时便已成为德军最优秀的坦克团指挥官之一。但师里的士兵大部分来自图林根，那是一个很少造就有前途军人的省份。为此，隆美尔像训练山地部队一样训练这些坦克兵，并搜集了 10 本《步兵攻击》给他们阅读。

不久，国社党派了一批纳粹党徒到第 7 装甲师来。他们的本意是来做思想政治工作，控制官兵的思想。戈培尔的高级助手卡尔・汉克中尉和反犹太报纸《野蛮人》的主编卡尔・霍尔兹上校也在其中。对政治毫无兴趣的隆美尔则派他们登上坦克，准备让他们在未来的战斗中当一名普通士兵。他说：“这与我毫不相干，我没必要多管闲事，可有些人不得不警惕一点儿。”

隆美尔将全部精力投入到部队的训练之中，他的训练科目很多，要求也很严格，其中包括坦克连进攻和营进攻、包围，步坦协同，炮坦协同等作战方式，他把自己的部下编成各种大小队形，用快速、熟练的无线电进行指挥调度。他日复一日地观察坦克演习，这些怪物表演的绝技令他非常惊奇——这是一些真正的堡垒，它们吱吱嘎嘎地发出铿锵的声响，哪怕最陡峭的斜坡也能冲上去，还能闯过泥潭，翻越战壕，并且能用大炮摧毁2英里内的一切可见之物。隆美尔最好的坦克是马克Ⅲ型和Ⅳ型坦克，这些坦克重约20吨，高约2.7米，由5个人操纵，汽油发动机为320马力。新型坦克的悬挂、装甲、发电和传动装置，无线电通讯和液压系统均大为改善，火力和机动性大大提高，最高时速可达24英里。极有天分的隆美尔迅速抓住装甲兵理论的基础——机动性和火力，以及大规模的协同运动。仅仅两个月，他便成了坦克战的理论家和实战家。随着隆美尔的奋力工作，第7装甲师的士气也有了很大提高，整体面貌焕然一新。

5月9日，德军的“黄色方案”计划终于下达，第7装甲师接到的密码电文是“多特蒙德”。

5月10日5点35分，天刚破晓，英、法军队尚在梦乡之中，德国空军的“斯图卡”轰炸机群便呼啸着飞临比利时、法国、荷兰和卢森堡上空。顷刻间，这四国的机场、铁路枢纽、重兵集结地区和城市变成了一片片火海，“黄色方案”的序幕由此拉开。

隆美尔的第7装甲师和德第11师所归属的第15装甲军（属A集团军群第4集团军）由赫尔曼·霍特将军指挥。霍特在波兰战争中曾荣获骑士勋章，隆美尔很喜欢这个上司。这次西征法国，第15装甲军被部署在德军左翼，其攻击轴线在比利时南部。龙德斯泰特元帅的A集团军群（包括第4集团军、第12集团军、第16集团军和克莱斯特装甲集群、第3航空团）负责在雷特根至德国、卢森堡和法国三国接壤处宽105英里的地带实施主要突击，并将穿越阿登山区、马斯河和索姆河直插大海边，把英、法、比联军与法国一切为二。

从巴特戈德斯贝格出发前，隆美尔匆匆给妻子露西写了一封信：

最亲爱的露西：

我们终于要出发了。希望我们这一次不会徒然地回来。过几天你可以从报纸上面看到这一次的消息。请你不要为我而感到担心。所有的事情都会一帆风顺的。

法国的马其诺防线，号称不可逾越

战斗打响后，从北海到马其诺防线 186 英里的战线上，英、法、荷、比四国在东北部战线上集结了 147 个师、3100 辆坦克、14 500 门火炮及约 3800 架作战飞机，依托绵亘的防御工事与德军对峙，其战斗实力足以将德军拒于门外。

马其诺防线是由法国国际部长马其诺首先提出来的，又综合了斐迪南·福煦[①]、贝当[②]和晓夫勒三位元帅争论多年的防御计划，最终于1928年开始修建，1936年竣工。在法、德和法、意边境形成了一系列防御工事，这就是举世闻名的马其诺防线。

马其诺防线南起地中海沿岸法、意边境，北至北海之滨的法、比边境，全长约242英里，由一组组相互独立的筑垒式防御工事构成。每一组工事都包括一个主体工事和几个相隔不远的观察哨所，相互间以电话联系。该防线主体工事非常坚固，设有指挥部、炮塔、发电和修理设备等。工事外面则密布金属柱、铁刺网等障碍物，号称固若金汤。

德军要从东北向西南海边进攻，必须突破这条防线。

隆美尔所在的第15装甲军是第1集团军群、第4集团军群的先锋，任务是迅速向比利时推进，引诱英、法联军主力前来迎击他们，那样，德军主力将立即跨过马斯河实施真正的大突破，到达隆美尔的左翼。希特勒希望这至关重要的一击能迅速把敌人包围起来。

隆美尔接到进攻命令后，就像打了一针兴奋剂，赶紧侦察驻地内所有通向比利时边境的道路，并把拟定的第7装甲师的前进路线都标上DG7（意为“第7师通过”）字样。这样做无疑违反了最高统帅部的规定，但隆美尔早已打定主意。进军开始后，他改乘一辆马克Ⅲ型坦克，冲到前沿去指挥战斗。炮声一阵紧一阵松，全师飞快地推进，无线电中不断传来隆美尔催促前进的命令声。他的命令很简短，不是“进攻，进攻！”就是“前进，加速前进！”

夜幕降临时，隆美尔的装甲指挥车飞似的赶到快速道路，但别的部队早已堵塞在这里，秩序混乱不堪，车辆和人员争先恐后、互不相让，谁也无法通过。隆美尔勃然大怒，他跳下坦克，站在大路中间指挥交通，并迫使一些行进缓慢的车辆离开高速通道。直到深夜11点40分，他的最后一批步兵才抵达指定位置——德、比边境上的进攻出发阵地。

---

① 斐迪南·福煦（1851—1929）：法国元帅，第一次世界大战最后几个月协约国军总司令，被公认为使协约国获胜的最主要的领导人。著有《战争原理》《战争指南》等。

② 贝当：即亨利·菲利浦·贝当（1856—1951），法国元帅，维希法国国家元首、总理。他的一生非常坎坷，集民族英雄和叛徒双重身份于一身。

比利时军队只做了轻微抵抗，他们一路破坏桥梁、炸毁公路，以滞迟德军，然后朝内地防线撤去。

一路上，隆美尔总是冲在全师的最前面，直接指挥战斗。他经常从一辆坦克跳进另一辆坦克，瞄准射击，简直不像是指挥 1 万多名士兵和 200 多辆坦克的装甲师长，更像是一个冲锋陷阵的山地营连长。

实际上，即便是在得胜后扩大战果，像隆美尔这样坐在战车中向前奔袭指挥作战的方法，也是很冒险、不够理智的，但这也是他能获得部下敬重的原因——总是在第一线指挥。

第二天早晨，比利时军队的炮声已经听不见了，只有远远传来的正在撤退的比利时军队炸毁桥梁和破坏公路的爆炸声，以及德国空军飞机的隆隆声。隆美尔让通信兵传令全师各个兵种稳步推进，他自己则一马当先，快速穿过一座座村庄。最初经过的那些村庄，人们的反应完全出乎他们意料："每到一处，迎接我们的都是'嗨，希特勒'的呼声和兴高采烈的面孔。"隆美尔在个人的战史初稿上这样写道。

5 月 12 日夜间，隆美尔率第 7 装甲师尾随撤退的法第 1、第 4 骑兵师，抵达马斯河。德军几个师的先头部队都在马斯河边停了下来。

马斯河是法军最坚固的防线。从法国急行军赶到比利时的法军机械化部队都部署在马斯河西岸，法国人用重炮封锁了渡河点，准备做最顽强的抵抗。

隆美尔本想乘胜追击，一举在河对岸占领登陆场，但法军过河后立即炸毁了桥梁。隆美尔回头望去，夜色中他的部队仅有不到 10 辆坦克闪着幽暗的黄光，他不得不等大部队追上来。若不是全师的无线电设备精良，恐怕各团的指挥官都难以找到他们的师长。

在迪南特渡河点上，两军形成相持局面。隔着马斯河谷，双方互相发炮，不断有坦克被击毁。隆美尔想继续推进，让第 7 装甲师强渡马斯河。5 月 13 日凌晨 4 点 30 分，第 3 步兵团突击部队乘橡皮舟强行渡河，遭到法军猛烈的炮火拦阻射击，河面被打成一片火海。隐藏在岸边岩石后的法军士兵也以轻武器扫射。橡皮舟接二连三地被摧毁，沉入河底，德军伤亡惨重，渡河不得不停下来。接下来的几次努力也以失败告终。

隆美尔赶到该团前沿，用望远镜寻找法军的火力点，指挥炮兵射击，但成功率并不高。法军隐藏得太好了，隆美尔只得下令把谷地中的一些房屋点燃，用烟幕干扰法军的射击，并临时组建一个渡河连，把反坦克炮和坦克拖运过宽达 120 码①的河流。由于长时间高声下达命令，他的嗓子都嘶哑了。

这时，机枪营已经从北面的格兰基村渡过河去，隆美尔命令他们向南进攻，扫清迪南特西岸的法军据点。他又乘一辆马克Ⅳ型坦克沿河谷往南开，想视察第 7 步兵团的渡河点。第 6、第 7 两个步兵团分布在 5 英里宽的地段内各自强渡。团长向隆美尔报告说一个步兵连已经渡过河去，但后续部队为炮火所阻。

隆美尔心里十分着急，他深知，如果在这一带僵持太久，“闪击战”就会失去应有的威力，使英、法联军在德军的包围圈形成之前调整部署，逃出包围圈。丧失了时间，就丧失了军队的优势，也丧失了胜利。敌人的兵力每分每秒都在增加，必须尽快打破僵持局面。

隆美尔仔细地观察了地势，下令调来一部分坦克和几门榴弹炮，用直接瞄准的办法集中点射法军的工事。一辆辆坦克在河谷边一字排开，相隔 50 码的榴弹炮阵地将大炮旋转 90 度，一旦发现法军的火力点射击就立即开火。榴弹炮准确地射中了对岸的岩石隐蔽处、房屋和碉堡，法军的火力渐渐弱了下来，架桥工作又开始了。4 艘渡船在河的两岸之间搭起一个缆渡，很快便有部队渡过河去。天黑下来了，一辆辆马克Ⅲ型坦克和捷克坦克陆续渡过马斯河，因桥面不稳，一整夜才通过了 15 辆。俾斯麦上校随即率领这支装甲部队向西面的敌人纵深插去，但无线电中很快便传来他被强大的敌人所阻击的消息，又过了一会儿，他说自己的部队全部被包围。这时，第 25 坦克团已渡过了 30 辆坦克，卢森堡上校立即指挥它们冲入俾斯麦上校的包围圈，这才发现原来是电文出了差错，德文中“达到”和“被围”词根相同。随后，俾斯麦上校和卢森堡上校合兵一处，向敌人纵深的阿赫尼森林冲去。

---

① 1 码≈0.9144 米

5 月 14 日，莱因哈特·海因里希[①]和古德里安指挥的 2 个装甲军也分别在蒙特尔米和色当突破了马斯河。这使在比利时境内作战的英、法联军面临着被包围的危险，马其诺防线上的法军主力也面临着腹背受敌的危险，法军陷入混乱之中。法国政府惊恐万状，决定撤往图尔，外交部开始焚烧档案。5 月 15 日清晨，法国总理保罗·雷诺[②]向英国首相丘吉尔发出求救电报："昨晚我们好像已经被打败了。通往巴黎的道路已被打开。请把你们可以派出的全部飞机和军队派来。"

5 月 16 日，隆美尔率第 7 装甲师到达兰德雷斯森林，他想尽快闯过这片森林，以便在天黑之前到达地堡地带。

森林静悄悄的，到处都是黑压压的橡树和云杉，路边还可以看见树干上的苔藓。隆美尔拿起话筒，低声命令坦克指挥官们穿过森林，但不许放一枪。坦克的全体成员——炮手、电报员、装弹手和指挥官，一律坐在坦克外面，摇动白旗。法军见此情景不禁目瞪口呆，莫名其妙地听着德军"停战，投降"的叫喊。波美鲁尔村就在森林的尽头，再远一点儿就是他们的下一个攻击目标勒卡特城。隆美尔命令部下："你们现在的进军路线是勒卡特、阿腊斯、亚眠、鲁昂、勒阿弗尔。加足马力，前进!"

卢森堡上校的坦克冲得很快，已经消失在森林小径的拐弯处。隆美尔乘坐卢森堡上校的马克Ⅳ型坦克与另外 5 辆坦克一起冲过森林，当他们通过一片庄稼地时，法军终于清醒过来，以重炮和反坦克炮从西面打来，冰雹般地落在德国坦克和步兵中间。隆美尔的坦克被击中了，滑下一个陡坡，倾倒在地上不动了。过了一会儿，隆美尔从坦克中爬了出来，脸上带着血，其他几名官兵也爬出来，但车长的一条胳膊耷拉着，看来被打断了。隆美尔见卢森堡上校那辆坦克正冒着烟，不由得伤心透了。除了关心询问士兵的伤情外，他最关心的是坦克。过了一会儿，他

---

① 莱因哈特·海因里希（1904—1942）：德国纳粹党党卫队的重要成员之一，曾任纳粹德国国家安全总局局长。因其为人极为残忍，被称为"金发的野兽""纳粹的斩首官""死亡的追随者"等。

② 保罗·雷诺（1878—1966）：法国政治家，早年历任法国财政、司法、殖民部部长，副总理和总理，其间兼任外交、国防和陆军部长等职。第二次世界大战后任财政、国务部部长等职。

才知道只是打中了发烟烛，坦克完好无损。

卢森堡上校的坦克一路杀回来，配合几门牵引野战炮对那片森林猛轰一顿，再经过短兵相接的战斗，终于赶走了法军。那片可怕的森林已经被安全地抛在了身后，隆美尔命令最后一个营掉转车头，以防身后的敌军在德军发起进攻时从背后袭击。傍晚时分，果然发生了一场坦克遭遇战，德军坦克先行开火。法军的坦克尽管装甲厚、火炮口径大，却从小路逃走了。第 7 装甲师隆隆地碾过马其诺防线，顺着被大火照亮的道路，加速向西驶去。

坦克咆哮着冲过一些法国村庄，熟睡的村民被雷鸣般的巨响惊醒，纷纷打开他们的窗户；惊惶不安的老百姓和法国士兵在沟渠里乱作一团；装满了家什的难民马车被远逃的主人扔在一边，坦克的履带把它们轧得粉碎或掀翻在一旁。

当天晚上，隆美尔在纪实录中记下了作战体会：

> 根据多次经验，我已经发现一条定理，那就是在两军对战时，谁先动手用火力去压制对方，谁就往往可以获得胜利。

马其诺防线被突破后，隆美尔的第 7 坦克师长驱直入，开始还能遇到法军的零星抵抗，不久战斗便平息了。沿途到处都是法军遗留的大炮、卡车和坦克，还有大批等待投降的法军士兵。这时，处理俘虏成了问题，因为他们影响了进军的速度。隆美尔把俘虏们交给后勤部队。有的德军坦克手甚至傲慢地对俘虏说：“我们没工夫收容你们，你们自己往后走吧。”

一路上，隆美尔从坦克顶上伸出头来，瞭望四周，路边到处是无人操纵的大炮、补给卡车、油槽车、难民的马拉大车和无人的坦克。“在我们前面，”他写道，“一马平川的乡村暴露在苍白的月光下，我们突破了——突破了马其诺防线。”直到抵达第一个战略目标勒卡特后，隆美尔才稍事停留。

阿拉斯血战

在勒卡特，隆美尔又要等他的大部队了。他派自己的助手汉克中尉乘坐一辆马克Ⅳ型坦克顺原路返回，给后面的队伍指路。

施罗德少校回忆说："因为我们还想继续推行……大约一个小时以后，我们听到坦克引擎和履带从后边靠近的声音，隆美尔猜测这是第7坦克师的其余部队跟上来了，于是命令重新前进。"没想到过来的不是隆美尔的部队，而是法军。双方旋即交火。糟糕的是，坦克油料即将告罄。过了好一阵子，隆美尔才反应过来：即使主攻部队跟上来了，后勤部队还远在比利时，供需问题势必成为一个难题。但不知为何，法军放松了对他们的钳制，使隆美尔侥幸逃脱。

这一天，师参谋长奥托·海德埃伯由于得不到隆美尔的任何消息，只得如实报告说隆美尔少将和卢森堡上校都失踪了，无法为他们供应燃料。希特勒闻讯大为震惊，他通过霍特将军传话给隆美尔："你的突袭使我一夜不能成寐，我百思不解，你怎样才能从那个陷阱中解脱出来。"

隆美尔对此并没有惊慌失措，依然我行我素。他嚷道："在这场战争中，指挥官的位置就在这里，就在前线！我不相信那种椅子上的战略，让我们把它留给总参谋部的那些先生吧！"

隆美尔对海德埃伯的做法大为不满，数星期后他还在一封信里怒气冲冲地说：

> 这名年轻的少校参谋长站在离前线20多英里的地方，生怕自己和作战指挥部牵连上什么倒霉的事情，这一来当然要和我在康布雷指挥的战斗部队失去联系了。

霍特将军电令隆美尔暂缓行动，因为部队经过一周的战斗已经很疲惫了。隆美尔对此很不理解，坚决反对停滞不前，并反复说明部队已经休息够了，夜间进攻损失小、收获大。在获得霍特将军的同意后，隆美尔又率部开始了新的突击。

他用无线电向全师发出了下一步的进攻命令，但没有收到任何回应。于是，他决定在拂晓前冲过前面 11 英里处横跨兰德雷斯河的桑布尔大桥。清晨 5 点 15 分，第 25 装甲团的一部分兵力出发了，后面紧跟着摩托化营。在一片混乱中，法军无法判断隆美尔的下一步行动。按常规做法，在遭遇法军强大的坦克部队后，首先考虑的应该是据地而守，等待主攻部队上来。但隆美尔反其道而行继续推进，在法军还没有完成部署前冲破这道防线。法军一下子无法对隆美尔进行钳制，他又一次逃脱了险境。

隆美尔冲过桑布尔大桥，等于堵住了这支法军坦克部队的后路，后面跟上的几个德军师（除隆美尔师外，还有第 4 集团军的其他师）轻易地逼降了这支 3500 余人的法军坦克部队。

隆美尔率部继续前进，在马尔巴斯以东 1000 码的地方，一辆法国小汽车出现在右边的岔路上，走上了装甲车道。隆美尔下令打旗语把它挡下来，一位法国中校军官走出车子投降，他身后跟着一个车队，扬起漫天的尘土。隆美尔当即决定把他们转移到阿韦纳。这个法军中校是个狂热的爱国分子，眼睛里燃烧着仇恨的火焰。隆美尔让他的小车跟着德国坦克往西赶，因为路上可能用得上他，但遭到了拒绝。卢森堡上校三次命令他钻入自己的坦克，也被他拒绝。隆美尔掏出手枪说：“我请不动你，就让上帝来请你！”说完就将他枪决了。

中午的阳光驱散了清晨的薄雾。推进的道路仍然拥挤不堪，越来越多的车辆和难民把路堵得严严实实的。隆美尔干脆下令坦克纵队在田野中前进。他们穿过第一次世界大战中的坦克战圣地康布雷，几乎没有遇到法军的任何反抗。

第 7 装甲师在隆美尔的率领下直抵战略要冲南特并占领了它（法国西北部的一个省城），接着打通了被法军阻塞的公路，开始高速西进，目标直指海峡——勒阿弗尔。

但是，在 5 月 21 日，隆美尔却一头撞上南墙，首次碰上了内行的英国对手。原来，英国盟军意识到自己在比利时的部队有被切断的危险后，在法国北部的阿拉斯集中了几个师，准备向南冲击。英军装甲部队投入了玛蒂尔达Ⅱ型重型坦克，准备截断德军装甲部队的前进路线，他们正好与隆美尔部相遇。

5 月 21 日下午，英第 50 师和第 1 坦克师加强旅开始朝阿拉斯南方进攻。这是英国远征军在这次战役中唯一一次大规模进攻。这次袭击任务原本是由 2 个步兵师约 1.5 万人执行，但最终参加战斗的却只有 2 个步兵营——第 6、第 8 达勒姆轻步兵营以及前来支援的第 4、第 7 皇家坦克团，总共 2000 多人，并由 74 台坦克组成加强旅。为了达到袭击的目的，步兵营被分配给了两个坦克团。

此时隆美尔已经筋疲力尽，根本没料到英军会主动反击，尤其是用重型坦克反击，因而一下子陷入了困境，但他丝毫没有表露出恐惧来。他命令炮兵瞄准步步逼近的玛蒂尔达坦克射击，然而英军的坦克此时已迅速来到了阵地前沿，形势十分危急。

英军的玛蒂尔达坦克

经过猛烈的炮火对射，在第一次交锋中，德军失败了。英军右翼的一个团在交战之初就迅速取得进展，掳获了一些德军士兵，但他们很快就遇到了有着空中支援的德国步兵和武装亲卫队的反击，并且损失惨重。英军左翼的这个团在遇到第 7 装甲师的步兵前也取得了初步成功。德军负责防守的部队——武装亲卫队摩托化军团“骷髅队”（不久即扩充成骷髅总队）被实力超出预期的英军打败，而他们所配备的 37 毫米 PAK36、37 式反坦克炮，被证明对英国的玛蒂尔达重装甲坦克根本无效。因为玛蒂尔达重型坦克的装甲特别是前装甲奇厚，德军的 37 毫米反坦克炮发出的穿甲弹就像是在给它挠痒痒。有的士兵冒着受伤的危险，在距离玛蒂尔坦克 5 米的地方开炮，依然无法击穿其装甲。在这种情况下，德军士兵的英勇已经没有什么意义了，他们只能眼睁睁地看着玛蒂尔坦克旋转的炮塔将德军的反坦克炮摧毁，然后冲进步兵阵地肆虐德军。德军死伤惨重，坦克也有 15 辆被击毁，就连隆美尔的副官莫斯特中尉也在劫难逃，在距离隆美尔仅 1 米的地方被英军击毙。隆美尔被迫下令后撤。

英国人再次肯定了情报部门的战绩通报，“纳粹现有所有型号的反坦克炮，其射出的肮脏的穿甲弹绝对无法洞穿神圣大英帝国玛蒂尔达坦克的装甲”。英国海军大臣丘吉尔坚信，胜利一定属于光荣的大英帝国，只需歼灭第 7 装甲师，就能在德军战线上打开缺口。

德军用于打击英国坦克的 88 毫米高射炮

自开战以来，隆美尔还没吃过这样大的亏，对于骄傲的他来说，这简直无法忍受。难道所向披靡的第 7 装甲师就这样惨淡收场？他心里明白，他是德军先锋的先锋，牵一发而动全身，他若溃退，就等于德 A 集团军群的剑锋被折断。怎么办？到底该如何撕烂那该死的玛蒂尔达坦克的装甲呢？他已经没有时间进行深入研究，作为军队主官，他必须立即作出决定，荣誉归自己，责任一样要承担，哪怕付出生命的代价。

隆美尔急中生智，下令把所有型号的炮——高射炮、野战炮、反坦克炮全部调过来对付英军的重型坦克。最后，他发现 88 毫米高射炮和 105 毫米野战炮能有效地拦阻玛蒂尔达坦克。于是，他把炮兵指挥官提出的射程太近的反对意见抛在一边，调来师中所有的 88 毫米高射炮和 105 毫米野战炮，投入阵地当中作为反坦克炮使用，并在阵地周围设置了不少炸药以阻止玛蒂尔达坦克。

图为德国士兵把反坦克炮从战壕里推出来

第二天，英军继续进攻，而且一开始就投入了自己的王牌，但玛蒂尔达坦克装甲太厚、重量太大，前进速度与步兵徒步前进的速度差不多，推进缓慢。这也与英军把坦克仅作为步兵的支援武器而非像德军那样将坦克组成单独的突击集群有关。这一次，隆美尔亲自指挥炮火向步步逼近的玛蒂尔达坦克射击。“当敌人的坦克如此危险地接近时，”他在纪实录中写道，“每一门炮都必须迅速开火才能挽救这种局面。我把炮兵指挥官们提出射程太近的反对意见抛在一边，一炮接一炮不停地射击。”

卢森堡的第25团在炮火的掩护下向东南扫去，进攻英军装甲矛头的侧后方。德军坦克一下子冲入了英军的坦克阵地，双方发生了一场混战，两败俱伤。第7坦克军击毁了英军27辆坦克，自己损失35辆坦克。但不管怎样，隆美尔达到了自己的战略目标，英军向南反击的图谋被粉碎了。

在前线激战的同时，5月21日，法军总司令马克西姆·魏刚①飞到伊帕尔，打算召开各战区指挥官会议。但是，英国远征军司令戈特将军未能到会。魏刚与比利时国王利奥波德三世、法国第1集团军群司令比约将军讨论了当前的局势，建议组织被德军分割的各集团军向南反突击，与南部索姆河一线的法军主力会合。会上，魏刚委托比约将军负责落实突击任务，然后就飞回了巴黎。

魏刚走后两个小时，戈特将军才赶到伊帕尔，没有听到会议内容。比约向他转达了魏刚的意图。不幸的是，比约在返回司令部途中遭遇车祸身亡。之后，法军第1集团军司令布朗夏尔接任第1集团军群司令。

5月22日，盟国最高军事会议在万森举行，魏刚阐述了他的反突击计划，并宣称：“德军已坠入陷阱，只要盖子一关上，他们就必将被消灭。”盟国最高军事会议批准了魏刚的计划。然而，5月23日深夜，正当两个法国师前往阿拉斯地区增援英军的时候，英军却在迫使隆美尔后退几英里之后停止了前进，并于5月25日深夜撤离阿拉斯。法军也随即撤退到杜埃、拉巴塞、贝顿三运河地区。被逼到海边的盟

---

① 马克西姆·魏刚（1867—1965）：法国陆军上将。第一次世界大战时给福煦当了5年参谋长，第二次世界大战初期任法军总司令，当时已73岁了。后来还担任过维希法国的国防部长。

军企图与南部法军主力会合的第一次也是最后一次尝试，就这样草草收场。

魏刚（左）

隆美尔得知这一消息后非常高兴。他在战略上打乱了联军会合的计划，在战术上更是取得了成功的经验。在第一辆玛蒂尔达坦克被摧毁的瞬间，他就知道，胜利将永远属于第7装甲师。而且他还有一个意外的收获，一直以来，他苦苦寻求的反坦克利器，原来就是把高射炮的炮口放平。这次的成功使他拥有了最长的反坦克手臂——88毫米高射炮，也正是在这样的时刻，他才显示出一个地道的战术指挥官的才能。隆美尔在日记中写道：在他辖下的第7装甲师总共只有89人战死、116人受伤以及173人失踪或被俘虏，而他的对手损失近2000人。

不过，盟军在阿拉斯的反攻也给德军的“黄色计划”以沉重的打击，德军最高统帅部及克鲁格[①]、龙德斯泰特将军都极为惊慌。在新的增援部队到达之前，德军不敢置侧翼于不顾，一味向海峡进军。希特勒越来越担心隆美尔这支伸向法国西北部的长剑，害怕法军会对它的两翼进行冲击把它截断，于是下令“停止前进”——所有装甲部队都在到达艾比运河一线时停止前进（志在必得的希特勒为什么会下这道命令至今仍是个谜）。这使第 7 装甲师在经过阿拉斯的血战后，得到了短暂的休整机会。

两天后，隆美尔整顿好了他的部队，对装备进行了维修，坦克也加足了油，每个人都写了家信。隆美尔在给妻子露西的信中说：

亲爱的露西，小睡几个小时后，现在又是应该给你写信的时候了。我一切都好。我师已有了光荣的成就，从南特、菲力普村突破了马其诺防线，一夜之间在法国境内前进了 40 英里，到达李克陶，然后是康布雷和阿拉斯。一路战来，我师总是领先于其他师。现在，敌人的 60 个师已经被我们包围了。你不要为我担心，我认为法兰西战役不出两周就会胜利结束。

5 月 26 日，希特勒又撤销了“停止前进”的命令，德军继续向敦刻尔克推进。谁都知道，两天时间在军事上往往具有极其重大的意义。当时，隆美尔左翼的古德里安和莱因哈特两个军已到达距敦刻尔克仅 10 英里的地方。

敦刻尔克是英军撤退的唯一港口。德军停止进攻的这两天可以说是同盟军改变未来战局的一个拐点。有人猜测，德军最高统帅部尚在犹豫之中。阿拉斯英军的坚决抵抗和装甲部队的反攻，使龙德斯泰特认识到了英军的战斗力，敦刻尔克四周都是运河、水淹洼地和铁路障碍，如果贸然攻击，可能会损失大量坦克，而这些坦克对下一阶段的法国战役是

---

① 克鲁格：即汉斯·京特·冯·克鲁格（1882—1944），纳粹德国陆军元帅、著名军事家。参加过第一次世界大战，第二次世界大战期间曾任德第 4 集团军司令率部入侵波兰、法国及苏联。

海因兹·威廉·古德里安画像

必不可少的。空军司令戈林提出用飞机轰炸来解决敦刻尔克，但希特勒想与英国谈判，所以得给英军留点儿面子，这就使希特勒做出了大战中第一个错误的战略决定。从敦刻尔克逃走的英军部队，后来在北非、欧洲都成了打击德军的骨干力量。其中有一个叫作蒙哥马利的师长，后来成了隆美尔的克星。

此时隆美尔并没有从战略高度上认识这两天的意义，事实上他只是一个战术专家。接到继续进攻的命令后，他立即率部渡河，准备抢攻阿拉斯北边的里尔城，但右翼的机枪营被英军密集的火力阻挡。运河对岸的守军本来有一个英国师，后因比利时军过早投降，大部分英军被北调去守卫比利时军防线留下的空缺，因而守军只剩下一个加强营。当然，这个营也不容小觑，他们打得十分顽强。

伯纳德·劳·蒙哥马利画像

隆美尔一边抱怨部下战斗不力，一边爬上铁路，笔直地站在敌人的炮火中，亲自给反坦克炮连指示目标。炮手和指挥官一个接一个地被英军狙击手击中头部，倒地身亡，但隆美尔丝毫不为所动。他知道强渡的关键是建造一座能让坦克开过去的浮桥。为了掩护工兵架桥，他组织了几门 88 毫米高射炮和一辆马克Ⅳ型坦克，用直接瞄准的方法消灭英军狙击手，凡是房屋、工事、灌木丛和小山丘，一律加以轰击。这使工兵营得以连续作业，浮桥眼看就要搭好了。

但就在隆美尔的坦克部队过河时，英军从阿拉斯战场退走的坦克又回来了，这一举动吓得德国步兵纷纷逃窜。

为了鼓舞士气，隆美尔亲自和工兵一起工作，并让率先过河的 3 辆马克Ⅲ型坦克进行反击，马克Ⅳ型坦克则隔着河流朝北岸的玛蒂尔达坦克射击，迫使其停了下来。很快，英军坦克的进攻在德军的火力阻击下后退了。

隆美尔（右二）在法国

5 月 27 日，隆美尔召开临时军事会议，明确下一步的作战路线和具体方案。会上，第 15 坦克团团长琼汉尼斯·施特莱彻上校与隆美尔意见相左，并指责隆美尔连地图都看不准，两人激烈地争吵起来。

隆美尔恼怒不已，这时副官卡尔·汉克头戴钢盔，“全身披挂”地来到他面前立正敬礼，然后宣布道：“根据元首的命令，让我授予将军阁下骑士十字勋章。”汉克刚从希特勒的“鹰巢”赶回来。突如其来的荣誉令在座众人全都惊讶不已，隆美尔的激情又被调动起来了。同时，他还得到了另一个喜讯，配属第 5 装甲师——它一直在隆美尔右翼——

的2个坦克团拨给他指挥，这相当于整整给他增加了300辆坦克，比他自己原来的坦克还要多。

由于北岸的桥头堡十分拥挤，根本容不下第5装甲师的增援部队，隆美尔命令卢森堡上校继续向北进攻，一直打到罗尔吉斯，腾出地方来让第5装甲师的2个坦克团过河。第5装甲师的车辆过河速度十分缓慢，师长弗朗茨·哈尔德①将军建议让他的部队暂缓攻击。隆美尔当场拒绝，并叫嚷道："你有多少坦克过河就用多少坦克进攻。"于是，第5装甲师从卢森堡上校打开的缺口冲了过去。

当天下午6点，隆美尔开始从运河向东北方向推进，赶往法国最大的工业城市之一——里尔。他的任务是封锁里尔西南道路，协同友邻部队围歼英、法联军。隆美尔决心第一个抵达那里。当装甲部队抵达当天的临时目标后，他听说与他竞争的那些师夜里打算就地宿营，于是兴冲冲地下令："上车！启动引擎！前进！"

宿敌初现

隆美尔的装甲指挥车飞快地向前赶，好不容易才追上卢森堡上校的领头坦克，抵近里尔城。

此时，英、法联军的大撤退已经开始了。从来自各方面的情报分析，敌人在里尔城屯集了重兵，包括法第1集团军，以及英国远征军陆续集结的几个师。形势很明显，如果盟军不想付出太大的代价，必然会从通向海边的公路逃到西边10英里的爱门提里斯镇，然后向敦刻尔克撤退。但隆美尔大胆而迅速的推进速度打乱了他们的计划。当时英军还没有集结完毕，里尔城的驻军顿时慌乱起来，当天夜里便开始向西突围。

不过，隆美尔的处境也不妙。他的装甲师远远超前于德军主力，因此他没有立即进攻里尔城，而是命令卢森堡上校的第25坦克团绕到里

---

① 弗朗茨·哈尔德（1884—1972）：纳粹德国陆军上将，第二次世界大战中任德国陆军总参谋长，参与策划了对波兰、法国、英国和苏联等国的入侵行动。后因受刺杀希特勒事件牵连，被送入达豪集中营关押。

尔西边，攻占里尔与爱门提里斯之间的罗米村，堵住里尔守军的退路，迫使里尔守军不战自乱。

而乱作一团的里尔守军已顾不上来敌多少、如何进攻，只顾夺路而逃。他们以重型坦克部队为先导，向卢森堡的坦克团发起冲锋。隆美尔连忙命令艾德曼少校率侦察营前去支援，并紧急请求炮兵火力支援。德军陆空一阵猛烈的弹雨呼啸而至，但全都落到了自己的阵地上。隆美尔所在的坦克团指挥所也未能幸免。他和艾德曼少校冒着密集的炮火跑向指挥车，突然，一枚重磅炮弹落在了他们身边，艾德曼脊背撕裂，当场死亡。隆美尔也被爆炸的气浪掀翻在地，晕了过去，他的手下赶紧把他抬进指挥所。过了好一会儿，隆美尔才醒过来，发现自己面临着敌军和己方火炮的双重威胁。

与此同时，第5装甲师其余部队（包括新配的两个坦克团）向里尔的推进也很不顺利，因为他们还不习惯隆美尔式的推进速度。由于连续进攻，队伍拉得很长，又没有时间允分集结，他们甚至认不出DG7的标志（这是隆美尔刚刚跨出德国国境就为第7装中师定下的路标），更不习惯在夜间攻击前进。所以，向里尔南方恩格罗斯进攻的部队严重受挫。开始只有一个连，后来增加到一个营，几乎全部被英、法联军消灭。

1940年5月30日中午时分，法第1集团军主力从里尔城中涌出，向西突围，顿时和卢森堡上校的坦克团交火。隆美尔连忙调来第6、第7步兵团，加强卢森堡上校的阵地。下午的几个小时里，德军打退了法军的多次进攻。由于通往敦刻尔克的道路被封死，而德军的后续部队又将里尔城围住，5月31日，法第1集团军尚未逃出城的部队约4万人在里尔投降。

隆美尔的部队又有了几天喘息的时间。他在纪实录中写道：

我已经连续进攻了好几天，在不断运动的坦克里，在装甲车上或在汽车里，根本无法睡觉。在一个机械化师里，你就必须飞也似的前进。到此为止，第7装甲师取得了巨大的胜利——然而关于这一点，公众显然一无所知。

在敦刻尔克，古德里安的装甲军（属于主攻）进攻也不顺利。古德里安曾经创下不到 6 天时间就横贯法国 240 多英里的纪录，但是，当他的坦克开到大西洋岸边时却遇到了难题。英、法联军利用运河、小河、洼地、水淹区、铁路路基和村庄等地形进行抵抗，使德军装甲兵损失极大。而且，古德里安的部队也因希特勒下令暂停进攻而耽误了两天时间，使英、法联军有了布防的时间。盟军统帅部举行了紧急会议，讨论战局和作战计划。刚刚继任英国首相的丘吉尔认为，被围困的数十万盟军从陆上突围已不大可能，坚守阵地的结局也只能是全军覆没，现在只有一条生路，那就是迅速集结一切可以调动的舰船，开赴敦刻尔克一带，通过英吉利海峡撤出陷入重围的将士。

盟军多数将领与丘吉尔的想法一致，认为眼下走为上策，保存一批经过战火考验的部队，将来就有重返西欧并取得最后胜利的希望。但以布朗夏尔将军为首的几个法国将领，坚决反对这一计划。他们主张与德军血战到底，将最后一滴血洒在法国的土地上。经过激烈争论，盟军统帅部最终制订了代号为“发电机”的撤退计划，决定一面坚持顽强防御，一面调动一切能够使用的大小舰船，实施战略退却。

英军迅速调集了 1000 多艘舰船，运载已经到达敦刻尔克的部队，同时忍痛给一些处于交通要道的部队下达了“战斗到死”的命令，以配合法国和比利时的军队作战，阻挡德军的攻势，掩护大部队撤退。

盟军的抵抗部队迅速在格拉夫林、敦刻尔克和尼波特一带，组织了强大的反坦克火力，建立了比较坚固的防御阵地，从加来至敦刻尔克，尤其是在格拉夫林一线建立了重要的“洪水防线”。所谓“洪水防线”，就是将敦刻尔克和加来之间沿海一带的水闸打开，让大水淹没周围的低地，以便阻挡沿着海岸迅速北上、朝海峡港口推进的古德里安的装甲部队。

当海水逐渐退去，只剩下一些不太深的积水时，古德里安等人的坦克集群便呼啸着向积水冲来，在隆隆的炮声中，积水溅起无数高大的水柱，刹那间，积水突然变成了火海。这是盟军的“水困火攻”阵。他们在积水中倒进了大量的汽油和酒精，炮弹和燃烧弹一落在水中，汽油和酒精便熊熊燃烧起来。烈焰吞没了德军的坦克，有的坦克搭乘人员惊慌失措，在烈火中乱冲乱窜；有的驾驶员被烧昏了，坦克停在那里任其燃烧。数支德军装甲部队就这样在烈焰中消失了。

然而，尽管盟军使尽浑身解数顽强防御，德军仍不断地从陆上、海上和空中加强对敦刻尔克及海峡的袭击。成群的德军飞机在英吉利海峡上空飞来飞去，把炸弹倾泻在毫无掩蔽的海滩上，投在盟军满载撤退官兵的舰船上。盟军撤退的艰难由此可见一斑。为了掩护将士撤退，英国空军与数量众多的德国空军一次又一次地顽强搏斗，将数百架德军飞机击落，从而使撤退舰队免遭更大损失。

盟军此次撤退由拉姆齐将军全面指挥协调，韦克沃尔海军少将负责指挥在英吉利海峡的航行，威廉·坦南特海军上校负责指挥敦刻尔克港和海滩登船事宜，杰克·克劳斯汤海军中校则负责指挥最关键的东堤交通要道。从 5 月 19 日起，盟军一直在退却，但部队因经常失去指挥、孤立无援、缺少睡眠、饥渴等原因撤退缓慢。这些疲惫的士兵步履蹒跚地跨过海滩，走向小船。大批人马冒着轰炸和扫射涉入水中，水深及肩，他们的头刚好露在扑向岸边的波浪之上，直至快冒过头顶他们才上到船上。从岸上摆渡到大船去的小船因载人过多而歪歪扭扭地倾斜着……

敦刻尔克是一座历史悠久的古城，自公元 9 世纪以来一直是法国北部的重要港口，1940 年以吞吐量计为法国第三大港，拥有 7 个供大型船只停泊的深水泊位、4 个干船坞以及长 5 英里的码头，完善的防波堤和凸式码头可以有效抵御来自英吉利海峡的狂风大浪。假如这些港口设施能够充分利用，30 万英、法联军完全可以在五六天内携带全部装备安全登船。但在战争状态下，一切都乱了。

5 月 26 日晚，即“发电机”行动的第一个晚上，在海军的努力下，首批 1312 人，主要是后勤部队，顺利离开敦刻尔克回到英国。撤退行动一开始，便不再有任何机密可言，加上形势紧急，英国海军部继续在沿海和泰晤士河沿岸征用船只，甚至通过广播呼吁所有拥有船只的人前往敦刻尔克。这些船主非常明白撤出远征军对于英国意味着什么，都积极响应海军部的呼吁，驳船、拖船、货船、客轮、渔船、汽艇乃至私人游艇，都纷纷出海驶往敦刻尔克。先后有 693 艘英国船只及 168 艘法国、荷兰和比利时船只，共 861 艘各种船只加入救援行列。他们主要从英国南部的希尔内斯、马加特、多佛尔、纽黑文、福克斯通和拉姆斯格特 6 个港口出发，在敦刻尔克接上英、法联军官兵后，再返回英国。

5 月 27 日，德国陆军步兵利用比利时军投降的机会，从比军防区直扑敦刻尔克。此时英、法联军已经没有部队可以前去拦截德军，敦刻尔克危在旦夕！关键时刻，英军第 3 步兵师在师长蒙哥马利的指挥下，以出色的机动能力巧妙突出德军包围。这个师的官兵分乘 600 辆军车，在所有军车的减速器上涂上一层反光油漆，用隐蔽在后挡泥板下的小灯照亮，后一辆车的司机就利用这点亮光紧跟着前一辆车，整个车队关闭大灯，实行严格的灯火管制，乘着夜色悄然撤出。为了防止意外，蒙哥马利还在十字路口和容易迷路的拐弯处设置交通纠察哨，指挥车队行进。就这样，第 3 师乘夜行军 37 英里，成功跳出了德军合围，并在 5 月 28 日凌晨赶到德军前面，组织起了坚固的防线，有力地保障了敦刻尔克的安全。蒙哥马利也因其出色的军事才干开始崭露头角，并在不久后成为隆美尔最强劲的对手。

5 月 28 日上午，敦刻尔克地区大雾弥漫，德国空军在戈林的亲自督令下，不顾恶劣天气的影响，出动两个轰炸机大队前往轰炸，但到达敦刻尔克后，因能见度太差而被迫带弹返航。联军利用这一时机，抓紧组织官兵撤退，因港口损毁严重，海滩的作用越来越大，官兵们每 50 人一组，每组由一名军官和一名水手带领，以组为单位从海滩下海，涉过逐渐加深的海水，登上小船，再乘小船摆渡到距离海岸较远的大船。入夜后，海滩上似乎有成千上万只萤火虫在夜空中飞舞，那是成千上万等待撤退的士兵在抽烟，烟头一明一暗的闪光形成了蔚为壮观的场面！这一天，一共有 17 804 人撤离。

5 月 29 日，英军吸取 3 天来的经验，采取了很多措施以加快登船速度，特别是在东堤，为了克服高达 4 ~ 5 米的潮位差，凡是能够找到的木板、木梁，连球门的木门柱都被用来当作临时跳板。英军还将卡车一辆接一辆沉在海滩上，作为延伸入海的临时栈桥。下午，天气开始转晴，德国空军又成群出击，摆出一副要把几天的损失补回来的架势。他们以大型船只为目标进行集中攻击，击沉了 3 艘驱逐舰和包括 5 艘大型渡船在内的 21 艘船只，重创了 7 艘驱逐舰，迫使拉姆齐将军把参与撤退的 8 艘最先进的驱逐舰调回本土，以免这些新锐军舰受到损失，影响日后抗击德军入侵英国本土的作战。

陆地上，大批法军和法国百姓退入敦刻尔克防御圈，公路被各种车辆拥堵得水泄不通，德军的攻势越来越猛烈，英、法联军控制的地区日益缩小，德军的地面炮火已经打到了海滩、东堤和航道。

5 月 31 日，英国远征军司令戈特奉命回国，将指挥权移交给了第 1 军军长亚历山大。亚历山大将军刚在敦刻尔克郊外焚毁了自己的汽车，只得骑着自行车赶来接受指挥权。他上任后，撤退又持续了 4 天。

6 月 1 日，这是撤退中的一个苦难日，一批又一批的德军飞机轮番攻击轰炸，炮弹和炸弹四下呼啸爆炸，海滩、堤道和港口都成了一片火海。英军至少有 11 艘船只被击沉，9 艘遭重创。然而，任凭轰炸机在头上咆哮嘶吼，一队队英国远征军仍秩序井然地迅速登船。从午夜到凌晨 3 点，一共撤出 26 256 人，成为撤退开始以来撤出人数最多的一天。此后，每天撤退的人数都在成倍增加。

6 月 4 日早晨，亚历山大和坦南特一起巡视了海滩，对英国远征军全部撤退感到非常满意。入夜后，他们率领各自的参谋人员作为最后一批英军登上驱逐舰，撤回英国。

英国远征军的大部队撤离后，几名英军将领来到从里尔撤出的法第 1 集团军指挥部，劝他们赶快随英军撤退。但这些将领也像他们的总指挥官布朗夏尔一样强硬，斩钉截铁地说：“我们宁愿将最后一滴血洒在法国的土地上，也决不撤退!”两天后，法第 1 集团军的一部分（约 4 万人）被德军围歼；另一部分（约 5 万人）由几名将官率领，踏过战友的尸体和热血，杀出重围，在敦刻尔克登船，和英国远征军一起撤退了。

至6月4日下午5点23分，盟军总共从敦刻尔克港和海滩上撤走了33.8万余人，其中英军21.5万人，法军和比利时军队12.3万人。撤退中，英军伤亡6.8万余人，法军被俘4万余人。

在整个战役中，英军损失飞机302架，舰船226艘，汽车6.3万余辆，其他物资及弹药50万吨；法军损失舰船约60艘。盟军的全部重型武器装备被丢弃在沿途及海岸地区。同日晚，德军占领敦刻尔克。

在德国柏林，当希特勒得知德军在敦克尔刻大决战中大胜英国人后，先是愣了半天，随即挥舞着双手大声喊道："第三帝国是无敌的……"据在外面等候的大本营元首参谋军官说，那天下午元首的办公室里面像是在举行打击乐音乐会，除了希特勒的高声喊叫，其他人的声音都被淹没了。

然而，尽管盟军损失惨重，但许多军事评论家认为，"德国的失败和欧洲的光复均始于此"，并称这次战略退却为"战争史上的一大奇迹"。英国新任首相丘吉尔为此在议会发表了演说：

我们必须非常慎重，不要把这次援救说成是胜利。战争不是靠撤退赢得的。但是，在这次援救中却蕴藏着胜利，这一点应当注意到。

进攻！进攻！

敦刻尔克战斗的结束，实际上也是"黄色计划"的圆满完成。

在这次战役中，隆美尔的装甲师俘获7000多名敌人，缴获和摧毁的坦克数量超过400辆。一向珍视荣誉的隆美尔连忙向希特勒汇报战果，他自豪地草拟了一份急件，得意地说："战斗中的胜利可以被夸耀成无数个父亲，而失败却只是一个孤儿。"

1940年6月2日，希特勒在阿登的夏尔维尔召见了隆美尔，与其他指挥官一起讨论打败法国的最后行动计划。希特勒摆出一副长辈的姿态，亲切地告诉隆美尔："我们都非常担心你的安全！"

在所有师长中，只有隆美尔一人享受如此“殊荣”。为此，他兴奋地写信告诉露西：

元首的光临使人兴奋。他用下列话向我打招呼，“隆美尔，在攻击的时候，我们都非常担心你的安全。”他脸上显露出高兴的表情，我一直陪伴着他。……请你把报纸上关于我的一切都剪下来。我现在没有时间看，但将来事情过后看起来，一定很有趣。

敦刻尔克撤退后，法国只剩下一条沿索姆河和艾斯尼河的防线。在这条漫长的防线上，法军布置了 66 个师的兵力。法军的精锐都在比利时耗尽了，因此谁也不相信剩下的兵力能在这么宽的战线上阻挡住气焰嚣张的德军。这时，魏刚将军临危受命，接替了甘末林将军的统帅之职，开始整顿这条“魏刚防线”，连他自己也做好了打败仗的准备。

与魏刚恰恰相反，希特勒信心十足地告诉他的将军，新的进攻将于 7 月 5 日开始，法国将遭到致命的一击。他说：“与英国之间找到和平的基点是容易的，然而对法国却非把它夷为平地不可，在此之后，还必须让它偿还债务。”

参加军事会议后，隆美尔重返战场，于 6 月 5 日清晨随霍特将军指挥的第 15 装甲军开始突破索姆河防线。隆美尔的第 7 装甲师的攻击地点选在朗普莱和汉格斯特之间。他发现，索姆河与其说是一条河流，不如说是一条干涸了的小溪。但这是一个宽约 1 英里的无人区，法军的炮火曾一连几个小时把他们阻止在一个小小的桥头堡里。炮火一停，隆美尔迅速亲临前线，下令用机枪和大炮猛烈射击铁路桥南端和引桥，炮弹铺天盖地倾泻在法军的阵地上。法军步兵匍匐在玉米地里，用机枪阻击德军步兵。很快，第 25 坦克团从铁路桥和引桥上开过来，把防线上的数百法军一一解决了。隆美尔师的前面是法国殖民地部队。清晨 5 点左右，恩格尔团长指挥第 6 步兵团冲过大桥，迅速巩固阵地，并抓获了一大批黑人俘虏。

下午 4 点，隆美尔继续向一个古堡推进。这是李奎斯罗尼古城堡，有中世纪的哥特式建筑，有棱堡、教堂、树林和护城河。隆美尔的坦克从它的东、西两面绕过，让步兵和炮兵去收拾古堡内的敌兵，以减少坦克损失。之后，他又想到了一个高明的新主意——编队前进，即将全师编成盒式队形，由坦克营担任前锋和侧卫，反坦克营和侦察营殿后，中间是步兵团；轻型运输车紧随在坦克后面，在齐腰深的玉米地里沿着坦克轧出的道路前进。

他的部下虽然已经很疲劳，但仍然坚持继续往南打。李奎斯罗尼镇的南方是蒙特格尼村和艾敏诺依斯兵营。隆美尔的坦克一刻不停地向前开，法军还没来得及集中兵力布防，就被卢森堡上校的坦克团冲散了。

晚上，法军的坦克和炮兵开始反击，但他们还没有学会集中使用装甲师，所以，这些分散使用的坦克很快便被具有经验的德军反坦克炮手击毁。尤其是高射炮连的 88 毫米自动高炮，再次显示出极佳的反坦克性能。有史以来，还不曾有任何一个德国装甲师运动得如此神速，一天前进 50 多英里。对于隆美尔这一手，法军毫无防备。

午夜时分，隆美尔给军部发电报：“前方平静，敌人已溃不成军。”

第二天，隆美尔师继续以正面作越野式战斗行军。他们越过山丘，爬下谷地，如入无人之境，一天推进 80 英里，仿佛是在进行一场演习。在休尔洛，他们追上了一支英军运输队，将满载的香烟、巧克力、沙丁鱼罐头、利比亚水果罐头以及网球拍、高尔夫球棍等物资抢劫一空。隆美尔哈哈大笑着说，英国人显然没有料到战争会出现这种难以意料的变化。

6 月 7 日这天，第 7 装甲师又前进了 30 多英里，攻占了艾敏诺依斯军营南边的艾普里西尔村和波依克斯村。负责防守东起亚眠、西到大海的法第 10 集团军的战线，被隆美尔这把尖刀一切为二，其西段有英军的 2 个师：第 1 装甲师和第 51 苏格兰高地师。

英、法联军一下子乱了阵脚。他们没有使用机动兵力打击德军的侧翼，反而由英军拼凑了 9 个步兵营防守鲁昂。鲁昂是法国的重要工业城市，从经济上看很有价值，但从军事上却无法防守，只要德军从南方迂回，鲁昂便会陷入包围。而隆美尔正打算这样干，他计划渡过安地里河，从东南方向包抄鲁昂。安地里河深约 1 米，许多德国坦克开到中间就熄火了。这时，恰好有几个英国士兵涉水渡河投降，使隆美尔找到了涉渡点。德军将炸毁的铁路桥的混凝土块、锯断的大柳树和乱石堆放到河中间，终于渡过了这条不大的河流。英军不敢恋战，连忙撤回塞纳河以南。

沿途村镇大火熊熊，这都是斯图卡俯冲轰炸机的“杰作”。在埃尔伯夫，一位妇女冲上来抓住隆美尔的手臂问道：“你是英国人吗?”隆美尔摇摇头说：“呵，我们是异族人!”那位妇女顿时尖叫着消失在她的房屋后面。

霍特将军对隆美尔猛打猛冲的勇敢行为十分满意。他判断法军在索姆河和塞纳河之间很难再组织有效的防御，决定放手让隆美尔冲击，能跑多快就跑多快。6 月 8 日晚 11 点，第 7 装甲师抵达索特威尔，成为最先抵达塞纳河的德国部队。黑乎乎的塞纳河水缓缓地朝西北方向的大海流去，它的西边是大海，东边就是巴黎。只要渡过这条深水河流，对德国装甲师来说，就胜利在望了。

当天夜里，隆美尔给露西写信说：

你的生日恰好是一个成功的日子。我们一切都理想极了，对方的崩溃已迫在眉睫，太好了。我睡得简直像石头一样。

接下来，隆美尔的第 7 装甲师应该干的事，就是吞下急行军扫过的索姆河和塞纳河之间的大片地区。此时，隆美尔右翼的第 5 装甲师已攻占鲁昂。第 7 装甲师奉命沿塞纳河北岸向海边疾进，攻占拥有数十万人口的法国大西洋海港城市——勒阿弗尔。

6 月 9 日，侦察营向隆美尔报告说，公路被破坏了，只有逃跑的英国人会干得这么利索。所幸公路虽被破坏了，但还没来得及布雷。如果从野地里绕过那些被破坏的地段，还可以曲折行军。于是，隆美尔又率部前进了。

与隆美尔平行前进的还有许多英、法部队，他们刚从战场上撤下来，准备赶往勒阿弗尔上船。隆美尔用高射炮向他们射击，迫使他们溃散或投降。自从进入法国国境，隆美尔一直把高射炮当作野战炮使用。

几分钟后，一位法国旅长带着一位炮兵团长前来投降。他对德军进展神速表示了敬佩，除此之外，他一直很沉默。投降对军官来说是最痛苦的事情，尤其是向法国的世仇德国人投降，但仗已打败，他们也无力回天。

6 月 10 日，隆美尔继续跟着先头部队沿塞纳河北岸向西推进，9 英里外就是跨河大桥。隆美尔终于在迪埃普（属滨海塞纳省）附近看见了大海。他和官兵们都激动万分，高声大喊："我们终于冲到了法国海岸！"隆美尔爬出装甲指挥车，从沙滩向海里走去。

根据他的命令，第 25 坦克团直接开向海岸。当坦克团到达时，卢森堡上校用他那辆坚实的马克Ⅳ型坦克冲开防波堤，把坦克开下海滩，直到英吉利海峡的波涛拍打着坦克灰色的外壳为止。之后，隆美尔和卢森堡一起攀上坦克顶，面向大海拍了照，准备送给国内的报刊。

勒阿弗尔三面被围，但并不打算投降。隆美尔将一批会讲德语的法军战俘放回城中劝降，但这些战俘都无功而返，城中守军准备顽抗到底。英军可能打算坚守到夜间，趁黑上船回国。

隆美尔可没打算让敌人有更多的时间作准备，于夜间发动了猛烈的炮击，全城烈火熊熊，照亮了夜空，但守军也发炮还击，斗志丝毫没有减弱。隆美尔感觉遇到了真正的对手，只得用他最不喜欢采用的办法：步兵攻城。

勒阿弗尔的守军继续顽强地抵抗着。与此同时，英军也乘小艇划向了大海上的运输船和轻巡洋舰。隆美尔亲自指挥一个 88 毫米高射炮连朝军舰和运兵船射击，没想到不但没有击毁运兵船，反而被军舰轰掉了 2 门 88 毫米高射炮。这是隆美尔首次用炮兵与军舰作战。

88 毫米高射炮对付坦克效果不错，但它显然不是军舰的对手。隆美尔连忙开车找到师里的重炮营，命令连长就地放榴弹炮，对那艘轻巡洋舰进行射击。英国军舰挨了几炮后，终于受损了。水兵们把它搁浅在海岸边，划着救生艇逃走了。隆美尔见状，和其他炮兵一样得意地咧嘴笑了。他的大炮赶走了营救的船队，手榴弹如雨点般落在峭崖下的小道上，迫使这支步履蹒跚的队伍逃向山顶。

赶走运输船后，隆美尔驱车来到勒阿弗尔城下。晚上9点，他调来重炮和恐怖的重型轰炸机，向城镇发起了进攻。第二天一早，隆美尔入城，只见城里到处都是惊慌乱窜的敌军，以及军用物资燃烧的火光，它们有些是被德军炮弹击中的，但更多的是被英军自己烧掉的。东西虽然烧掉不少，但军用品和弹药还是堆积如山，几乎每条街道都被卡车和大炮塞满。经过反复招降，英军终于陆续放下武器，稀稀拉拉地走了出来。

广场上挤满了投降的英、法军人。法第9集团军指挥官伊勒将军作为代表，在市政广场上向隆美尔投降，他身后跟着11名英国和法国将军。新闻摄影机拍下了这个受降的场景。

隆美尔见了伊勒将军，问他是哪一个师的师长。伊勒将军用东拼西凑的德语回答："我不是师长，我是第9集团军的军长。"

隆美尔说："那好，现在我命令你这位军长让你的盟友和部下立即投降。"伊勒将军勉强答应了，但又不情愿地嘟囔道："要是我有足够的弹药，我是会打到底的。"他用典型的高卢人的方式，拍着隆美尔的肩膀告诫说："你的行动过于快了，年轻人！"另一个法国人怀着好奇心问隆美尔指挥的是哪一个师。隆美尔告诉了他。"天哪！"这位法国人叫道，"又是魔鬼之师！最先在比利时，接着是阿拉斯，然后在索姆，现在又到了这里，它一再切断我们的进军路线。我们可是把你们叫作魔鬼之师哪！"

令隆美尔惊奇的是，英国军官投降后仍保持着绅士风度，丝毫没有法国军官那副哭丧相，他们在广场上和房屋前谈笑风生，完全忘了刚刚打完败仗。隆美尔邀请他们，包括英军第51师师长福尔彻将军共进午餐，但被他们礼貌地拒绝了。

勒阿弗尔一役，德军共俘联军4.6万人，其中包括8000名英军官兵。隆美尔的"魔鬼之师"享受着英吉利海峡的海滩和阳光，还有旅馆里的酒窖。隆美尔的预言实现了，一周之内，法国的第二防线就崩溃了。法军在塞纳河的防线失败后，巴黎被宣布为不设防的城市。法国投降只是时间问题，因为首都巴黎的陷落是国家战败的象征。

自从1918年被以法军为主力的协约国军打败后，德军在希特勒的指挥下翻了身，击败了曾经战胜过自己的敌人。战果是如此辉煌，但在德国军官的营帐里却议论纷纷。许多将军显然对隆美尔赢得的荣誉十分妒忌。一份报告说，要是隆美尔能获得“更多的经验和更好的战术判断能力”，他或许是一名军级指挥官的适当人选。霍特将军指责隆美尔对别人在他所赢得的胜利里作出的贡献表现得心胸过于狭窄。第4集团军指挥官克鲁格对这一批评也有同感。第5装甲师师长琼汉尼斯·施特莱彻后来在一份手稿中叙述道：

> 战争期间，一本题为“魔鬼之师”的书出版了，书中许多由我们第5装甲师赢得的胜利，被冷嘲热讽地说成是第7装甲师的成绩。在西线，第7装甲师的伤亡比任何一个师，甚至包括步兵师在内都要大得多，由此可见隆美尔对待他的部下是何等的冷酷。

肃清瑟堡

1940年6月16日清晨5点30分，隆美尔结束了在海滨城市田园诗般的生活。第7装甲师奉命从鲁昂的一座法军桥梁上跨过塞纳河，向南疾驰。他们在法国的最后一个任务，就是趁法国政府在战与降之间摇摆不定之时，快速攻击并占领科唐坦半岛上的战略港口——瑟堡[①]。

瑟堡是法国最重要的深水良港之一，也是法国的重要军港，这里集结了英、法联军的大量战舰。为了抢在联军逃走之前占领瑟堡，6月17日，即德军占领巴黎和凡尔赛当天，隆美尔率部到达科唐坦半岛顶端。

① 瑟堡：法国一个重要的军事要塞、商业港口，位于法国西北部科唐坦半岛的北端。

一路上他们没有遇到任何抵抗，第 7 装甲师的推进速度第一天为 100 英里，第二天为 200 英里。

经过讯问俘虏，隆美尔才知道原来惊慌失措的法国总理雷诺已将 83 岁的贝当元帅从驻西班牙大使任上召回巴黎，又从贝鲁特召回了 73 岁的魏刚将军。所有法国人一听到这两个人的名字，都立刻想起了第一次世界大战的胜利，这两位老将的出山好像能保证历史会重演一样。

法国陆军元帅、政治家贝当

作为“一战”时的名将，贝当这回却扮演了不光彩的角色。他对战胜德国信心不足，反对法国政府撤退到北非殖民地继续抵抗的计划，力主与德国和谈。当地无线电台反复广播着贝当的休战建议，于是，法军都不想再继续抵抗了。

在瑟堡附近的一个小村镇，隆美尔的指挥车遇到了一大群法国人，其中有军人也有平民。他们吃惊地看着德军的坦克纵队穿过自己的家园，既伤心又愤怒，但由于贝当政府的休战建议，谁也没有采取敌对行动。突然，一个法国村民冲出观望的人群，抽出自己的手枪准备向隆美尔射击。几个法国兵拉住了他，他把枪丢在地上，大声痛哭起来。法国军民对德国人又恨又惧。

隆美尔并没有把这些人放在眼中，他的先头部队连续狂奔了 12 个小时，一路掠过许多法国村镇，法国人一枪不发，默默地等待着自己祖国的命运。

夜幕垂下了，德军还在继续赶路。在北方不远的地区，可以看到熊熊的烈火，那是法军在烧掉自己的燃料。

6 月 18 日拂晓，隆美尔赶到了瑟堡城外，城堡守军还没有听到贝当政府要求停战的消息，仍旧顽强抵抗。隆美尔一门心思想着如何攻占这个对法国来说举足轻重的海港城市，因为他手头只有一个轻装甲营。第 7 装甲师的主力被远远地拖在后面起码 100 英里。突然，一直领先的装甲车遇到了坚固的路障，法军在路障后面用机枪和火炮猛烈射击。领头的装甲车立即起火，其余几辆也被打中了。一路趾高气扬的装甲营侦察连长伊斯梅耶中尉身受重伤。

这时，隆美尔的参谋长从后面赶了上来，对他说："部队夜间开进很不顺利，少数部队因路标错误而迷失了方向，并受到法军的零星阻击。现在部队正在集结，向瑟堡以东运动。"隆美尔坚决表示："这些情况都不足以让我改变计划，继续前进。"尽管要塞里的火力越来越猛烈，隆美尔仍然决定按原定计划行事。

一轮弯月映照着起火焚烧的德国装甲车，隆美尔的信心受到了一定程度的打击，但他并没有丧失理智。他知道对面的法军实力强大，而且严阵以待，打算战斗到底，仅凭一个轻装甲营的薄弱兵力无法打通道路。因此，他命令全营撤出战斗，天亮后在没有看清敌人的布阵前不能擅自行动。

紧接着，隆美尔与指挥通信分队返回海斯杜皮斯镇，等待师主力的坦克团和炮兵团。镇中心广场上空寂无人，市民和法国官兵都失去了踪影。由于挺进太快，隆美尔根本顾不上俘虏敌军和收拾装备，现在他们只好在空荡荡的广场上等待援军。这时，从北方瑟堡方向来了一辆小汽车，隆美尔的士兵立刻截住了它，车里坐着一位瑟堡港的法国海军军官。经过严酷审讯，这位军官才说出他是奉命来组织海斯杜皮斯镇的军民设置路障阻挡德军的。几分钟后，又有几个英国军官乘车路过海斯杜皮斯，他们刚洗完海水澡回来，没想到德军推进得如此之快，结果糊里糊涂地做了俘虏。

当第 6 步兵团团长恩格尔上校乘卡车赶到镇上时，天已经快亮了。隆美尔没有让他们休息，而是马不停蹄地继续赶路。早上 9 点，隆美尔到达圣沙维尔，率先锋营朝瑟堡疾进。

12 点 15 分，先头部队抵达瑟堡西南 15 英里处的李斯皮克斯。隆美尔未做片刻停留，指挥部队在高速行进中发起了攻击。

攻击前，隆美尔仍心存幻想，让几个被俘的法军军官到路障后面去劝降，恩格尔上校也开始与法军谈判。但法军根本不打算投降，也不想让德军通过，他们没有理会贝当的休战建议，直到隆美尔的步兵攻入法军设防阵地，他们才被迫逃走。隆美尔命令准备好的大炮和机枪对后方地区进行了一通射击。之后，第 6 步兵团终于占领了这块设防阵地。隆美尔来到法军阵地上，发现它构筑得异常精心、坚固无比，如果不是法军放弃，很难这么快就攻下来。路障也设置得又多又密，德国工兵用了整整一个小时才全部清除完。

一个多小时后，隆美尔的先头排又遭到法军的火力侧射，看来瑟堡的法军是不会轻易放下武器的。步兵团的士兵纷纷跳下卡车，找地方隐蔽起来。隆美尔对他们这种胆小的行径非常恼怒，下令把一门反坦克炮调上来，向树丛和房屋连续开炮。

经过一番短促而激烈的战斗，第 7 装甲师又开始前进，但速度已大打折扣。从路上遇到的抵抗来看，攻占瑟堡不是个轻松的任务。由于电话线没有被切断也没有使用暗码，法国海军基地司令对隆美尔的进军了如指掌。

当德军纵队接近瑟堡西南郊的皮克斯镇时，又被阻住不动了。隆美尔跑上前去一问，原来又遇到了一道坚固的路障。这时，瑟堡要塞的大炮开始轰击皮克斯以南的德军，一场激烈的战斗在所难免。突然，一枚75毫米野战炮炮弹落到德军中间，在离隆美尔5码左右的地方炸响，接着，雨点般的炮弹纷纷掉落下来。隆美尔站在坦克旁，他已经看到了飘浮在瑟堡城市上空的系留阻塞气球（即挂在钢缆及铁丝上的气球，用以防止低空飞机的袭击），眼看这块快到口的肥肉就是吃不到，他不由得心急如焚。

一个步兵排奉命向前冲锋，但立刻被炮弹纷纷打倒。法军的火力实在太猛，连隆美尔的装甲连也挨了不少弹片。在这种炮火下冲锋，显然是去送死。隆美尔找到恩格尔上校，让他的步兵团绕过路障从东南方向进攻瑟堡。他再也忍受不了路上的拖延和阻滞，仿佛看见瑟堡港中的大小船舶正在纷纷开动逃走。

为此，他又命令德军炮兵抢占城外的制高点，向城内集中发炮，炮弹落点很准。坦克和步兵分队趁机扫清了瑟堡外围的据点，外围守军无心恋战，纷纷投降。

但是，瑟堡的海军司令已经下定决心抵抗到底。瑟堡各个炮台的大小口径火炮，包括一些超级海岸重炮，都开始向德军轰击。英国军舰也用舰上的主炮朝岸上的德军射击。城外制高点上的炮兵营和高炮连立刻成了惹眼的目标，很多火炮车被炸毁，士兵伤亡惨重，隆美尔的临时指挥部也遭到炮击，形势变得严峻起来。

十几门炮怎能敌得过上百门炮呢？隆美尔心里很清楚，他和几个随从军官离开树丛，躲到开阔地里。法军的炮火轰击了整整一个小时，隆美尔实在等不及了，他驾车冒着法军的炮弹向后方狂奔，一直开到距瑟堡9英里的索特维里才停下来。索特维里是第7装甲师的师部，隆美尔从先锋排回到属于自己的位置，焦急地等待着卢森堡上校的坦克团和第7步兵团，只有等他们全部赶上来，他才能重新部署攻击要塞的战斗。

不过，即使主力上来了，还是缺乏重炮。卢森堡仔细察看地形后，认为瑟堡四周树篱纵横交错，地面松软，法军炮手极为隐蔽，非常不利于坦克进攻。但急于进击的隆美尔拒绝了这位坦克战专家的建议，强行下达了攻击命令。几次攻击之后，他们终于发现一条主要攻击路线，需要通过一个叫作托尼维里的小村子。

隆美尔叫人拿来地图，仔细察看沿途的地形，惊奇地发现有一处标明师部的位置原来是瑟堡要塞司令的别墅。他立刻下令搜查，好几张重要军事地图被搜了出来。隆美尔看后大喜过望，因为其中有一张瑟堡要塞所有轻重火力配置图，标明了托尼维里正处在好几个要塞火炮的交叉射界内。隆美尔立即下令攻击部队从第 79 号高地西边绕道攻击，那里的防御火力最弱。

新的部署下达后，隆美尔又前往步兵团，随队攻击前进。他从来不在后方的师部指挥战斗，而总是在前方抓住瞬息万变的战机。

晚上 8 点后，第 7 装甲师步兵和坦克纷纷进入攻击阵地，要塞却沉默着。天已经黑了，激战在即，但在夜间进攻一座设防严密的要塞是不明智的。隆美尔的重炮营也开上来了，一切准备就绪，他把各连的火炮都安排在适当的位置，只待天明，就将猛轰要塞并发起步兵进攻。隆美尔还不曾想过，仅凭他一个师的力量能否攻占重兵驻守又有大量火炮的海军基地。

长时间的沉默之后，法军中央要塞抢先开炮了。第一轮炮火就打死了一个德军中尉。隆美尔意识到瑟堡不可能不战而降，便集中炮火猛轰中央要塞。经过近 3 个小时炮轰，法军要塞又沉寂了。

6 月 19 日 12 点 15 分，从瑟堡城中开出两辆小车，瑟堡市长和警察局局长前来面见隆美尔，要求他保证不再攻击城市和无辜平民，并表示愿意劝说守军最高指挥官放下武器投降。隆美尔很爽快地表示同意，给了他们一个小时的劝降时间。

时间很快就到了，法军方面没有任何投降的表示。这时，德军容克 JU－87 俯冲轰炸机出现在天空，它们的任务是直接向瑟堡要塞俯冲投弹。隆美尔失去了耐心，第 7 装甲师的炮兵奉命再次瞄准海军船坞开火。不一会儿，船坞一带火光闪闪，黑烟冲天，建筑物被打着了，烟柱升到天际。

坦克和步兵从多个方向突入市区，一边肃清残敌，一边向码头方向挤压。下午 2 点，已经被炸得面目全非的中央要塞被迫挂起了白旗。

在考普莱兹炮兵要塞，一些法国军官正在和德军谈判投降事宜。隆美尔下令把他们带到他的指挥部来，在这里能清楚地看见德国炮弹一枚枚地在船坞区爆炸，那里现在已被浓烟罩住了。一位法国海军军官见状非常震惊，冲到隆美尔面前问道："为什么还要轰击那个要塞？它不是早已挂起白旗了吗？"隆美尔冷冷地说："它还没有真正投降。"

下午 5 点，正式受降仪式在瑟堡海军基地司令部举行。第 7 装甲师的全体军官列队站在广场上，对面是瑟堡的所有英、法守军。隆美尔在副官的陪同下步入广场。他巡视了一周，没有发现瑟堡要塞司令和舰队司令，便马上下令去寻找。德军在一幢别墅里发现了他们，并把他们带到隆美尔面前。法国北方舰队司令阿布莱尔海军上将叫嚷道："我不愿向你们投降！"但形势已由不得他了。实际上，没有哪个军人是心甘情愿投降的。

隆美尔对法军极为蔑视，但对英军则怀有几分敬意。对于缴获的英国货，隆美尔也带有一种非常欣喜的心情。他知道，作为一个对手，法兰西已经不存在了，未来的对手是英军。

受降仪式使隆美尔的心情非常激动，当他作几百英里的奔袭时，他就向往着这种场面。甚至在他还是一个步兵少尉时，就做了无数次这种光荣场面的美梦。现在，他的梦想终于实现了。

隆美尔的"魔鬼之师"从比利时长驱直入法国西海岸，以损失 42 辆坦克、阵亡 682 人、伤 1646 人的代价，俘获了 97 468 名英、法、比军官兵，缴获大炮 277 门、高射炮 64 门、坦克和装甲车 458 辆、汽车近 5000 辆。

整个法兰西战役结束了，德军占领了法国。

隆美尔驻瑟堡期间，第 7 装甲师继续准备实施希特勒的"海狮计划"——越过英吉利海峡，在英国本土登陆。瑟堡人民似乎很快忘记了战争的伤痛，海滩上随处可见半裸的法国美女，但隆美尔一点儿也不为所动，除了露西，他对别的女人都不感兴趣。尤其是现在，唯一让他感兴趣的是对“魔鬼之师”的宣传。不久，戈培尔邀请隆美尔协助拍摄关于法兰西战役的大型影片《西线的胜利》，“魔鬼之师”自然成了片中的主角。

1940 年，法兰西溃败，德军耀武扬威于巴黎凯旋门下

整个 8 月，隆美尔都在布置“魔鬼之师”抢渡索姆河的场景，并亲自担任导演，训练士兵们的表演技巧。他简直比真正的电影导演还要认真。

这段时间，除了应付记者和拍电影外，隆美尔还经常接见大批崇拜他的青年军官。他与这些人详细恳谈，于是，“隆美尔迷”越来越多，但这也让他在德国最高统帅部里树立了更多的仇敌。他的朋友海斯当时主管军队报纸，私下去信提醒隆美尔注意这种正日益增长的敌意，但隆美尔显然不以为意，在给朋友的回信中仍显得十分高调。

第五章　沙漠之狐创神话

急驰北非

征法之战让隆美尔获得了巨大的荣誉，但他并不满足于此，而是热切盼望希特勒能够尽快开辟新的战场，让他继续战斗。机会很快便来了。

当英国20多万远征军于1940年6月在敦刻尔克丢盔卸甲、败退英伦三岛时，意大利认为抢夺英国非洲殖民地的时机已经到了。

1940年7月，就在德国刚刚征服法国之际，意大利从东非埃塞俄比亚燃起了非洲大陆的战火。两个半月之后，意军已经到达非洲北部的利比亚，并开始正式进攻英属殖民地埃及和索马里。

可惜意大利没有德国那么幸运。尽管意军在北非拥有23万兵力、400架飞机、近2000挺机枪及近500辆坦克，但却很快被驻埃及的英国军队驱赶出埃及边境。这支仅有2个师兵力的英国部队，由英国驻中东地区总司令阿奇博尔德·韦维尔①将军指挥，不足4万人，在不到5个月的时间里就让意大利北非部队损兵折将达10万余人。

意大利北非部队总司令兼利比亚总督格拉齐亚尼元帅下令将意军全线撤退到利比亚境内，匆忙构筑防线，以阻挡前来追击的英军。随后，意军又与英国西沙漠军总司令理查德·奥康纳②将军指挥的英军争夺巴

① 阿奇博尔德·韦维尔（1883—1950）：英国陆军元帅，参加过第一次世界大战，并在战争中受伤失去左眼，后任英国远征军总司令部参谋。第二次世界大战中任中东英军司令部总司令。

② 理查德·奥康纳（1889—1981）：英国陆军中将。第二次世界大战期间任英国中东战区西部沙漠集团军总司令，后升任驻埃及英军司令，曾被德军俘虏，一个月后顺利逃脱。

迪亚和托卜鲁克，但也以失败告终。

意军丢掉这两个战略要地之后，向利比亚西部一路狂奔；英军紧随其后，攻城拔寨，甚至兵不血刃。就在之时，丘吉尔忽然决定抽调一部分北非驻军去支援正与意大利鏖战的希腊，英军于是停止了对意军的追击。

这次为期约 6 个月的英、意北非争夺战，最终以英军俘虏意军 13 万余人，缴获坦克近 500 辆、火炮 1300 余门，英军却伤亡不到 2000 人的巨大差异而宣告结束。

意大利在北非如闪电般崩溃的消息很快传到柏林，希特勒大为震惊。所有人包括轴心国和盟军的将领以及政客们，都没有想到意大利居然败得如此神速和干脆。20 余万意军被不足 4 万人的英军狂追约 500 英里，简直难以想象。

愁眉苦脸的法西斯党领袖墨索里尼急忙与希特勒会晤，双方各自申明了自己的政治立场，捐弃前嫌，准备携手合作。“一战”时期的对手竟然阴差阳错地走进了同一条战壕。会晤最后，他们谈到了利比亚的局势，这是墨索里尼的关注重点。但希特勒对非洲似乎兴趣不大，认为那里的沙漠没有什么价值（当时矿产和石油尚未引起重视）。因为北非利比亚、东非埃塞俄比亚除了有几棵橄榄树和棕榈树，以及讲阿拉伯语的柏柏尔土著人外全都是沙漠，酷热的气候和贫瘠的沙地，使当地人烟稀少，要占领这个地方还要越过英国舰队控制的地中海，在希特勒眼里这显然是笔不划算的买卖。不过，出于战略、政治等方面的原因，他还是答应了墨索里尼的请求。

“我将派 2 个装甲师到非洲去。约德尔（德军最高统帅部作战部部长），那里的条件似乎比较适合装甲兵团作战。”希特勒漫不经心地说。

“我知道利比亚大部分是沙漠，坦克能在沙漠里行动吗？”阿尔弗雷德・约德尔没有把握地说。

“不过，亲爱的领袖，”希特勒拍拍墨索里尼的肩膀，“我要给你的非洲战线派出一名最优秀的坦克兵将领，他叫埃尔温・隆美尔，我最好的坦克部队指挥官。一切都会好起来的。”

此时隆美尔的装甲师正在瑟堡为入侵英国进行紧张的训练，但是希

1940 年，希特勒与意大利独裁者墨索里尼在意大利会面

特勒的“海狮计划”很快便夭折了。德国海军还无力与英国海军相抗衡，希特勒眼下只能望洋兴叹。

7 月 19 日，希特勒在国会大厦发表演说，许多高级将领已经接到计划改变的通知，但军级以下的指挥官对此仍一无所知。隆美尔仍在等待战斗命令，他渴望获得新的荣誉。他甚至对两位朋友的晋升感到嫉妒。8 月，弗雷德西里·保卢斯和卡尔克里·艾培尔（均为总参谋部军官）晋升为中将，这使他觉得自己受到了轻视，认为这是派系在作怪（他不曾到总参谋部任职）。但他很快也得到了补偿，希特勒授予他一枚“橡树叶勋章”。让他感到失望的是，希特勒没有给他新的任命，也没有派给他新的任务，他只能待在海滨继续享受夏日的阳光。

空暇之余，他不是和亲德派法国庄主一起打猎，就是躲在指挥所里撰写自己的战争经历。战争给人们留下的苦难和回忆，似乎离他越来越远。

9 月，英国南部上空进行的空战进入最激烈的阶段。这是希特勒利用空中优势，试图摧毁英国全部重点城市的第一阶段。包括伦敦在内的英国南部的主要城市，几乎每天都会拉响防空袭警报。当然，礼尚往来，德国柏林也同样遭到英军的空袭，希特勒甚至被迫移到地下室里办公。不列颠空中战役，使德国空军锐气大挫。

9月14日，隆美尔的装甲师在鲁昂进行了坦克登船演习。这依然是针对英国的，隆美尔希望这一天早点到来，如同当年的拿破仑一样，他把征服大英帝国作为自己最大的心愿。他在不安与期盼中过完了秋天。他不能把焦虑示以外人，只得写信给妻子露西，向她倾诉自己的心事。他们往来的信件大都是直言其事，没有什么缠绵悱恻的情话，但露西对希特勒的顶礼膜拜，使他们多了些共同语言。露西在一定程度上影响了隆美尔的立场，使他更加确信希特勒的各种战略决策都是正确的。

希特勒并不希望墨索里尼在北非大动干戈，他的主要力量和兴趣集中在征服苏联的计划上。意军在北非发起进攻时，他曾主动提出派出一个装甲师以示支援，结果被担心“请神容易送神难”的墨索里尼婉言谢绝了。1940年10月28日，意大利在北非扩大侵略的同时，又发动了对希腊的入侵。这干扰了希特勒入侵苏联的计划，这下他火了，赌咒发誓说不给意大利一兵一卒，并嘲弄意军在希腊和北非的失败是自作自受。

1941年1月6日，英军攻占巴迪亚，希特勒开始着急起来。1月22日，远在西边的利比亚重要军港——托卜鲁克也陷落了。

1941年2月，《西线的胜利》在柏林举行首映式，人们潮水般地涌往电影院观看。隆美尔作为主角（人物原型）之一，先飞往柏林参加了首映式，接受媒体采访，到2月5日才抽空回了趟家，希望能弥补一下被打断的圣诞假期，与家人相聚几天。就在他到家当天，他收到一份急电，通知他立即飞往柏林，面见希特勒和布劳希奇元帅。

2月6日，隆美尔奉命来到希特勒的办公室，希特勒把一本印有英军奥康纳中将照片的英国杂志递给他，杂志上面拍的全是英军怎样攻克巴迪亚、托卜鲁克和班加西的照片。希特勒决定在原定的第5轻装甲师起程后，再派一个完整的装甲师前往北非，并晋升隆美尔为中将、德国

英国陆军中将　理查德·奥康纳

非洲军军长，急赴北非支援一败涂地的意军。此次派出的德军共计 5 万余人。

希特勒亲自向隆美尔介绍非洲局势后，又说：“我们只是去北非帮助我们的盟国意大利稳定那里的局势，重点将是东线。所以我不会把那些宝贵的、为东线筹备的战略资源抽调给你。”隆美尔当然知道希特勒的难处，因此没有提出任何要求。告退时，希特勒用满怀希望的眼光看着他，并紧紧握住他的双手。

1941 年，隆美尔出任德国非洲军军长，出发前，希特勒与他握手道别

2 月 11 日，隆美尔乘坐意大利轮船“托利亚”号抵达罗马，向意大利最高统帅部报到。此时依达罗·加里波尔蒂将军已经取代格拉齐亚尼担任非洲战区指挥官，他是个壮实的意大利北方人，性格直爽。当隆美尔谈起有必要在的黎波里东边的锡尔特建立一道前沿防线时，他耸耸肩反驳说不可能，但并没有说明理由。他建议隆美尔先到前线看看再表态，并派陆军参谋长罗塔将军陪同隆美尔前往利比亚。

隆美尔表面的使命是考察军事形势，但他打算等自己的部队到达时便进行名副其实的战斗。“我向冯·林特伦将军，我们驻罗马的武官暗示，这就是我的意图，”隆美尔后来这样写道，“他劝我打消这种念头，说这样做我只会失去自己的声望和荣誉。”

但隆美尔仍不甘心，他乘“海因凯尔”式轰炸机对北非战场进行低空侦察时，又与意军统帅们多次接触，交换意见，对北非的局势与意军的状态作了很不乐观的评估。意军正继续向的黎波里撤退，隆美尔亲眼看到溃逃的意大利军官和士兵争抢逃命必需的卡车，甚至为此大打出手，场面十分惨烈。如果不尽快找到一个支撑点，意军的退却就会变成一种无休止的败逃，使局面一发不可收拾。他认为最好的支撑点在锡尔特湾，因此要求意大利坚守提波里坦尼亚防线，以保证德国空军在北非建立起基地。意军最高司令部的将军们最终表示赞同。

当天晚上，隆美尔出席了意大利将军们为他举行的晚宴。之后，他给德国统帅部拍了这样一份电报："与加里波尔蒂和罗塔将军的第一次会谈圆满结束。我们的建议已经付诸行动。最重要的战斗部队放在锡尔特，本人曾亲自乘机至该地区勘察。"

隆美尔最关心的问题当然是他的 2 个装甲师能否在沙漠里派上用场，他就此询问汉斯・奥托・贝兰德中尉——一位性情温和、身材瘦长的埃及通：轮式卡车能否开进沙漠。贝兰德是一本名为《埃及沙漠的驾驶员必读》小册子的作者，他很肯定地回答说，完全可以，诀窍是必须轻轻地踩着油门。

隆美尔依然有些心急，因为形势非常严峻，英军已占领本海齐，击溃了意军最后一个装甲师，正准备进攻提波里坦尼亚，意军已无力组织有效的抵抗。而隆美尔的 2 个装甲师最快也得 4 月中旬才能到达北非战场。于是，他向德军统帅部汇报了他所见到的敌情，并请求空中支援。

空军基地司令官盖斯纳尔却借故拖延，隆美尔只好直接向希特勒请示。希特勒的第一副官鲁道夫・施蒙特在关键时刻助了他一臂之力。尽管空军力量很紧张，希特勒还是答应了隆美尔的请求，这也许是做给胆怯的意大利人看的，同时也向英国人表示"礼尚往来"的决心。第二天，第一批德国空军轰炸机开始轰炸本海齐及驻守在该城南边的英军重兵团。

两天后，隆美尔的第一批战斗部队开进了的黎波里港，这是他的轻快装甲师（第 5 装甲师）的先头部队——第 3 侦察营和第 39 反坦克营。德军士兵一下船，便觉得来到了一个陌生而神秘的世界。风和日丽的地中海是世界上最美丽的海洋，它的水是湛蓝湛蓝的，蓝得透明，蓝得令人心醉。那里还有教堂、清真寺、旅馆、雕塑和纪念碑。他们看到了绿色的棕榈树、橄榄树和地中海桧柏，还有棕色皮肤的柏柏尔土著人。一切都充满了异国情调，带着一种令人难以名状的魅力。

突然，空袭警报声响起来了，德军士兵连忙四下散开。他们看见万里无云的天空中出现了一队队喷火式战斗机和“威灵顿”式轰炸机，它们在港口区盘旋一周后，开始扫射和投弹。设置在港区和市区的意军高射炮向飞机猛烈开火，晴空中到处是灰色的烟云。这是英国空军“还礼”来了，非洲不是和平的，非洲意味着战争。

第二天早上 11 点，隆美尔在政府议会大楼前举行了一次军事检阅。在好奇的意大利人和阿拉伯人的围观下，身着新式热带军服、头戴钢盔的德国士兵，在灼热的阳光下雄赳赳气昂昂地走过阅兵台。

阅兵台上站着 10 多位将官，加里波尔蒂将军也到场了。随军记者汉斯·格尔特·冯·埃斯贝克当时这样描写隆美尔：

他有着宽阔匀称的额头，挺直的鼻梁，突起的颧骨，小巧的嘴巴上有两片绷紧的嘴唇和一副带有轻蔑意味的下颌。从鼻孔到嘴角有几根严厉的线条，那副面孔透着精明和狡诈，那双碧蓝色的眼珠更闪烁着一股敏锐的判断力与洞察力。然而，当这些线条舒展开的时候，却显示出一种近乎狡诈的东西。在那双碧蓝的眼睛里还含有一种清醒、敏锐、善于判断并能看穿一切的气质。

阳光炽烈得令人几乎睁不开眼，隆美尔已经领教过北非的太阳光了。他没有戴有机玻璃风镜，他认为那是挡风的，并不遮阳。他向看台四周行注目礼，意大利的达官显贵们也向他张望着。此时，他已顾不上身边的意大利将军了，挺直身子，不停地向部属们致敬，并发表了热情洋溢的演说。乐队奏起了德国和意大利国歌，随后，士兵们径直向东驱车而去。

隆美尔眼中闪烁着一道兴奋的光芒。他对高大的施特莱彻将军说：“施特莱彻将军，你的师里已经来了 2 个营，马上又要来 1 个坦克营，我们已有了进攻的资本。”施特莱彻知道上司是个急性子，劝道：“将军，丘吉尔已抽调了一部分兵力去支援东线的作战，英军显然是不打算马上进攻了，否则他们会突破锡尔特防线的。意军士气不高，从下到上都是如此。我军的主力又未到齐，还是缓缓为好，让我们的士兵先适应一下。”

隆美尔想了想，说道：“我同意你的看法。但是，英军在不到 4 个月的时间里占领了全部昔兰尼加，其兵力分散在这个半岛上。塞卢姆、托卜鲁克、德尔纳和班加西都驻有重兵，前线部队兵力势必薄弱，我们肯定能找到机会。其实，当初对付整个意大利几十万大军的英军也不过 1 个装甲师和 1 个步兵师，他们以一当十，还不是把意大利人撵得到处跑。”

施特莱彻当然明白隆美尔的意思，他很干脆地说：“将军，我们来北非不是看风景的，总得尽快干点什么。你说吧，从哪里开始？”

隆美尔赞赏地点点头，然后又慢慢摇头，幽幽地说：“可是，我临行前，元首要求我暂时不要进攻。”

施特莱彻狡猾地笑了笑：“既然将军另有打算，我们不妨先来个火力侦察，就像你率领第 7 装甲师越过马斯河后所做的那样。仗一开打，就谁也控制不了了。”

隆美尔听了顿时高兴起来，他立即叫来一个参谋，吩咐道：“带施特莱彻将军出去转转，哪个地方的情况不明就到哪个地方去侦察。”

于是，第 5 轻装甲师第 3 营迅速进入战备状态。施特莱彻离开司令部时，已感受到了隆美尔的攻击精神、自信和狡猾，他为能在隆美尔的指挥下作战而感到自豪。他预计第 5 轻装甲师将像第 7 装甲师那样成为“魔鬼之师”，在北非所向披靡。

2 月 18 日，第 3 营侦察发现，大量英军在祖埃提纳和阿杰达比亚之间活动，隆美尔的心情又紧张起来。为了破坏英军的进攻并显示一下自身的实力，隆美尔派第 39 营在意军 1 个营的配合下，朝诺菲利亚方向出击，进行一次真正的“火力侦察”。

2 月 19 日，英、德两国军队在的黎波里以东 470 英里处首次交手。

隆美尔的非洲军初战告捷，击毁英军2辆装甲侦察车以及卡车、指挥车各1辆，俘虏1名军官和2名士兵，而己方毫无损失。

2月26日，隆美尔在写给露西的一封信中，描述了这次与英军坦克的小规模战斗，接着又写道：

今后的两三个星期将具有决定性的意义，在此之后，局势会更加紧张……敌人现在已经知道我到了这里，他们已经开始推进了。

与此同时，希特勒向墨索里尼保证说："只要我们能有14天的喘息时间，英军向的黎波里发起的任何新的进攻就注定要失败……当我们的第一个坦克团到达时，形势将会戏剧性地朝着有利于我们的方向转变。"希特勒的自信近乎狂妄，使他的盟友大受鼓舞。

几天后，第5轻装甲师第5坦克团全部抵达的黎波里，隆美尔悬着的心总算放了下来。全城都充斥着德国坦克的轰隆声和围观者的欢呼声。隆美尔命令坦克部队在向东驶上战场之前，先绕议会大厦转上几圈，以虚张声势。

接着，隆美尔在司令部向弗里德里希中校下达了一道奇怪的命令：把军中会干木匠和漆匠活的人集中起来，用木头、三合板和油漆在卡车的底盘上制作100辆马克Ⅳ型假坦克，还要做一些假榴弹炮。卡车和摩托在这些"坦克"之间绕来绕去，而施特莱彻的真正的坦克，则避开敌机拍照，井井有条地转动着履带开过了沙漠。据第5轻装甲师的战斗日记记载："窃听到的敌军电台报告说，发现有中型坦克，这说明我们的骗术奏效了。"

希特勒虽然在物质上没有给隆美尔太多支持，但他还是很关心隆美尔的，多次派自己的副官施蒙特上校到的黎波里听取隆美尔的意见。隆美尔表示，非洲局势十分严峻，如果英军发动一次猛攻，的黎波里塔尼亚就有失陷的危险。意大利第10集团军只剩下16辆坦克，而且是轻型的旧货，只适用于追击埃塞俄比亚的国王军。意军没有足够的车辆，所以无法机动。目前的重担全落到德军身上。他希望能接手德军在北非作战的全部指挥权，而不是在意大利最高统帅部和意大利北非总指挥加里波尔蒂的管辖之下处处受限。

施蒙特上校回到柏林后，立即向希特勒作了汇报。希特勒没有同意隆美尔“独立”的要求，但是向北非补充了一部分不算充足的兵力和物资。同时，希特勒发电报给墨索里尼，要求他为第5轻装甲师的其余坦克安排船只和护航舰艇。

此时德国统帅部正致力于即将实施的全面入侵苏联的“巴巴罗萨”计划，一旦苏、德开战，德国的各项国防战略物资投入都将非常巨大，根本无力顾及苏、德以外的战场。希特勒能够向二线战场北非补充一部分资源已属不易。希特勒还向隆美尔许诺，装备精良的第15装甲师将在一个月后开赴非洲，目前是非洲战场的德军最脆弱的阶段，一定要坚持住。希特勒最后表示，非洲战场的德军只由隆美尔一个人全权指挥，荣誉归谁的问题再也不会被历史性地误解了。

旗开得胜

英、法两国在大战爆发前曾制定共进共退的协议，并决定联手保卫非洲、地中海和中东，企图控制地中海，封锁德国，并对驻利比亚和埃塞俄比亚的意军实施突击。但法国败降后，英国本土面临着德军的直接威胁，非洲的战略态势开始变得有利于轴心国。

不过，隆美尔在短时间内还没有完全掌握有关英军的情报。对于托卜鲁克这个远在敌军战线后方的港口，他得到的是一个相当令人迷惑的情况：“托卜鲁克港布满了军舰，还有大批军队在该地集结。”究竟是英国从海上运来增援部队，还是把部队直接拉出北非，投入别的战役？一切都无从得知。英、德两军相互在捉迷藏。经过前一次的火力侦察，隆美尔终于确认英国正在把最精锐的部队从利比亚撤走，这给德军创造了良机。

3月9日，隆美尔在一封写给柏林统帅部的信里大胆地预言，他将在5月初重新向前推进，然后沿海岸一直向东进发，直到盛夏的酷暑阻碍他更进一步的行动为止。“我的第一个目标，”他宣称，“将是夺回昔兰尼加，第二个目标是埃及北部和苏伊士运河。”苏伊士运河在的黎波里东侧，有1800英里之遥。这真是一个大胆而惊人的设想。

隆美尔所说的昔兰尼加是指利比亚东部地区，涵盖库夫拉省的利比亚东部全境，与利比亚的另外两个相邻地区：西北部的的黎波里塔尼亚地区和西南部的费赞地区。

意大利为征服利比亚花钱流血快30年了，没想到英国又来插上一脚。大多数意大利人已经习惯于把利比亚叫作“我们的土地”，正因为如此，墨索里尼才不得不请希特勒伸出援手，挽救利比亚的局势。尽管所有意大利人都认为利比亚东部毫无价值，不过是“一堆黄沙”，但丢失昔兰尼加对他们却是个极大的心理打击。

昔兰尼加可以说是利比亚最有特色的地区。它的北部是高原，高原上生长着些常绿的灌木丛和其他植物，因此又叫作“绿山”。绿山北部向地中海大坡度倾斜，山的边缘多是些悬崖。绿山北坡在很窄的宽度里形成三个阶台，阶台的边缘是陡坡。从海岸起爬上600～1000英尺，便到了第一个阶台。这是一条狭窄的平台，在阿拉伯语中叫“瓦希塔”。再爬400～1000英尺就到了第二个阶台，它和第一个阶台类似。第三个阶台是昔兰尼加高原的最高处，那里的山海拔2700英尺，叫作西迪·哈姆里。绿山从顶部向南平缓倾斜，一直延伸300英里到达利比亚沙漠。利比亚沙漠是世界上最大的“真正沙漠”，有的沙丘高七八百英尺。绿山向东倾斜，通过一个荒凉多石的地区一直伸延到埃及边界。这一地区叫马尔马里加。托卜鲁克、巴迪亚和塞卢姆都属于马尔马里加地区，是兵家必争之地。

绿山的气候复杂多变，基本上分为旱季和雨季，年降水量500毫米，一般集中在冬季的3个月中，形成短暂而猛烈的山洪。山洪一泻而下，冲出无数条河床。但是水过地干，一点儿水也留不住，河床全是干涸的。在昔兰尼加绿山区，除了小路之外，没有任何公路。绿山上的许多地区，除了地中海桧树这种乔木外，没有其他树木。到处都是巨大的碎石和卵石，当地人称之为“吉沙”或“斯尔瓦勒”。

在昔兰尼加，一年四季都刮着西北风，炎热而干燥。那种可怕的热南风一年四季都有，但多集中在4、5、6月和夏末。在利比亚，它叫作“吉卜利”，在埃及叫“喀新风”，吹过地中海，到达法国时叫作“米斯特腊耳”，意大利则叫它“希罗科”。吉卜利风把黄沙从利比亚大沙漠刮来，吹得绿山和沿海地区黄沙遮天蔽日，几个小时之内气温便上升七八摄氏度。任何东西，无论盖得多么严密，包括手表，都会渗入层层细沙。利比亚土著有句俗话：“如果吉卜利刮上40天，没有公驼，雌骆驼也会怀孕。”昔兰尼加夏季的气温在40℃以上，但远不及的黎波里塔尼亚南方的沙漠，那里一度达到57℃。冬天，昔兰尼加有霜雪。沙漠中昼夜温差可能超过30℃。

体质较差的人都不适合在利比亚大部分地区居住，更不用说作战了。昔兰尼加将严酷地考验德军，当然，对英军也是一样。

在利比亚这个充满传奇色彩的地方，隆美尔没有时间在陆地上跋涉，而是天天乘着斯托奇式小飞机，在空中往返于的黎波里和阿盖拉前线，亲自监督第5轻装甲师——他唯一的战斗部队的车辆、油料、弹药和给养的运输。现在他对这里的山川地形、风物人情已经十分清楚了。非洲不同于任何一块大陆，事实上在北非，除了黄沙，什么都没有。与在法国作战完全不同，每一滴油、每一滴水、每一枚螺丝钉都要从后方运来。而这个后方要跨过地中海，中间还隔着马耳他共和国。再从这里的气候对坦克部队的影响来看，炮手们只能透过甲板上的一道缝隙看到外部的世界，而且这条缝隙窄得仅能射出子弹。坦克舱里充满了燃料、炮油和汗水的恶臭味。当舱盖放下的时候，热气几乎令人窒息。

在非洲的阳光照射下，金属烫得灼人，再加上300～520马力引擎和枪炮的热度，温度上升到令人无法忍受的地步。隆美尔意识到，要想组织一次像样的进攻，必须认真做好一切细节准备，否则只有失败一途。连他这种急性子的人，也不得不学会等待和忍耐。

3月31日，隆美尔终于失去了耐心，他不顾柏林的指示，命令施特莱彻进攻布雷加港[1]。此时英军的一个师已撤退到距阿盖拉30英里的布雷加港和周边地区。这是一个依托沙山的小海湾，易守难攻。而且，隆美尔眼下所有的兵力加在一起仍不足一个师。不过，他从情报中得知一个好消息：在大败意军中立下赫赫战功的英第7装甲师已经撤回埃及休整，其岗位由英第2装甲师顶替。第2装甲师刚从英国来，毫无沙漠作战经验，而且它的一个旅被调到了希腊。在北非连战皆捷的奥康纳将军也回到了开罗，他的继任者尼姆将军是个生手，从来没有指挥过机械化部队。因此，隆美尔想来个出其不意，把英第2装甲师的气势打下去。

但是，施特莱彻遭到了英军顽强的抵抗。德军的水快用光了，只有梅尔沙地区有水，英军不想丧失水源，双方都在为水而战。英军以密集的炮火朝施特莱彻的装甲侦察营猛烈轰击，阻止了德军的坦克前进。这时，突然刮起了一阵吉卜利热风，掀起了猩红色的沙暴，铺天盖地地卷过战场，顿时天昏地暗，一切武器都停止了射击。汽车迎风行驶的速度几乎减到零，坦克也慢得像在爬行。细沙如水银一般，往每一个细小的孔隙渗透，不一会儿，步枪和大炮都射击不了了。处在沙暴中的人仿佛进了蒸笼，闷得透不过气来，一身臭汗，燥热难耐。一切军事行动都停止了，只等沙暴过去。

等到风静沙止后，德第5轻装甲师侦察营又开始了进攻。隆美尔极度珍惜自己的坦克，不敢冒险丧失这一最宝贵的资本。他仔细察看地形，跑过一个又一个沙丘，终于发现了英军防线上的一个薄弱点。随后，他调来第8机枪营，把当年山地营的经验告诉他们，命他们越过沙丘，作一次闪电式的突击。步兵攻击果然成功了，英军的防线被打开了一个缺口，被迫放弃了他们的阵地。隆美尔立即下令布设一条严密的地雷带和高射炮网，以防英军反攻。施特莱彻的部队还占领了一个叫作拉斯阿里的小渔村和码头，权当港口供平底船卸货，为后续部队的到来提供了一个入口。

---

① 布雷加港：利比亚东部主要石油出口港。

第二天，隆美尔的心情变得愉快起来，他带着副官驱车直驶渔村海边。沙滩柔软平缓，海水清澈碧蓝，隆美尔痛快地在海水中泡了半个小时，然后躺在舒适的沙漠旅行车里，喝着刚刚煮好的热咖啡，一切都令他感到惬意。晚上，他写信给露西说：

唯一重要的是速度。这里的气候对我太合适了，我甚至睡得太多了。今天早晨，我就是6点以后才起床的。

利比亚的英军正如隆美尔所预料的那样，他们采取消极的守势，把大部分兵力调到了希腊。希腊军队抵挡住了墨索里尼的进攻，但他们需要英国的支持。英军借机抢先占领了克里特岛①上的天然军港——苏达湾。

这天下午，隆美尔怀着舒畅的心情驱车前往施特莱彻刚刚设在布雷加的指挥部。施特莱彻刚刚占领水源，还来不及洗澡，沙暴就把他弄得脏透了。隆美尔向他道了喜，然后说了一句谁也弄不清是开玩笑还是当真的话："哈，琼汉尼斯（施特莱彻的名字），我们什么时候在阿杰达比亚见面?"

阿杰达比亚在布雷加港以东约400英里处，是他们进军路上的下一个大城镇，在维亚巴尔比亚北侧50英里外——远远超出了哈尔德司令官给德军划定的停止线。它偏离沿海的巴尔比亚大道，对于机械化部队行军非常不便。

施特莱彻一时摸不透隆美尔的真正用意，便故意不置可否："我们大概会看到它的。"

隆美尔狡猾地笑了笑。施特莱彻马上明白了，这是隆美尔的下一个攻击目标。隆美尔走后，施特莱彻抓紧时间洗了一个澡，然后命令他的坦克师在第二天清晨，即4月2日，重新开始前进。他没有向隆美尔报

---

① 克里特岛：位于地中海东部的中间，是爱琴海中的最大岛屿，诸多希腊神话的发源地。过去是希腊文化、西洋文明的摇篮，现在是美不胜收的度假之地。

告此事，而隆美尔也异乎寻常地避免与他联系，违反命令的事情不能明说，他们对此十分默契。

这一回，坦克部队要离开巴尔比亚大道，真正深入沙漠了。

下午，隆美尔快速追上第5轻装甲师的先头部队，佯装大吃一惊地高声嚷道："这到底是怎么回事？"

施特莱彻平静地回答："我想我不应该让一支撤退的敌军有任何机会再重新挖壕固守，于是我让全师推进到了这里，我要进攻阿杰达比亚。"

隆美尔笑着说："这可不是我的命令。不过，这的确是个好主意。"

施特莱彻专门请了一名意大利老司机，开着他的指挥车，越过隆美尔和德军统帅部按习惯给他划定的界限，离开锡尔特湾的深凹部，朝真正的昔兰尼加——绿山地区前进。

隆美尔让格哈德·冯·施维林伯爵——一位难以对付而又富有经验的上校，负责指挥这一支执行任务的德、意混合部队。施特莱彻则率领另一支部队沿着平行的路线并头而进。

漫天的沙尘让人看不清道路和前面的车辆。通向阿杰达比亚的路况糟透了，到处都是石块和坑凹，坦克被弄得颠上颠下，这种痛苦的唯一好处是让昏昏欲睡的人怎么也睡不着。

德军自从抗命进攻布雷加以来，白天作战，晚上则保养车辆，因为细沙钻进了空气滤清器、活塞环、排气管、蓄电瓶和变速箱。在吉卜利沙暴中，沙子填入了炮塔导轨，使炮塔的转动非常费力。然而，隆美尔每次下达的命令都非常明确：进攻！进攻！

阿杰达比亚是通向昔兰尼加半岛的许多条道路的起点，隆美尔决定抓紧时机，继续向东推进。他的行动引起了意大利加里波尔蒂将军的担忧。4月3日，加里波尔蒂将军发来了一道强硬的命令："你的行动与我的命令抵触，在你继续前进之前，务必等我到达。"德国最高统帅部也通过各个环节严厉地申斥隆美尔的莽撞行动，并明确指示："任何必要的有限进攻行动均不得超过小股部队的兵力……总而言之，你要避免在你开阔的右翼采取任何冒险行动，束缚自己，不要北上进攻班加西。"

隆美尔心里觉得很不是滋味，但他并没有止步。他给加里波尔蒂将军发去电报说，元首（希特勒）已经给了他“行动的绝对自由”。这与事实相差实在太远，但加里波尔蒂将军一时未能识破他的诡计。

第二天拂晓，普莱斯中校的装甲部队便隆隆地开过一条条干枯的河床，爬过卵石和台地上的累累怪石，进攻阿杰达比亚镇。坦克一进入火炮射程就率先开火，德军士兵遵照隆美尔的训导，不管有没有目标，在精神上要先震住敌人。英军也用反坦克炮进行回击。沿街构筑的机枪阵地发疯般地向德国坦克射击，战场上硝烟弥漫，子弹乱飞。

当天下午 4 点，第 5 轻装甲师攻占了阿杰达比亚。他们从英军补给仓库里缴获了十分丰盛的战利品：军装、蚊帐、水果罐头、威士忌酒、茶叶、巧克力糖、包装良好的黄油和奶酪、军靴和马刀，还有大批银光闪闪的不锈钢餐具。隆美尔又准时出现在那里庆祝胜利。

随后，德军对附近地区进行侦察，种种迹象表明，英军已开始从昔兰尼加半岛大撤退，显然是想保存实力，力求使剩余部队不再遭受任何损失。半夜，整个昔兰尼加的英军无线电台网一片混乱，班加西、贾扎

1941 年，从昔兰尼加撤退的英军

拉、德尔纳、托卜鲁克和 内陆要塞迈基利的电台纷纷向开罗告急。英国人大喊“狼来了”，他们估计德军的兵力在 1 个装甲军以上，而意军还有 3 个军。英军指挥官韦维尔将军是个搞欺骗和伪装的大师，但现在连他也弄不清的黎波里的那些胶合板坦克究竟是真是假。

东进途中，隆美尔遇到了一位叫拉扎的牧师。这位牧师约 35 岁，谈吐高雅，又会德语，是个难得的“昔兰尼加通”。英军攻占巴迪亚和托卜鲁克时，他逃了出来。后来，他跑到班加西，用教堂里的短波收音机收听到隆美尔反攻的消息，便专程从班加西跑出来，向隆美尔报告英军撤离昔兰尼加首府班加西的重要情报。隆美尔非常兴奋，他让坦克和士兵在阿杰达比亚得到补给后，便立马朝班加西这个大港口开进。然而，就在隆美尔的先头部队——第 3 侦察营快要抵达班加西时，英军在撤退前炸毁了缴获的 4000 吨意大利炸药，使该城陷入一片火海之中。

当天晚上 10 点，隆美尔率部在欢呼的人群中驾车进入班加西。这是该城 3 个月内第二次易主。

随后，隆美尔下令立即跨过昔兰尼加半岛。施特莱彻等人对此持有异议，因为军需品还远远堆在后方的阿尔科费勒尼，部队无法及时补充足够的物资。隆美尔下令把全师卡车上的物资卸在沙漠上，各车增加一组抽调的坦克手，在一天内抢运完汽油和弹药。

跨越昔兰尼加沙漠的大冒险就这样仓促开始了。除了隆美尔，一般的指挥官决不会走这步险棋。但隆美尔坚持认为：“这是避免流血，征服昔兰尼加的唯一办法！”

4 月 4 日，隆美尔的部队分路继续前进。此时英军的盟友澳大利亚第 9 师正撤往滨海的德尔纳，英第 2 装甲师还滞留在迈基利和姆苏斯之间的地域。于是，隆美尔命令第 5 装甲师的大部队加速挺进迈基利，较小的一部分兵力则前往姆苏斯，分别实施平行追击。同时另派吉斯塔弗·波纳斯的第 8 机枪营攻占德尔纳，切断迈基利和姆苏斯之间的道路，封锁巴尔比亚大道。

正所谓“将在外，君命有所不受”，隆美尔擅自行动，一点儿也不担心会遭到希特勒和墨索里尼的责怪，更不用说布劳希奇和加里波尔蒂了。

作为一个现场战术家，他认为军事行动胜负的关键在于准确把握时机，全力以赴。而且，他不愿放弃任何一次能够让自己扬名立万的机会。

整整一个星期，前往姆苏斯的施维林小股部队艰难地跋涉在沙漠之中，穿行在闪烁跳跃的热浪里。正午的太阳使干燥的空气上升到47℃，更糟糕的是，夜晚的冷空气竟能在一个小时内使气温降到零度，沙漠里的毒蛇、蝎子和令人讨厌的苍蝇大军也不时地前来侵扰。但最危险的敌人则是在令人痛苦的干渴之后，突然刮来的沙漠风暴。沙子塞满人的眼睛和鼻子，像大雨一样遮住了挡风玻璃，切断人的视线。施维林的队伍将穿过昔兰尼加半岛到特米米尼的另一个海滨，并封锁海岸的道路，以阻止撤退的英军及澳军。

德第8机枪营也向东进入了荒凉的沙漠，随同一辆载着足够汽油、粮食和水的卡车走了几天，行进约300英里，推进速度最快。

隆美尔不得不乘容克JU－52运输机或轻型“斯托奇”式飞机在沙漠上空来回巡视，企图掌握几个分队的行动。期间飞机竟两次误入敌占区，差点被击落。他每次降落到自己的部队中后，就立即不听任何理由地催促部下加速前进，并指责意大利将军和德军上校行动太慢。有一次，施维林少校看到“斯托奇”式飞机从头上飞过，不由得咒骂道：“那肯定是该死的隆美尔！”又有一次，一支奋力挣扎的摩托部队停下来休息，突然，隆美尔乘坐的飞机几乎擦着他们的肩膀掠过，紧接着一张纸片飘到地上，上面写着：“如果你们再不立即行动，我就下来！隆美尔。”他们只得推着无法启动的摩托继续前进。

这次进军完全是隆美尔的个人计划，没有与任何人商量，包括计划的主要执行者施特莱彻。此前，隆美尔的进军只不过是想改善己方的防御态势，但轻易的成功和英军的过分谨慎使他改变了想法，他信心十足地开始准备做非洲的征服者了。

隆美尔因答应用卡车给施维林提供军需，但卡车都在给养基地没有返回，他只好去找施特莱彻。当时施特莱彻正在自己的卡贝尔指挥车里打瞌睡，隆美尔叫醒他说：“你去把你剩余的油桶全部腾空，把油装进战斗车辆和坦克里，然后立即跨过本加尼亚，向德尔纳和托卜鲁克之间的海滨前进。”一位意大利将军闻听此言，焦急地打断隆美尔的话，说：“可那条道是一条死路啊！两个月前我们撤退的时候，曾在那里布下了‘热水瓶’式地雷。”但隆美尔对他的意见置之不理。

由于坦克驾驶员都已去军需品堆集处装运汽油，施特莱彻部队的坦克里尽是些新手。没多久，几辆设备车几乎连车轴都陷进了沙堆，跟在后面的卡车企图从它们身边绕过去，但同样也陷了进去。

几个小时后，部队便在荒芜的沙漠中散成一片。施特莱彻感到情况不妙，连忙命令所有车辆打开前灯。因为沙漠道路已经消失了，意军提供的地图已毫无用处。半夜，英国飞机袭击了这支灯火通明的车队，虽然损失不大，但他们再也不敢开灯了。在风沙弥漫的沙漠中，队伍越走越乱，少数部队突出冒进，大部队却滞留在后面。白天，太阳的热量带来了新的问题，日光下的温度达到45℃。有的坦克引擎因过热抛了锚，坦克手无可奈何地守着它，等待它降温后再启动。而且他们严重缺水，只得向过路的部队讨水喝。

没有水，吃面包干就成了一件痛苦不堪的事情。面包皮一碰到嘴就痛得不得了，口中无论如何也分泌不出足够的唾液来把面包屑咽下去。肠胃痉挛，眼珠干燥冒火，太阳似乎要把人烤成木乃伊。苍蝇多极了，密密麻麻地落到人脸和食物上。当他们行至本格尼亚时，气温高到超出人的忍受极限，人可以凭意志力来抵抗，但坦克却不行，当发动机里的油因温度过高而变得稀薄时，坦克不得不暂时停止前进。同时，一切无线电通信联络也因沙子的侵入而失灵，隆美尔无法与他的指挥所取得联系，他们也得不到隆美尔的任何消息。

隆美尔部进入沙漠的关键点是迈基利，一个古老的土耳其式要塞。它之所以被称为关键点，完全是因为它是沙漠中的一个坐标。这个要塞是一座在碎裂的白石堆上升起的沙漠海市蜃楼，在它的中心，7条沙漠小道犹如轮辐似的通向海岸和遥远的内地。隆美尔认为那里的防御一定很薄弱，占领它就能通往昔兰尼加的任何方向。施特莱彻的任务是北上攻取安提拉特镇和孟沙斯镇，然后插向东北，越过绿山区最崎岖的区域，进攻昔兰尼加的核心要塞迈基利。

然而，航空侦察表明，迈基利要塞十分坚固，同时还有大批车辆正从东面驶来。但隆美尔坚持无论如何，首先必须集中兵力攻占迈基利。他的决定遭到了手下指挥官们的反对，他们表示："我们宁愿把托卜鲁克看作我们的目标，切断那里的海岸道路，阻止敌军逃跑，而只在迈基利留下一支伪装的部队。"

隆美尔也踌躇起来。4 月 6 日，他向波纳斯的第 8 机枪营下达了两个命令，起先是"进攻迈基利"，接着又改为"向德尔纳前进"。

同时，他又于清晨3 点半命令施维林向迈基利迂回，切断英军向东的退路。施维林的装备很少，大概只有几挺机枪，因此，他们一直打到晚上 7 点也没有取得进展。

4 月 7 日，隆美尔两次派一名中尉带着最后通牒到要塞去威胁英军，而这位军官两次都被蒙着眼睛给送了回来，第二次还带回了一封字迹潦草的信，上面写道："决不投降。"

隆美尔火冒三丈，准备用武力解决他们。他坐上飞机，想迅速查清前方的情况和战斗部署，以便亲自督战。他命令飞行员尽量降低飞行高度。当飞机降到约 50 米时，正匆匆开进的意军误以为敌机来了，慌忙集中所有武器对空射击，子弹打在了机翼上，飞行员好不容易才得以逃脱。

又飞行了 7. 5 英里后，隆美尔终于看到了自己的先头部队，他立即命令飞机在队伍前降落。但飞行员没看清前方有一块大岩石，飞机的半个尾翼被撞得粉碎，所幸没有人员伤亡。

隆美尔来不及喘息，赶紧找到施特莱彻。施特莱彻穿着土黄色的短裤和短袖衫，而隆美尔却身着马裤、马靴，在灼热的天气中穿着灰色紧身短上衣。他似乎从灵魂到肉体都与众不同。见到这位少将如此懈怠，隆美尔大发雷霆，命令施特莱彻下午 3 点前进攻迈基利要塞，但施特莱彻当场拒绝了。

隆美尔跳起来，指着施特莱彻的鼻子说："你是一个胆小的将军!"

施特莱彻也火了，怒气冲冲地说："从来没有人敢对我说这种话!把你的话收回去，否则我就把这枚勋章扔在你的脚下。"他一把扯下自己胸前的骑士十字勋章。隆美尔被镇住了，不置可否地做了让步，不过他对自己的下一步行动丝毫没有妥协的意思。他又把奥尔布雷奇上校找来，让他的装甲团（这也是预定的主攻部队）开往迈基利，并强令：“明天你们必须占领迈基利！”

下午 5 点，隆美尔又带回来几门大炮和三卡车的机枪营士兵。他走到奥尔布雷奇面前，掏出一只怀表，说：“现在是 5 点整，你在 6 点率领部队进攻迈基利，一定要占领它。我会命令意大利人用炮火支援你。”

奥尔布雷奇不敢抗命，立即率领机枪兵出发了。天黑下来后，他们迷了路，兜了一圈又回到盐泽边上向隆美尔报告。惨白的月光下，隆美尔脸色铁青，他自己去找意大利炮兵也没有找到。但既已下定决心，就不能丧失战斗热情，于是他给了奥尔布雷奇使用 8 辆轻型坦克参战的权力（现在汽油、坦克都是宝贝）。这天夜里，天空时而发亮，时而变得黑红黑红的，这是奥尔布雷奇的一个步兵坦克连和施维林的一个营在进攻。

4 月 8 日清晨，隆美尔刚起床，中尉副官就向他报告了迈基利被攻占的消息。他的脸上终于有了一点儿笑意，这是开始“穿岛行动”以来他听到的最好的一个消息。

在这次战斗中，英第 2 装甲师和印度第 3 装甲旅几乎被全歼，德军打死打伤并俘获 1.7 万多人，其中包括 70 名军官和 1 位将军。同日，第 8 机枪营等部也攻克了德尔纳，英军司令尼姆及其前任奥康纳等高级指挥官都成了阶下囚。

隆美尔以远少于英军的兵力，一举攻下两个核心要塞，这对英军来说是闻所未闻的。从前是英军以不足意军四分之一的兵力，把意军撵得到处跑。至此，隆美尔在不到两个月时间内就扭转了北非战局，占领了除托卜鲁克外的整个昔兰尼加地区，在沙漠上刮起了隆美尔式的旋风。在德国公众眼中，隆美尔成了横扫沙漠的英雄，尤其是非洲军团正在向东面的埃及席卷而进，使骄傲的英军也开始慌乱了。

初尝败绩

很多时候，战争就像一头吞噬文明的野兽，对于交战双方来说，战争只承认胜利者。非洲军团席卷北非的壮举，使隆美尔获得了无限荣耀，同时也导致了他个人性格上的急躁，使他的野心日益膨胀起来，再也无法忍受托卜鲁克成为他后勤供应线上的一道障碍。横扫千军、屡战屡胜的良好感觉，让他几乎不把托卜鲁克完备的体系和守卫在那里的数万名英国士兵放在眼里。在没有充分了解英军动向的情况下，他仓促作出直接向东推进的决定，最终使得这次进攻变成了一场灾难。

攻占迈基利后，隆美尔信心倍增，命令部队不许休息，不得打扫战场，全速向托卜鲁克要塞挺进。

托卜鲁克是昔兰尼加最具战略意义的港湾，也是英军战线后方的供给、周转中心。对隆美尔来说，如果占领托卜鲁克，就能够获得良好的补给基地，也可以成为德军进攻埃及和尼罗河三角洲的基地；而对英军来说，若丢掉托卜鲁克，就很难挡住隆美尔乘胜攻入埃及的企图了。英中东军总司令韦维尔决定坚守托卜鲁克，保留这一阵地作为“敌人的肉中刺”。为此他调兵遣将，加强了托卜鲁克的防御。

托卜鲁克原本就十分坚固，其防御工事是由意军构筑的。原驻守在这里的英军有 6 个步兵旅、4 个炮兵团、2 个反坦克团，共 3. 6 万人。

实际上，在整个中东英国统治下的广袤的阿拉伯世界，韦维尔只有一个灵活的头脑、人数不多的行政机构和有限的陆军，但这些陆军适应中东酷热的天气和风沙，纪律严明，忠于英国传统，誓死保卫帝国利益。更重要的是，韦维尔手中还有一个独一无二的装甲师，它也被紧急调来增援托卜鲁克。这个装甲师后来成为北非战役中最优秀的装甲部队，誉满天下，它就是号称“沙漠鼠”的第 7 装甲师。

克仑战役（英、意在东非埃塞俄比亚克仑要塞的争夺战）胜利结束后，韦维尔便把东非的部队全部抽调到埃及、利比亚前线，主要用来对付隆美尔。

1941 年 4 月 8 日晚上 6 点 30 分，隆美尔赶到刚刚被德军占领的德尔纳机场，命令波纳斯上校立即率第 8 机枪营继续沿公路向东挺进，目标是特米米尼和托卜鲁克。士兵们已经筋疲力尽，但隆美尔却表现得冷酷无情。

由于德第15装甲师的先头部队抵达利比亚，隆美尔把自沙漠到达公路的部队的指挥权交给了该师师长海因里希·冯·普里特威兹少将。他之所以让一个不熟悉战场情况的新手担任指挥，可能有两个原因：一是对第5轻装甲师的施特莱彻曾经抗命不遵耿耿于怀；二是新到的部队体力充沛，而且第15装甲师是非洲装甲军的王牌，能保证隆美尔式的速度。战场上的速度往往是决定一切的重要因素。隆美尔的计划是，让一个意大利步兵师在托卜鲁克以西“扬起灰尘”，而第5轻装甲师则从内陆迂回包抄，接着出其不意地从东南方向发起进攻。

4月9日，隆美尔的主力部队还在穿越盐碱沼泽地。初夏的中午，沙漠里的温度上升到45℃，人在坦克里根本待不住。外面没有阴凉遮蔽，车内没有降温设施，发动机也热得无法正常工作。坦克外面像个杂货摊：油箱、水桶、干粮袋和乱七八糟的工具零件箱。只有到了夜间，温度骤然降下来，才会让人感到好过一点儿。老兵和新兵一起诅咒沙漠。太阳的照射、发动机的高温、滚烫的装甲板，没有蔬菜水果，无法喝杯咖啡，洗不成澡，住不上旅馆……昔兰尼加变得像地狱一样令人难以忍受。

人人都想歇一歇，因为大家都疲惫极了。然而，隆美尔却仿佛不知疲倦一般，并且以为别人也不知疲倦，机器不需要维修，汽车不必保养，只要他命令一下，部队必须向前推进。隆美尔内心有一种为了荣誉不顾一切的冲动，丝毫不体谅部下的健康和补给的困难。此时他的脑子里只有一个念头：要在一夜之间攻下昔兰尼加的最后堡垒——托卜鲁克，让世界大吃一惊，知道有一位叫作埃尔温·隆美尔的德国将军。

他在纪实录中写道：“我估计第5轻装甲师已经开始行动了。”然而，到下午6点，他发现坦克团仍旧在迈基利干清洗炮筒的工作，于是他返回迈基利，再次冲着性情温和的施特莱彻大发雷霆。

隆美尔这支一分为三的部队在慢慢会合。奥尔布雷奇上校的主力部队因攻打迈基利耽误了时间，现在已经跟了上来。闯过盐碱荒滩后，又走上了沙漠小径，德军士兵仿佛刚从泥沙中滚过一样，个个身上散发出一股臭味。

天黑下来了，各部队仍在匆匆赶路，因为隆美尔早就下令夜间行军。所有车辆都打开了前灯，像是沙漠中一群古怪的野兽。期间，一辆卡车压上了意军撤退时埋下的地雷，随着轰的一声响，大火燃烧起来，远远望去仿佛一支蜡烛，又像一座灯塔，给后续车辆竖起了路标。

这时，黑夜中响起英军“寇蒂斯”式和喷火式飞机的引擎声，在空荡荡的沙漠中显得特别清晰。所有的车灯一下子熄灭了，德军又在黑暗中摸索。夜间空袭也有困难，英机投下两颗照明弹，然后俯冲扫射了一通，又投了几枚小炸弹，就飞回去了。但这一点表明，英军也很重视托卜鲁克，而且在昔兰尼加半岛的守军力量不容忽视。

隆美尔这次跨过半岛出其不意地发起进攻，显然是钻了英国军队的空子，韦维尔的部队大多在希腊－南斯拉夫战线。不过，隆美尔的行动早已被英军察觉，他们的装甲部队很快就会抵达托卜鲁克。而且，隆美尔与德国最高统帅部的秘密通信一直由艾尼格马密码机传送出去，德国宣称这种机器是纳粹密码，对敌人的密码侦破机是绝对安全的。电文由设在罗马的基站中转至希特勒的大本营。但谁也没有想到，英国竟然有更先进的电报机，它庞大得如同一座房子，能够把艾尼格马的秘密信号译成电报，再经过电文翻译，就成了毫无秘密可言的情报。所以，隆美尔的军事调度都被英军一一破译获悉。

可惜的是，英军虽然很精明，机器也很先进，但是他们在很多时候还是判断失误。因为隆美尔是一个不按常理出牌的人，而且多次对上级的命令违抗不遵。德军最高统帅部在电文命令中给隆美尔划定了作战界限，并一再强调要固守班加西等地，但隆美尔自行其是，反倒把英军搞糊涂了。这也清楚地解释了当隆美尔向前推进的时候，为什么镇守迈基利、德尔纳等要塞的英军会如此令人吃惊地溃败。

托卜鲁克作为昔兰尼加最重要的港口，对英军来说实在太重要了。丘吉尔从伦敦发来命令，必须“誓死守住托卜鲁克，绝不允许产生撤退的念头”。4 月 8 日晚，从昔兰尼加撤退出来的澳大利亚军队主力回到托卜鲁克，并按照丘吉尔的命令开始进入意军先前修筑的防御工事。韦维尔的装甲师部队也正从希腊－南斯拉夫战线回撤。

而隆美尔并没有得到相关的情报，仍按照原计划紧锣密鼓地实施。4 月 10 日早上，隆美尔依然十分自信地断言：“敌人毋庸置疑是在撤退，我们必须尽力追击他们。我们的目标是苏伊士运河，要把这一情况通知每一个士兵。”他的语气好像可以不费吹灰之力就能够把托卜鲁克弄到手，然后再直扑埃及。

这时，德第 8 机枪营距离托卜鲁克只有 11 英里。波纳斯上校付出了极大的努力，力图把他的闪电部队再向前推进 2000 码，但英军的反坦克炮火和机枪火力封锁了整个路面。德军士兵跳进现有的小掩体内，等待着重型火炮的支援。远在后山的柏油公路上，德第 15 装甲师师长普里特威兹怀着一种困惑的心情来到施维林的指挥所，心事重重地说：“隆美尔将军派我来接管进攻的指挥权。但我刚到非洲，对于我要指挥的部队和此地的地形仍一无所知。”

施维林很尊敬这位少将，向他介绍了一些情况，最后说：“隆美尔将军的计划只有他自己知道，所以我也无法给你提供更详细的情况。”

4 月 11 日拂晓，隆美尔部包围了托卜鲁克并发起进攻。由于德军的兵力不及城内守军，英军又加强了在地中海的海、空军力量，使德军的弹药补给出现了很大困难。波纳斯的第 8 机枪营从南线出击，随排雷工兵向前运动，炸毁了英军的坦克壕，随即穿插到侧翼，试图为坦克团在拂晓前的进攻筑起一个桥头堡。但源源不断的英军从交通壕和大街上扑入战壕，与疲倦、干渴、饥饿的德军士兵搏斗。一片刺刀和枪托的声音伴随着阵阵惨叫，回响在空荡荡的沙漠上。

英军是英勇的斗士，以逸待劳，人数又多。拂晓时，英军堵住了机枪手们身后的突破口，以防止他们逃跑。第 8 机枪营陷在英军阵前 500 码宽的空地上，进退两难。与此同时，英军还派出飞机和高级玛蒂尔达坦克投入战斗。奥尔布雷奇上校率全团 161 辆坦克在右翼平行推进，但因受到坦克壕和铁刺网等屏障的阻挡，首次进攻无功而返。随后他们又发起第二次、第三次进攻，几个小时后，奥尔布雷克的坦克团怒吼着打开了一个小缺口。

此时，隆美尔住在一座很小的意大利人修建的活动屋里，略可抵御夜晚的严寒。太阳升起的时候，他走出活动房屋，站在普里特威兹的帐篷前敲门，大声嚷嚷着要查清为什么向托卜鲁克发起的进攻停了下来。"英国人正在逃跑。"他怒气冲冲地说。普里特威兹红着脸，一声不吭。

隆美尔的脸被非洲的太阳晒起了泡。他穿着马裤、马靴，紧握望远镜，凝视着托卜鲁克，琢磨其防御阵地的布局。他把帽子递给身后的副官，太阳射在他的帕斯派克斯风镜上，闪闪发光。这是隆美尔典型的战斗装束。

施维林主动把自己的小轿车和司机借给普里特威兹，看着他和隆美尔飞也似的开下公路，朝托卜鲁克驶去。他们驶进了一个不知名的地带，隆美尔没有带地图，手头也没有从空中拍摄的有关要塞的照片。他此行的目的是亲自去意大利阿雷艾特装甲师，命令该师跟随奥尔布雷奇的坦克冲过突破口，去援救被困的机枪营。

到达目的地后，隆美尔下了车，普里特威兹则继续赶往前沿阵地。半小时后，当普里特威兹那插着将军三角旗的小轿车经过突破口时，惊惶的德军机枪手们尖叫着警告道："停车！停车！"普里特威兹在飞驰的汽车里站起身来，向后高声喊道："跟我来，前进！敌人正在溃退！"就在这时，一发英军的反坦克炮弹猛然落进他的小车里，把他整个撕裂开来，他和司机均当场一命呜呼。一个少将在非洲战场上首次参加战斗就阵亡了，这确实少见。

第二天清早，隆美尔亲自驱车来到托卜鲁克南边。透过晨曦的微光和炮火，他仿佛看到波纳斯的机枪手们在眼巴巴地等待救援。奥尔布雷克找到隆美尔，向他详细报告了战斗的失败经过，最后说："波纳斯好不容易才撤出战壕，等他第二天收集残兵时，全营 500 名官兵只有 116 人脱逃。第 5 装甲团在战斗开始时有 161 辆坦克，现在一下子减少到不足 40 辆。而 71 辆最好的马克Ⅲ型坦克，仅仅剩下 9 辆。"

隆美尔听了十分愤怒。这时，他从望远镜里看见一辆英军的指挥车驶过来，另一辆看上去和他的德国车相似。他想起普里特威兹的教训，立即警惕起来，并下令："准备射击！"不一会儿，两辆奇怪的小车驶到他们的前头刹住车，从一辆车里跳出来的是施特莱彻，他气得涨红了脸，大声报告普里特威兹阵亡的消息。隆美尔冷淡地打断了他，说："你怎敢在我身后驾驶一辆英国小车？我已经准备向你开火了。"

施特莱彻也毫不示弱。"要是那样，"他反唇相讥道，"你是想在两天之内把你的两名装甲师指挥官都害死，将军阁下。"

由于奥尔布雷克支持施特莱彻拒绝再次进攻的意见，隆美尔只得指示已投入战斗的部队转而进行就地防御。

当天晚上，隆美尔向最高统帅部做了汇报，并极力掩饰这次惨败。但是，事实不容置疑，勇敢的波纳斯上校和许多优秀的士兵都阵亡了。事已至此，隆美尔仍然不愿承认错误，而是把这次失败归结于别的原因，他在给上级的报告中说："在进攻昔兰尼加期间，尤其是在围困托卜鲁克初期，有许多这样的实例，我的指挥官们不执行我明确而具体的命令，或者说没有果断地执行，还有近似不服从命令的例子，某些指挥官在敌军面前临阵退却。"

不管怎样，隆美尔并没有修改原计划，更没有因此而放弃进攻计划。4 月 12 日，他的人马从托卜鲁克南面占领巴迪亚小镇；13 日又占领卡普措堡，堵住了英军退入埃及的道路；接着又占领了第一个埃及城市——塞卢姆。

隆美尔正想展开更大规模的进攻，不料一场风暴打乱了他的计划。他待在施特莱彻简陋的指挥所里，隔着风镜看着遮天蔽日的风沙。无情的狂风卷裹着粗硬的沙粒，狠狠地扫打着他的脸，使他意识到北非的大自然是多么的喜怒无常，就像一个失去理性的狂人。官兵们都缩着头，像鸵鸟一样埋在沙丘下面，默默念着上帝和基督，等待风暴快点过去。

利比亚的夏季几乎没有云雨，只有风沙和吉卜利沙暴。隆美尔选择的进攻日期真不算吉利，但若拖到 5 月以后天气热起来就更糟糕了。他不得不发电报请求兵力和装备支援。首次失败使他的威信一落千丈，他的部队开始显露出信任危机。他在一封信中向露西吐露："我已经提出换掉他们当中的一些人。"隆美尔和自己的参谋长冯·德姆·波恩上校也闹翻了，准备把他派回德国去。

第六章　势均力敌血战酣

饱受非议

面对隆美尔的强势进攻，英国方面也在抓紧时间调兵遣将，以应付即将到来的一场恶战。

自从法国向德国投降、丘吉尔政府单独对抗纳粹德国以来，这位明智的英国首相本能地意识到必须发扬英国的长处，避免自己的短处。英国的长处是什么呢？当然是强大的海军舰队和空军的战机。经过一年多的海上战斗，英国皇家海军摧毁了德军大部分重要的水面舰艇；又经过空中的较量，英国本土的威胁暂时解除，丘吉尔重新将目光投向中东和北非。

在北非，韦维尔将军担当大任，转战东、西两线，功绩显著。但丘吉尔对韦维尔一直评价不高，甚至怀有莫名其妙的个人偏见。他认为眼下海、空两方面暂时无须操心，于是就开始对韦维尔的中东部署指手画脚，甚至干涉一个营的调动，弄得韦维尔束手束脚。而丘吉尔对陆军又完全外行，因此两人的意见有时完全相左，韦维尔对此非常反感，几乎要提出辞呈。丘吉尔则认为韦维尔过于谨慎，缺乏主动，在能力方面不过是“一个普普通通的上校”而已，所以几次想派人替换他，只因英军当时在各条战线上都很吃紧，才暂时搁置下来。

丘吉尔派韦维尔支援希腊－南斯拉夫战线（东线），最大的动机是想抢先派兵占领希腊克里特岛的苏达湾。苏达湾是东地中海最好的军港，英国对它垂涎已久。韦维尔实际上只派出了第 7 装甲师的 1 个装甲

1940 年，丘吉尔继张伯伦之后成为英国首相，他坚持抵抗纳粹德国的入侵

旅，与澳大利亚第 6 师、新西兰第 2 师一起在希腊登陆，驻守希腊东北部山区的萨洛尼卡防线。

就在英军缓慢调动兵力之时，希特勒已下令对南斯拉夫和希腊进行“闪击战”，并很快占领了两国的大部分地区。英国援军只能占据山地，凭险而守。但山地不适合机械化部队运动，即使再好的坦克也起不到应有的作用。一向骄傲的英军且战且退，一直退到达克里特岛。这样一来，希腊 - 南斯拉夫战线的英军疲于奔命，除了占领苏达湾港口外，一无所获。

而西面的利比亚战场又几乎被隆美尔席卷一空，巴尔干和整段利比亚海岸都落入轴心国手中，英国的势力被挤到了地中海东部的一个角落。隆美尔的名字已经传到丘吉尔耳中，并被列为英军在北非的首要对手。

丘吉尔是一个屡败屡战的强人，执政以来，他不知经历了多少次失败，但他决不气馁，每次被打倒后都能不屈不挠地爬起来。因此他绝不会甘心让隆美尔这颗钉子插在地中海东岸。既然东线希腊的败局已经无法挽回，那么，不如全力以赴争夺西线的利比亚。而西线获胜的关键就是战胜隆美尔，只有这样，才能在全世界面前挽回大英帝国的声誉。无论在军事意义还是政治意义上，利比亚都成了英军继续在沙漠抗战的理由。

隆美尔不是政治家，也不懂太多的战略，对大局的分析近乎迟钝，因此，他对未来战争的艰难性缺乏充分的估计。

丘吉尔准备对隆美尔双管齐下。首先，摧毁的黎波里港，切断隆美尔的补给线。作为海上最强大的民族，英国比大陆民族对补给问题的认识要深刻得多。他们早已懂得海上补给比陆上补给要便捷，因此对海上补给线十分重视。其次，英军插足巴尔干半岛已经好几年了，对沙漠地带的熟悉程度和适应性都比德军强。沙漠地带作战最重要的武器是坦克，所以，丘吉尔不计成本，在利比亚战场投入了大量装甲车辆，在数量上占据了绝对优势。

与此同时，英国皇家海军地中海舰队司令坎宁安[①]海军上将从自身利益出发，也认识到必须摧毁的黎波里港口和隆美尔的坦克部队。他向丘吉尔建议说，如果德国能往北非运送足够的军队，他们便可以打到马特鲁港，德国飞机就能空袭英国在地中海最大的海军基地——亚历山大港[②]。一旦丧失这两个港口，地中海舰队作战将变得非常困难，所以必须首先摧毁的黎波里港。

此时隆美尔重点考虑的仍是如何快速占领托卜鲁克。这是因为，其一，他认为这个港口是昔兰尼加最具战略意义的港湾（事实上在整个北

---

① 坎宁安：即安德鲁·布朗·坎宁安（1883—1963），英国海军元帅。第一次世界大战时任驱逐舰舰长，后历任海军副参谋长、驻地中海舰队司令。第二次世界大战期间，参与指挥了塔兰托战役、马塔潘角海战等，首开舰载机袭击军舰之先河。

② 亚历山大港：埃及第二大城市、重要海港，亚历山大省的省会，位于地中海南岸。

非也找不出比它更好的港口），他要把它变为自己的补给基地；其二，这个港湾还封锁着一条32英里长的海岸公路，是英军进退的重要通道，也是他通往埃及的道路——走完这条公路，再经过约50英里的沙漠小道就可以进入埃及。野心勃勃的他在非洲战场上的最终目标是埃及和尼罗河流域。

1941年4月16日，隆美尔慰问了攻打托卜鲁克失败的第8机枪营。他对全营仅存的百余人发表了演说，让士兵们吸取教训，指出“一旦撕开突破口，就要在敌人尚来不及进行反击前，向纵深楔入”。这是他当年在山地营得出的经验。他最后鼓舞士气说：“从今天起，8天以内我们将到达开罗——把我的话传出去好了，你们一定要有信心。”

4月18日，德国空军副参谋长瓦尔道将军和戈林的代表艾尔哈德·米尔希①元帅飞抵非洲装甲军驻地，第27战斗机联队也抵达了加扎拉。苦苦挣扎的隆美尔像打了一支兴奋剂，又变得乐观起来。他与米尔契元帅在活动房里促膝长谈，他不时弯腰紧紧地挨近地图，大声叫喊：“米尔契元帅，这就是托卜鲁克，我要攻下它；这是哈勒德亚帕斯，我也要攻下它；这是开罗，我同样要攻克它；还有那里，那是苏伊士运河，我也要把它占领。”

托卜鲁克周边虽然被德军打得一塌糊涂，但英军的物质力量，尤其在托卜鲁克要塞，丝毫没有受到破坏，而德军的供给却越来越紧张。隆美尔站在地中海岸边一片高高的旷野上，面对埃及，急躁的他显得有些踌躇。他低头俯瞰，在他的左边，一面陡峭的悬崖背对大海的边缘，下面是维亚巴尔比亚公路。这是他的生命线，士兵们称这条公路为“隆美尔大道”。他不得不保证自己补给线的安全，但显然做得不够，使他一直面对着“燃料该怎么办”的指责，作战计划也因此而被拖延。

就在这个关键时刻，丘吉尔给了他一记重拳。4月21日，当旭日从地中海的碧波上跃出时，隆美尔正在口授作战命令。他做梦也没有想

---

① 艾尔哈德·米尔希（1892—1972）：纳粹德国空军元帅，为第一次世界大战后德国重建空军立下汗马功劳，曾组织研制Ⅴ-1和Ⅴ-2导弹。

到，一支强大的英国海军舰队会前往远离他 800 英里的大后方，对他最重要的补给港口的黎波里发动攻击。

英国海军上将坎宁安亲自率领战列舰“沃斯派特”号、“巴勒姆”号、“英勇”号和巡洋舰“格罗斯特”号以及护航的驱逐舰队，经过两个昼夜的航行，突然于黎明时分出现在黎波里港外。英国舰队的行动完全达到了奇袭的效果，意大利海岸炮兵几乎没有反应过来。而在的黎波里郊区机场上的德第 27 战斗机联队，全都在托卜鲁克周围执行轰炸任务，对英舰丝毫没有构成威胁。

在英国战列舰、巡洋舰的猛烈炮轰下，的黎波里港很快变成了一片火海。一艘艘意大利货船被击中起火燃烧。一座座油库被击中爆炸，黑烟直冲天际。码头上的吊车、卷扬机、仓库、自卸卡车、各种装卸和运输机械都遭到破坏，栈桥也被炸塌。40 分钟后，英国军舰在没有遭遇任何阻击的情形下，大摇大摆地扬长而去。

英军意外偷袭成功，使隆美尔的境遇雪上加霜。他的司令部仍将挤在活动房里，他的坦克将继续趴在托卜鲁克郊外的岩石上不能动弹，他的士兵将忍饥挨饿，苦度酷暑。

当然，英军守将韦维尔也遇到了同样的问题。他给丘吉尔发电报说：“展望未来，我不免在相当时期内惴惴不安，原因是我在坦克方面的力量比较薄弱，尤其是巡逻坦克。众所周知，沙漠战役的胜负多半取决于装甲部队的力量。”曾几何时，在大败格拉齐亚尼陆军时英姿勃发的英国沙漠装甲兵，竟然在隆美尔手下连吃败仗，这使韦维尔对局势非常悲观。他的第 2 坦克师和印度第 3 装甲旅已经被隆美尔歼灭，当他得知装备精良的德第 15 装甲师的部队出现在托卜鲁克战场上时，不由得惊慌失措，只得拼命向丘吉尔要补给、要坦克，没有坦克，特别是没有高速巡逻坦克，埃及就将不保。

英国的坦克研制早于德国，但经过二三十年的演变，它在军事运用上受落后的战略思想影响，仅把坦克作为步兵掩体和进攻的辅助工具，没有编成装甲师、团，而是把坦克分散到陆军各师、团中。这就导致英军坦克要么攻击力量不够（轻型坦克），要么速度过慢。

丘吉尔接到韦维尔的电报后，不能不作深远的考虑，一是解决装备问题，二是调整指挥官的问题。经过仔细掂量，他叫来了他的私人秘书伊斯梅将军，让他发电报给海、陆、空三军参谋长："只要可能，必须不惜一切代价将这些坦克运到。"

丘吉尔一声令下，一群极富教养而又刁钻的英格兰贵族绅士，开始用尽自己的心智及英国所能提供的全部力量——密码破译术、舰队和制海权、马耳他岛的空军、殖民地军队、美国的道义支持者和军火援助者、整个中东的全部兵力、坚不可摧的托卜鲁克要塞，来与隆美尔的一个脑袋及其一个半装甲师较量，真可谓战争史上的一大奇观。

这时，德军士兵们的精神已经接近崩溃，可怕的酷热仍在困扰着他们，从早到晚，太阳都在炙烤着他们的躯体，使之失去水分，变黑脱皮；热风使他们嘴唇干裂，头发卷曲，眼睛布满血丝。士兵们的整个神经系统都处在种种痛苦的折磨中，这些意志消沉、孤独无援地在非洲作战的将士备感失望。他们曾是那么迫切地渴望战斗，但在战斗进行大半年之后，他们的身体和意志都被摧残得快要垮掉了。

隆美尔跟士兵们一样受着煎熬。他曾两次仅差几英尺就被炮弹击中，险些丧命。4 月 17 日，正当他停下来与向阿德姆西面推进的士兵和军官谈话时，英军的一枚炮弹正好落在他们中间，一名中尉被当场炸死，另外几个人被炸掉了胳膊，只有隆美尔福大命大，完好无损。4 月 20 日，他从巴迪亚访问归来时，一架飓风式战斗机突然从夕阳中猛扑过来，从超低空用机枪朝他的指挥车扫射，他还没来得及关上钢甲门，他的司机就被子弹击中，一辆卡车的驾驶员和助手也被当场击毙，电台车被摧毁。隆美尔用绷带缠好司机受重伤的头，然后爬到驾驶员座上亲自驾驶。回到驻地后，他把房屋和作战指挥部一起移到托卜鲁克前线以南一个浅凹的石谷里，但敌机的轰鸣声仍吵得他无法入睡。事实上他也不想睡觉，每时每刻他都在为进攻托卜鲁克作准备。只有攻下托卜鲁克，军需供给才能从根本上好转。

4 月 23 日，哈尔德元帅在日记里再次记录了自己对隆美尔的看法：

这些天来，隆美尔一直没有给我们送过一份明确的报告，我感到事情有些蹊跷。来自他那个战区的军官们的报告，也可以说是私人信件都表明，隆美尔的所作所为和他的任务毫不相干。他整天奔忙在广为分散的部队之间，策划侦察和突然袭击，消耗士兵的精力。

非洲装甲军的兵力越来越少。4 月 24 日，隆美尔再次向柏林求援："由于英军兵力不断增加，巴迪亚和托卜鲁克的局势一天比一天严重。"他请求直接空运第 15 装甲师的另几个团（该师先头部队已于 4 月 11 日投入战斗）；同时，因第 5 轻装甲师战斗减员严重，请求尽快将第 5 轻装甲师补充为一个完整的装甲师；请求第 27 战斗机联队加强对托卜鲁克地区的空中增援。

这种哀伤的调子在总参谋部引起了一部分人毫无同情的嘲笑。终于，隆美尔的威风被打下去了！哈尔德元帅在日记中嘲弄隆美尔说："现在他终于承认他的兵力不是那么强大了……长期以来，我们这里早就有这种印象了。"

面对来自各方面的舆论，德军统帅部更加关注隆美尔的行动。希特勒听到隆美尔身陷困境后，愤愤地对最高统帅部的高参们骂了些十分难听的话，他需要像隆美尔这样的战将，但又对隆美尔的"不太听话"感到生气。他亲自指示空军，按照隆美尔的要求命空运第 15 装甲师尚未出发的另几个团赶到班加西，并给隆美尔派去一批将军。保罗斯中将也在派遣之列，他于 4 月 27 日飞抵托卜鲁克前线。

德军统帅部的意图很明显，他们要对隆美尔进行某种程度的监督和约束，必要时甚至可以取而代之。隆美尔对此深感无奈，认为这是统帅部的阴谋，统帅部的高参们歧视他，因为他没在总参谋部任过职。他只希望新来的将军们能与他同心协力，不要碍手碍脚。幸好保罗斯与隆美尔曾在斯图加特的同一个团任连指挥官，相互了解。哈尔德元帅认为："他（保罗斯）或许是唯一对那个疯狂至极的军人（隆美尔）比较有个人影响的人，只有保罗斯能改变他的念头。"

隆美尔让保罗斯绕着托卜鲁克包围圈的环形防卫线跑了一圈，并告诉保罗斯，他计划于4月的最后一天，在托卜鲁克的西南防御区发起一次大规模的进攻。保罗斯对此持怀疑态度。

隆美尔还召集德、意指挥官举行了联席作战会议，讨论他的新进攻计划。

与此同时，英国海军上将萨默维尔指挥H舰队护航“老虎”运输船队，在2艘航空母舰“声威”号和“皇家方舟”号编队的护送下，闯过了空袭关口和水雷封锁线，顺利到达埃及亚历山大港。

丘吉尔不仅送来了装备武器，还通过总参谋长迪尔将军给韦维尔带来了一个重要指示：“我们决不可以忘记，被围的军队比围困者在数量上多三四倍。必须当心，千万不要让自己被一支微不足道的部队困住，从而失去袭击敌人交通线的力量。我们期望拥有150门大炮和大量军需品的2.5万名士兵，能够抵挡住跋涉800英里而来的4500名敌军，即使他们是德国军队，何况他们并不全是德军。”

事实上，韦维尔手中还有6个团受过坦克驾驶训练，他焦急地等待着坦克。现在坦克来了，决战的时刻也到来了。丘吉尔和英军统帅部为韦维尔的反攻计划起了一个代号，叫作“战斧”。这是一个很有来历的代号，战斧曾是撒克逊人在战斗中经常使用的武器。丘吉尔的意图很明显，要韦维尔的部队像撒克逊人那样去英勇战斗。

德、英双方紧锣密鼓地调兵遣将，托卜鲁克上空战云密布，这将成为北非战场上的一个转折点。

以寡敌众

在被英军占领之前，托卜鲁克曾是意军的驻守要塞。意军沿着一条30英里长的环形防线设计和修建了138个互相连接的战术据点，环环相扣。就像防御坦克壕一样，交叉布局，所有通道全用木头覆盖，上面铺一层薄沙作为掩盖；内部还修筑了反坦克炮掩体和机枪壕，并在完工时使这些据点与地面成水平，以便进攻者一直到脚踏在上面时才能发现。除此以外，防线周围还布有密密麻麻的铁刺网。如此看来，隆美尔之前进攻托卜鲁克损失惨重便毫不奇怪了。

这也使隆美尔对意军的诅咒十分恶毒。他好不容易才拿到托卜鲁克的详细防御地图，意军却不知道该怎样攻破自己修筑的工事。

1941 年 4 月 29 日，隆美尔第二次召集德、意指挥官进行了联席作战会议，讨论新的进攻计划。施特莱彻插话说：“几天前，我的一些军官以及我本人视察过托卜鲁克东南方向的地形，那里地势很平，给我们的部队在夜间直接运动到他们的防御阵地提供了一个良好的条件，我们的士兵不会被发现，从而可以在拂晓前发动进攻。”隆美尔轻蔑地申斥道：“我不想从你那儿听到任何别的打算，我只想知道你准备怎样把我的计划付诸行动。”

由于对施特莱彻极为不满，隆美尔把实施新计划的指挥权交给海因里希·寇彻海姆将军。

4 月 30 日，隆美尔终于以 2 个德军装甲师和 3 个意大利师的实力，再次向托卜鲁克发起进攻。

第一个目标是浅滩 209 高地。上午 9 点，一个机枪营从后面攻上了高地。从 209 高地可以看到英军正在骚扰隆美尔后方的运输线。现在隆美尔已经不用担心了，因为只要控制了托卜鲁克，所有难题都可迎刃而解。不过，战斗仍十分激烈，英军守卫部队借助暗堡拼命抵抗，德军进展迟缓。隆美尔驱车来到寇彻海姆指挥的第一条战线，从他的指挥车里观察战斗情况，很快发现了一个问题：寇彻海姆的突击部队被一个地堡牵制住了，且正面突击的纵深面太窄，大部队很难展开。于是，他决定再派一支突击队从侧面迂回，以拓宽突击正面。

5 月 1 日，接替普里特威兹指挥第 15 装甲师的汉斯·格尔特·冯·埃斯贝克男爵向隆美尔报告说：“我们的士兵，尤其是军官，在无数未被发现的地堡内的步兵和反坦克火力以及占压倒优势的炮火面前，伤亡重大，大多数部队伤亡 50%，有些则更为惨重。然而士气仍旧十分高昂，突击部队按照计划进攻敌人的目标，步兵连紧跟在他们后面向东推进，与地堡里的敌人展开近距离拼搏，在猛烈的炮火下毫不退却。”

隆美尔闻言十分欣慰，看来他的部队又重新振作起来了。但德军伤亡十分惨重，损失了1200名士兵，令他心痛不已。更为严重的是，为阻止英军反攻，德军消耗巨大，弹药储备急剧下降，隆美尔发现自己出现了真正的给养危机。他一意孤行地向托卜鲁克推进，不但没有给他带来决定性的胜利，反而使他原本就已经够长的给养线又延伸了800英里。

双方在托卜鲁克陷入了“拉锯战”的胶着状态，这意味着更大的消耗。隆美尔现在面临的局势是：非洲装甲军每月需要3.4万吨给养；作为以后进攻用的储备物资每月又需要2万吨；空军的给养要9000吨，加上意大利军队和驻在利比亚的意大利居民所需要的6.3万吨给养，每月的数字惊人地达到11万吨之多。由于缺乏营养，德军士兵的健康受到了明显的损害；加上非洲夏季的酷暑炎热，部队的非战斗减员也日益严重。隆美尔不得不再次延缓计划。

非洲战场上的德军

进入5月后，天气更加酷热，连一向注重仪表的隆美尔也开始穿着短衣、短裤驱车外出了。这位拘谨、古板的一军之长，因为天气原因不得不做出一次真正的让步，开始重新考虑自己的作战计划和部署。他经常站在托卜鲁克城外25英里的地方，低头沉思。这里是德军阵亡官兵的公墓，其规模正在迅速扩大。一位指派给他的随军记者写道：

> 我们伫立在一位军官的坟墓前，隆美尔久久地站在那里一动也不动，然后转过身离去了。然而在他的眼睛里，我相信，我看到了那种使他激动的东西——那里面有着深沉的悲哀，这是一种向自己的老朋友和战友诀别的悲哀。

为了在艰难困苦的环境中保持士气，5月上、中旬，隆美尔经常走访连队，慰问那些曾与敌人面对面作战的士兵，他必须和他们谈话，必须直接爬进他们的散兵壕与他们聊天。这一带的地面是一些坚硬的岩石，无法挖掘，掩体只能用岩石垒成，一块粗帆布伸向掩体外，以便在灼热的太阳下可以用这块布撑起一小片阴凉。士兵们通常都穿得很少——穿一点儿短衣裤。小伙子们被晒得跟黑人一般。隆美尔从一个阵地走到另一个阵地，看望步兵、炮兵、坦克兵和观察兵等。

一个月前，隆美尔曾命令冯·赫尔弗上校采取进攻性的机动防御，把突袭特遣队派往英军战线的后方。赫尔弗上校主动训练了6000名德、意联军，挑选了一批勇士，利用沙暴向英军发起进攻，偷袭英军车队。

英军投入第7装甲师和第22警卫旅的55辆坦克向该地发起进攻。5月15日拂晓，英军出动了10多辆玛蒂尔达重型坦克，德军反坦克炮对它们毫无作用。

赫尔弗果断决定在英军发起最初攻击时出发，在天黑之后避开敌人，第二天早上再出其不意地向敌人侧翼发起进攻。当天中午，赫尔弗一切安排就绪，于夜晚率部撤出阵地。5月16日清晨，赫尔弗率一个坦克连返回去冲入英军侧翼。到黄昏时，除了哈勒法亚隘口外，赫尔弗又重新占领了全部丢失的阵地。

5月22日，就在隆美尔观察一个高地前沿时，赫尔弗给了英军一次毁灭性的打击，占领了哈勒法亚隘口，并缴获了大批战利品，其中包括大炮9门、玛蒂尔达式坦克7辆，以及他们急需的卡车等。几天来，

1941 年，隆美尔和他的非洲军团士兵在一起

他们所取得的胜利以及防御上的成功，给全体德军带来了极大的希望，同时对提高隆美尔的声望也是十分有利的。

随军记者伯尔恩德等人对此进行了大量报道，巧妙地给隆美尔的神话添枝加叶。随后，信件如雪片般飞向隆美尔。纳粹妇女组织寄给他许多巧克力，尽管在沙漠的酷热中吃这样的食物是难以想象的。

与此同时，争夺托卜鲁克的战斗仍处于拉锯阶段。英军在此受到了羞辱（英国守军是德军的 5 倍），时刻准备着报复。

6 月上旬，隆美尔撤换了一大批情绪悲观的指挥官，并准备应付严峻的挑战。被撤换的高级军官包括与他不太合拍的施特莱彻少将，由刚刚抵达战场的琼汉斯·冯·纳芬斯坦少将接任。第 15 装甲师的后续部队已经到达，在年轻的瓦尔特·纽曼西尔科上校的指挥下开赴塞卢姆前线。

坚定、顽强是隆美尔的本能，同时他也要求自己的指挥官具有坚毅、勇敢的品质。有一天，他发现一位将军在清晨 6 点半的时候还在吃早餐，不由得怒气冲冲地嚷道：“你应该回德国去!”达不到他要求的指挥官有很多，但经过他严厉的训责之后都发生了很大的转变。

6 月 15 日，韦维尔将军命令英军以各种坦克、装甲车、大炮和飞机，向隆美尔部发起代号为“战斧”的战略反攻。他的战术与对付格拉齐亚尼的老战术一样，先从南方绕过各个孤立的敌军据点，切断德军的运输线，然后从后面向据点发动坦克进攻。这种战术后来发展成沙漠战标准战术。由于英军自东向西进攻，称为“左肘弯击”式战术；隆美尔从西向东推进，则采用“右肘弯击”的打法。两人也算是棋逢对手。

隆美尔的第 15 装甲师还有一部分坦克和车辆在班加西，而韦维尔已经用英军“老虎”运输队运来了大名鼎鼎的第 7 装甲师和第 22 警卫旅。现在韦维尔手中共有 500 辆战斗坦克，近 3 万兵力，还有印度第 4 师协助。以一般的军事常识来看，韦维尔稳操胜券。

隆美尔部队分散在 100 多英里长的公路沿线据点上，兵力单薄，而且大部分据点没有坦克。当韦维尔的大量坦克出现时，隆美尔的精神几乎到了崩溃的边缘。他在两个多小时内向柏林拍发了十几封电报，一封在哄骗，一封在哀求，一封在告急，一封在报捷，最后又是告急。这些电报简直不像是出自一个坦克战明星将领之口，统帅部的参谋们都搞不清他的电文到底要表达什么。

隆美尔毕竟是从山地营出来的，是个天生的沙漠勇士，并且找到了他先前就不曾怀疑过的自己身上的那些特殊才干。在缺乏界标的地带，他发明了一种离奇的定位方法，他的脑子里似乎登记着每一个空油桶、圆锥形的石堆和铺满砂石的被烧毁了的坦克。一天，他和他的参谋长驱车驶过他曾经路过的沙漠，突然，他叫道：“赶快撤退！半小时内敌人将到达这里!”果然，不一会儿，远处的地平线上便扬起了一片尘土，英军的一支装甲部队正在朝这里推进。他马上与参谋撤到附近的德军阵地，并立即指挥阻击。他习惯于临阵指挥，以便与作战部以及部队之间保持联系。

维莱茨少尉是一门 88 毫米高射炮的瞄准手。他的连队本来有 8 门这种威力巨大的高射炮，但在连续的沙漠战斗中已经损坏了 2 门。隆美尔跑到他们的阵地，告诉维莱茨和其他士兵：“害怕没有用，也没有谁会用坦克和重炮来援助你们。你们必须用好你们手中的武器。”他们坚守在深入埃及境内的塞卢姆要塞，依靠手中的 88 毫米高射炮平射来对付英军的坦克，这非常有效。

对法作战时，维莱茨的团队曾进军马斯河渡口，用炮火保卫河上刚刚架起的浮桥。当英、法空军对浮桥进行猛烈的空袭时，维莱茨击落了 3 架敌机，使他得到了一枚铁十字勋章。如今沙漠作战和沙漠生活把一切美好的东西都磨灭了。维莱茨从来不知道世界上还有北非沙漠这样荒凉可怕的地方，还有昔兰尼加这种多石、多沙的赭红色的贫瘠高原，居然还起个名字叫“绿山”。

维莱茨所在部队（包括意军）大约有500 人，由威廉·巴赫上尉指挥。巴赫上尉身材修长，酷爱吸烟，但举止非常文雅。他非常尊敬隆美尔，对自己的部队在埃及前线的位置很自豪。他一直对部下说打算随同隆美尔前往尼罗河畔，并且希望在金字塔下留影。“拿破仑到过金字塔，我也要去。”他经常说这句话。

他们面前的这条路一直通往开罗，然而过了塞卢姆几英里，另一条道路岔向右边，把悬崖分割成夹发针形弯道——德国人把它称为 S 形曲线。这就是哈勒法亚隘口。

维莱茨他们的 2 门 88 毫米高射炮和 5 门 37 毫米反坦克炮都部署在塞卢姆要塞外的一座小山上，从小山上可以看清北面的坡地和南面的沙漠。巴赫上尉亲自检查了每门炮的炮位，并且监督炮兵挖掘好阵地。小山的表层是风化岩，用十字镐和工兵锹挖掘十分费力。意军在塞卢姆留下了大量工兵炸药，对挖掘炮兵阵地起了不小的作用。

巴赫上尉本人并非炮兵出身，但对军事战术却有着天然的灵感。他将 7 门炮摆成 W 形，5 门反坦克炮在前，2 门 88 毫米炮在后。火炮工事深入地下，弹药都藏在坑道中，炮口和地面平齐，伪装良好，敌人很难发现。7 门大炮互相掩护，构成一个交叉火网，随时准备对“坚不可摧”的玛蒂尔达坦克发起攻击，保护塞卢姆的西南翼。

6 月 15 日的战斗非常激烈。坦克和步兵的厮杀伴着灼热的高温和令人窒息的尘雾，席卷了整个沙漠。形势对德军不容乐观，隆美尔的坦克比英军少得多，他要用165 辆坦克，其中马克Ⅲ型、Ⅳ型坦克只有95辆，去对付英军的350 辆坦克，包括238 辆玛蒂尔达坦克。韦维尔还保有100 多辆坦克作为后备。

另外，英军的正面攻击面又宽又广，哈勒法亚隘口、塞卢姆、巴迪亚儿座边境要塞的德国守军几乎被同时切断了联系。英军的重型坦克冲到德军炮兵阵地前停下，一门接一门地摧毁德军的反坦克炮。其中，攻击塞卢姆的坦克有一个营约50 辆，大部分集中在西边维莱茨少尉的阵地前面。速度较快的英国轻型坦克冲在前面，速度慢的玛蒂尔达坦克跟在后面，再后面是步兵，他们深一脚浅一脚地在多沙的石质地面上跟随坦克冲击。当第一辆坦克进入攻击线后，英军的炮兵和坦克的大炮便开始猛烈轰击。

炮弹带着尖厉的呼啸声落在高地上，其中有6 磅①的轻型炮弹，也有6 英寸②口径的重炮炮弹。英军的炮火非常密集，到处都有炮弹在爆炸，石块和沙粒漫天飞舞，烟尘把高地团团笼罩住，仿佛沙漠风暴，什么都看不清了。维莱茨和他的战友们钻在狐洞里，双手抱头，任凭大地震颤，什么也不去想。

就在维莱茨被爆炸震得昏头昏脑之际，突然从炮弹爆炸的间隙传来一阵断断续续、随风飘来的苏格兰风笛声。原来是英军的步兵开始冲锋了。他探出头，抖了抖身上的碎石和沙土，把其余几名炮手从狐洞中叫起来，准备迎击敌人的进攻。大炮阵地挨了一弹，88 毫米大炮的一只前轮被打飞了，但其余部分完好无损，并不影响射击。维莱茨用两条枕木支起底盘，又调整好了外叉的四个手摇把架，把高炮轮子微微升离地面，找好水准线，抹去炮栓上的沙灰。他坐在炮椅上，眼睛贴着瞄准镜，上下左右活动了一下炮身。装填手早把5 枚穿甲弹放到了输弹机上。

英军有10 辆巡洋舰式坦克冲在前面，它们轻捷地越过小山包和弹

---

① 1 磅=453.5924 克。

② 1 英寸=2.540 厘米。

坑，像一只只灵巧的沙蜥。在它们后面，有5辆小型的A－11型步兵坦克。玛蒂尔达坦克一边滚动，一边用40毫米炮射击。戴着浅脸盆钢盔的英军士兵就在玛蒂尔达前后跑动。

德军阵地仍然沉默着，所有德军的炮兵和步兵都沉住气，用汗渍渍的手紧紧握住武器，听着履带碾压在石地上的咯咯声，感受着大地微微的颤动。

第一辆坦克终于逼近了德军的铁刺网，它加大油门，屁股冒出一股青烟，从圆桶形的铁刺网上碾过，距离德军的反坦克炮阵地只有150码了。炮手布朗克冲到最前面的37毫米反坦克炮边，在5码之内朝玛蒂尔达坦克射击，可惜丝毫不起作用。庞大的钢铁怪物从他身上和大炮上碾了过去，布朗克因伤势过重而死。

营长巴赫愤怒了，命令所有大炮一起开火。炮管很长的88毫米高射炮猛然开火，炮口套红光一闪，一枚炮弹穿透了英军坦克的装甲，坦克震动了一下，停下来，从弹洞的破口处冒出黑烟，不一会儿，发动机也腾起火苗，一闪一闪地舔着黑褐色的油漆。另一辆巡洋舰式坦克也被击中了，里面的弹药连续爆炸，坦克四下喷烟吐火，一个士兵也没逃出来。第一辆坦克中钻出两个穿坦克制服的士兵，他们发疯似的向后方跑去，一串德军机枪子弹把他们射倒了。

其余的巡洋舰式坦克仿佛没看见同伴的命运，加速隆隆地前进。它们发现了高射炮的位置，便集中火力向高射炮齐射。

在密集的炮火中，维莱茨的2门高射炮继续与坦克决斗，又有5辆巡洋舰式坦克被击毁。终于，有一辆坦克开到了反坦克炮的阵地后面，从炮身上碾过，一下子轧死了两名炮手，当另外两名炮手跳出掩体逃跑时，都被坦克上的机枪报复性地打死了。

但是，英军连续发动了三次进攻，都没有达到预期目标，战斗一直进行到晚上才告一段落。战场上，11辆巡洋舰式坦克和6辆A－11型坦克在沙石地上熊熊燃烧，火焰把它们烤得焦黑，仿佛一个个丑陋的钢铁怪物。一名被俘的英军少校要求看一看摧毁他坦克的大炮，当88毫米高射炮摆在他面前的时候，他说：“这太不公平了，竟然使用打飞机的高射炮来打坦克!”

德军守住了哈勒法亚隘口。深夜 12 点 35 分，隆美尔电告第 15 装甲师撤离卡普措堡，与第 5 轻装甲师平行向南推进，在拂晓前插入英军侧翼，然后冲向哈勒法亚海岸。这样既可解除英军对哈勒法亚的包围，又可切断托卜鲁克守军与在埃及的英军主力的联系。

扼断“战斧”

隆美尔克制住自己急切想冲入塞卢姆战场的心情，一直待在自己设在山凹的指挥部里，不停地用无线电下达进攻命令，随后度过了一个不眠之夜。那天夜里，瓦尔特·纽曼西尔科上校报告说，第 15 装甲师摧毁了敌军 60 辆坦克。这使隆美尔信心倍增，开始计划进行反攻。

6 月 16 日的战斗是整个战局的转折点。拂晓，德第 15 装甲师开始反攻。纽曼西尔科上校的计划是冲过卡普措堡的废墟（英军头天晚上已占领该地），跨过前线的铁刺网，再向英军漫长的侧翼进攻。临近中午时，第 15 装甲师的 80 辆坦克只剩下 35 辆，被迫退出战斗。

隆美尔意识到，这场战斗过后，如果英军不顾一切地集中兵力紧逼过来，他将不得不放弃包围托卜鲁克的计划，甚至最终放弃进军埃及开罗的计划。但是，隆美尔不愧为战术高手，他开始与韦维尔打心理战和情报战。他认为，现在韦维尔最担心的是自己的两翼遭到攻击，而且在 6 月 16 日上午 7 点 45 分，隆美尔的电台监听到英第 7 装甲旅（不久扩充为第 7 装甲师）报告弹药告罄、“形势危急”的电报，于是，他毫不犹豫地抓住英军的“痛脚”，狠踹了它一下。

中午过去不久，在靠近西迪奥马尔的边境地带，德第 5 轻装甲师正好赶上英第 7 装甲旅，双方发生了激烈的坦克近搏战。经过一番苦战，德军逐渐占据上风，随即通过西迪奥马尔东北部，迅速向西迪苏莱曼发起进攻。同时，隆美尔命令第 15 装甲师以最快速度收拢兵力，留一部扼守卡普措堡，主力则从第 5 轻装甲师侧翼直插西迪苏莱曼。为了先发制人，隆美尔决定抢在英军行动之前，于6月17日凌晨率先向西迪苏莱曼发起攻击。正午时分，第15装甲师隆隆地驶过哈勒法亚隘口。英军残部开始从西迪奥马和哈勒法亚之间迅速向东退却。

6月18日，隆美尔离开指挥部，驱车前去看望已经筋疲力尽的德国和意大利士兵，并向他们致谢。

但是战斗仍在继续。除了塞卢姆外，驻守在哈勒法亚隘口、卡普措堡、西迪苏莱曼、西迪奥马尔等沙漠要塞上的德军步兵、炮兵、坦克部队和后勤部队，终日都在与英军激战。沙漠中到处是士兵和坦克在运动，大炮在射击。尸体躺在烈日下，很快便被晒成木乃伊，伤兵们发出痛苦的呻吟。

由于英军的补给线畅通，越来越多的英国坦克和步兵投入了战斗。作战三天后，局势尚未明朗，隆美尔承受着巨大的压力，不断发电报给柏林统帅部，还是时而报喜，时而报忧。看了他的报告，比不知道情况更糟。德国陆军司令布劳希奇元帅给隆美尔回了一封6页长的电报，让他“慎重一些，报告情况要有一定的连续性。当敌人发动突然袭击时，不要喋喋不休。在突然事件的影响下，你应该避免让自己的报告时而沾沾自喜，时而悲观失望”。隆美尔的士兵也不知道他们的司令官在想什么和做什么，根据他们对他的信任和崇拜，他似乎是在天上俯看着他们英勇地战斗，但时常又会发现他此刻就在他们身边。

与此同时，英军的韦维尔将军也同样感受到越来越大的压力。他根据以往多次沙漠战的经验和理论，认为坦克占优势的一方终将获胜，因而发起了“战斧”行动。但他的一切设想都是以坦克会战为前提，没想到隆美尔藏起了他的利剑——有限的坦克，而依靠他的盾——反坦克炮和88毫米高射炮，以静制动，利用反坦克火力大大挫杀了韦维尔的坦克优势，令他骑虎难下。

“战斧”行动开始时似乎很顺利，英军攻克了卡普措堡。但接着在塞卢姆和哈勒法亚都遇到了猛烈的反坦克炮和88毫米高射炮攻击，坦克损失很大。韦维尔为此焦灼不安、心力交瘁，但战役一经开始，就如推石下山，谁也控制不住，韦维尔只得把自己的全部坦克都投入到战场上，连隆美尔也为英军坦克之多感到震惊。由于坦克实在有限，隆美尔只能依靠一切能够抵抗和摧毁坦克的武器来防守。

在德军的阵地上，哈勒法亚和塞卢姆犹如两块巨石，挡住了英军进攻的通道，迫使英军放弃沿海公路，深入沙漠腹地，但那一带是昔兰尼加北坡的多阶台地，机械化部队运动十分困难。韦维尔连续攻打了七八天，终于决定放弃。

隆美尔的反击战术可以说是沙漠战的范例。他惯用的迂回穿插战术在这次反击战中得以充分发挥威力。他命令集结在西迪阿曼兹休整的第15装甲师从西边绕过被英军占领的卡普措堡，然后往东穿插，一路切断卡普措堡英军的补给线，并打到塞卢姆和哈勒法亚之间的海边。这样，进攻塞卢姆的英军将被切断后路，发生混乱。第5轻装甲师主力位于西迪阿曼兹西边，隆美尔命令他们往南进攻，攻克卡普措堡南方的西迪奥马尔，然后向东经西迪苏来曼横扫哈勒法亚。两部分兵力的战略目的都是包抄英军的后勤补给线，威胁其前方部队，足见隆美尔的确有狐狸般的狡猾。

在调动坦克部队方面，隆美尔也非常灵活。他把第15装甲师剩余的坦克全部调到第5轻装甲师的攻击路线上，改两路包抄为一路包抄，集中兵力，打击力量也就大多了。

按照隆美尔的命令，弗里德里希中校的坦克营一路向东横扫，日夜不停。他们见到什么就打什么，坦克、装甲车、油槽车、水罐车、运弹药的卡车、拖拉机、修理拖车、无线电通信车、装甲指挥车、各种大炮和半履带牵引车、英军的后勤人员、野战医院、炊事车、工兵部队，凡是人或军用之物都遭到了射击和爆破。随着德军坦克掀起的烟尘，一路上大火熊熊，遍地残骸。

英军贝雷斯福德·皮尔斯将军收到一个接一个的告危报告后，意识到形势的严峻性。他的大部分装甲部队经过苦战后，弹药和燃料所剩无几，急切需要补充，而燃料和军需品大都被隆美尔的坦克击毁了。这样一来，大批坦克将因为没有燃料而躺在沙漠中无法动弹，使整个攻势失去力量。而且，英军在沙漠作战中一直养尊处优，很少吃这种苦头。能否在困苦的环境下继续战斗，还存在很大的疑问。

现在战争局势已经明朗。英军主力很有可能被德军从西面和南面包围，如果再不突围，后果不堪设想。在这种情况下，英军前线指挥官梅塞维将军果断地下达了撤退命令。他们炸毁了那些燃料耗尽的坦克和卡车，把油料和人员集中起来，向南突围。

此时德军的重心已经移到了哈勒法亚隘口，空出了西边的大片沙地。英军在战斗机和轰炸机的掩护下顺利突围，退回埃及境内，几乎没有遭到什么损失。而丘吉尔寄予厚望的“战斧”行动最终没有砍倒隆美尔，以败退告终。

在“战斧”行动中，英军损失了220辆各种型号的坦克，占全部坦克的五分之二。德军损失了约100辆坦克。经过此次交锋，韦维尔和隆美尔都给对方以很高的评价。韦维尔认为，德军反坦克部队的使用和坦克在大战区内的机动指挥水平，都达到了炉火纯青的程度，并称隆美尔的机智胜过一只狡猾的狐狸。

战后，隆美尔得意地乘飞机回到柏林。他回来时和离去时的身价已经大不一样了。在德国国内，隆美尔的声誉达到了顶点。当宣告隆美尔胜利的嘹亮的喇叭声在帝国广播电台里回荡时，许多人认为，现在可以给隆美尔写一部完整的传记了。他早已成为全世界报纸上的大明星，而且交战双方都接受了他的“沙漠之狐”的外号，这一称号在沙漠中绝对是一种尊称。

6月22日，鉴于隆美尔战绩卓著，希特勒提议晋升隆美尔为陆军上将。德军最高统帅部决定设立“隆美尔装甲兵团”，下辖非洲装甲军和意大利第21军的几个步兵师，在建制上仅次于集团军。这一年，隆美尔49岁。

隆美尔的迅速提升大大激怒了统帅部的高参们。就在他的任命宣布几天后，布劳希奇元帅就来信警告他，他所得罪的将校之多，“不仅关系到非洲装甲军的利害得失，同时也关系到你本人的利益”。但隆美尔毫不客气地回应了他，丝毫没有认错的表示。在过去几个月里，总参谋部的将军们对隆美尔的忌恨有增无减，其中表现最激烈的是弗朗茨·哈尔德将军，他对过去长期结下的宿怨仍耿耿于怀。但这些都没能阻挡住命运之神再次眷顾隆美尔。希特勒对他的宠爱持续升温，在名利上大大满足了隆美尔的虚荣心。

新对手上台

英国“战斧”行动的失败，从纯宣传的角度讲，直接打击了韦维尔将军的威望，断送了他的前程。但从根本上讲，这次失败深深地震撼了丘吉尔，他像一只受了屈辱的狼，打算开始报复了。这将给隆美尔带来更大的压力和新的挑战。

事实上，想以狐狸之威吓倒一匹狼是不可能的。但隆美尔仍一如既往地乐观，并寄希望于柏林增兵给他。因为德军在希腊-南斯拉夫的战役已经结束，希特勒完全有能力支援北非战场，可他还不知道，希特勒马上就要实施“巴巴罗萨”计划。

1941 年 6 月一个阴雨连绵的日子，希特勒在伯格霍夫宣布：“苏联人在西部前线已经集结了他们的全部力量，这在历史上是最大的一次兵力集结。倘若巴巴罗萨行动出了乱子，我们就会彻底完蛋。这场战争一结束，伊拉克和叙利亚便得考虑自己的出路，这样我便可以腾出一只手来，一直向土耳其挺进。”其实，希特勒的这个计划酝酿已久，只是隆美尔一直被蒙在鼓里。

6 月 22 日，执行“巴巴罗萨”计划的 300 万德军，在 3000 英里长的边境上，兵分三路攻入苏联。第二次世界大战进入了一个新的阶段。

希特勒丧心病狂的战争野心，把更多国家的民众拖入了血与火的苦海之中。他的指挥官们都不免大吃一惊。施维林私下对自己的部下说：“没什么可说的，这场战争我们是输定了!”直到这时，隆美尔才明白很宠爱他的元首和总参谋部为何会拒绝把大批装甲师、重炮和给养运往北非。

由于希特勒同时开辟了东、西两个战场，隆美尔非洲装甲军实际上只有3个师，至于意大利的几个师，隆美尔根本就看不上眼，只当充数而已。直到8月11日，隆美尔还在抱怨，他在纪实录中写道：“我不太明白这是否证明我是一个总司令。正规地说，这种职位只能委派给军团指挥官。”但他只是对自己名不副实的职位怀有不满，对德国未来的命运并未作太多思考。

对外而言，隆美尔的晋升更加引起了英国的注意。丘吉尔觉得自己在过去几个月低估了隆美尔的个人力量。与其说他搞不清德、意联军的坦克数量，不如说他对隆美尔的个人指挥水平和军事素质没有作深入的了解。“战斧”行动的失败正是他急于求成的表现，他太需要一次陆地上的胜利了，陆地上的胜利比海上和空中的胜利影响都大，要知道在陆地较大规模的交战中，英国还从未胜过德军。丘吉尔已预感到这次失败会给自己带来巨大的舆论压力。他独自驱车来到伦敦郊外的恰特韦尔庄园，深居独处，闭门谢客，闷闷不乐地在幽谷之间徘徊。他在总结经验、归纳教训，思考对付隆美尔的策略和战术。

终于，丘吉尔作出了决定：韦维尔要对失败负责，他要撤换韦维尔。丘吉尔一个个地想着他认识和不认识的英国陆军将领：年轻的、勇敢的、成熟的、资深的、机智的、坚韧的……到底该把哪一枚棋子放在中东北非的棋盘上，才能赢一局最重要的比赛呢？他想起艾登将军说过，克劳德·约翰·奥金莱克①将军可以接替韦维尔。正是奥金莱克不顾韦维尔的犹豫，率兵粉碎了伊拉克的叛乱。他还听到有人传说“韦维尔一夜之间老了10岁”。无疑，韦维尔历经磨难，已经心力交瘁了，大英帝国这匹驯良的老马实在走不动了，五六个战区的战事全压到他一人身上，他年事已高，已经无力承担这一重任了。英国报纸评论说：“隆美尔已经把韦维尔刚赢来的桂冠从他头上扯下来，丢到沙漠中去了。”

那么，奥金莱克是否能行呢？他是英国驻印度的总司令，作风严

---

① 克劳德·约翰·奥金莱克（1884—1981）：英国陆军元帅，参加过两次世界大战，历任英印军副参谋长、英国南方军区司令、印度英军总司令、中东英军总司令、第8集团军司令。

谨、工作认真、思维敏捷、意志坚定、身先士卒，得到了陆军的一致好评。

无论如何，必须打败隆美尔，即使派出一位元帅也在所不惜。丘吉尔坚信，奥金莱克会打败隆美尔的。

蒙哥马利（左）、韦维尔（中）和奥金莱克（右）

几天后，丘吉尔回到唐宁街 10 号的官邸中，立即起草任命书，除了任命奥金莱克将军为中东英军总司令外，还任命奥利弗·利特尔顿为主持埃及政务的文官。利特尔顿还兼揽中东政务，使奥金莱克能从浩繁的政务中抽出身来，专心致志地去对付隆美尔。

整个 7 月，英军和德、意联军相持着，没有大的动作，谁也不敢贸然发动一次像样的进攻。

7 月是昔兰尼加最热的季节，沙漠气温达到了 50℃。德军士兵简直无法忍受沙漠中的酷热和干渴。帐篷里也是那么的热，阳光把人晒得脱了好几层皮。最初进入绿山时，晚上很冷，有一个凉爽的月夜还使人好受一些，但现在那都成为回忆了。毒辣的太阳照射着没有一棵树的沙漠，沙漠泛出耀眼的白光。夜里依然闷热，一动就出汗，一翻身汗就把背心和床单都湿透了。有那么一阵子，他们觉得自己要被晒死了，生命就像一棵缺水的树那样正在渐渐枯萎。

德军在托卜鲁克郊外修了很多水泥蓄水池。为了宣传，随军记者专门拍了一个士兵光着身子在池边洗澡的照片。但任何一个士兵，甚至像斯图尔特、维莱茨这种下级军官都没有这种机会。水是用卡车从贾扎拉、德尔纳拉来的，和汽油一样贵重。每人每天只能保证1000克的水，洗澡简直是做梦。官兵们身上都结了一层泥垢，开始时奇痒难忍，后来就麻木了。

各坦克部队要组成小编队，沿阿德姆到卡普措堡的卡普措小道巡逻。巡逻一次8个小时，到卡普措堡加油后再折返回来。来回需要两天时间，关在烤箱似的铁皮坦克里，仿佛受着中世纪的火刑。每人每天补充1000克水，但流汗至少流了800克，人身上的水立即就干了，喉头仿佛咽着火炭。人渴得出现了幻觉，有时觉得是在地狱的冥河中行船。

晚上最痛苦的是蚊子和臭虫的叮咬，它们仿佛毫不畏惧沙漠的酷热。帐子会闷死人，不用帐子又会被蚊子咬死，没有一夜是安安静静地度过的。

更糟糕的是虱子也来作祟。只要穿着衣服，它就隔着那层泥垢来咬你，痛痒得人几乎想跳起来。沙漠中只有男兵，许多人全身赤裸，稍微顾点面子的军官只穿裤衩，然而虱子还是在裤衩的松紧带和裤裆处咬人，怎么捉也捉不尽。

弗里德里希中校干脆浇上汽油烧着了他的铁床，以求烧死可恶的臭虫，但也只能缓和两三天而已。其他地方的臭虫一嗅到汗味，就成群结队地又来光顾。

由于没有新鲜蔬菜，许多士兵都得了坏血病，不少人牙齿脱落，还有的人一把一把地掉头发。

沙暴发起怒来，黑红的天际边升起可怕的沙石之墙，像巨浪般席卷而来，霎时连自己的手指也看不清了。狂风扫倒任何一个站立着的生物，只留下孤零零的坦克和车辆。

隆美尔也是肉身凡胎之人，同样忍受着痛苦。他在给露西的信中喋喋不休地抱怨炎热、口渴、蚊子和臭虫的袭击、多得要命的苍蝇，他用罐子盛水把床脚放到里面防臭虫、用汽油焚烧铁床，在热得无法容人的地中海里游泳。他唯一的一次乐趣是冒着遇上英军巡逻队的风险，乘指挥车去游猎，并开枪打中了一只羚羊，尝到了极为鲜美的羚羊肝。

“二战”期间，北非沙漠里的隆美尔军团

7 月 28 日，隆美尔终于找到一个机会回德国。在维也纳诺伊斯塔特的军事学院里，他见到了朝思暮想的露西。细心的露西看出隆美尔身体欠佳，他脸色发黄，神情疲惫，眼里充满血丝，说话声音嘶哑。她劝隆美尔到医院彻底检查一下，但遭到了拒绝。他笑着说：“我不相信医生，1915 年，他们曾打算锯掉我的一条腿哩!”

两天后，隆美尔又飞往东普鲁士“狼穴”——希特勒的大本营。“狼穴”建筑在腊斯登堡的一大片森林和沼泽之中，阴暗潮湿、林木茂密，这里的警戒无比森严，进去不容易，出来更困难。在森林和湖沼中的建筑分为内外三层，每层都有布雷区、地堡群和电网，忠诚的党卫军士兵带着警犬日夜巡逻。

在这个绝对隐秘和安全的地方，希特勒会见了隆美尔，并再次紧握他的手。这让隆美尔十分激动，也给他的内心带来了力量。

希特勒提醒隆美尔必须正视眼前的困难，他说："那时候我们将从高加索南下，经土耳其和伊朗打向中东和印度。你的兵力从埃及往东跨过尼罗河和苏伊士运河，占领整个巴勒斯坦、叙利亚和伊拉克。中东的油田将成为帝国军事机器中最重要的血液，而目前我们仅依靠罗马尼亚的普罗耶什蒂油田是完全不够的。"

"我明白了，元首！"隆美尔热血沸腾，眼睛闪闪发亮。他早已领教过不重视后勤保障的苦头，认识到这是关系到自身命运的大事，北非航线是他的生命线，不用元首过多说明和训导了。

此次与希特勒的会见，使隆美尔多少了解到一些国际局势。一向不喜欢政治的他觉得自己知道得太少了，不能不倍加关注。

会见时，希特勒还拿出苏联前线的作战地图给隆美尔看，让他明白在非洲战场拖住英军的意义。隆美尔动身之前，希特勒批准了他为进攻托卜鲁克将采取的进攻计划、特殊措施及所需要的作战物资，包括步兵、工兵、炮兵、坦克、弹药、汽油及其他装备、运输等，只有一样例外：不得使用德国科学家发明的一种具有巨大穿透能力的空心炸药炮弹，这种武器的密码代号叫"红头"。

同时，希特勒又派隆美尔去见墨索里尼和罗马最高统帅部司令休果·卡瓦利诺将军。

自从希特勒大举东侵苏联以来，墨索里尼便处在一种极为矛盾的心态中。希特勒从制订到执行"巴巴罗萨"计划都没有和他打招呼。从表面上看，他们的政见是一致的，无论民主国家也好，法西斯国家也罢，他们都希望消灭布尔什维克的苏联。希特勒早在《我的奋斗》中就提到了消灭苏联的目标。墨索里尼没有希特勒那么具体的目标，他具有投机性，变化多端而又敏感脆弱。

从军事角度来说，进攻苏联是因为欧洲的中部已无仗可打，又无法跨越英吉利海峡在英国登陆。攻打苏联是已经大大膨胀起来的德国战争机器的唯一出路。德国驻罗马大使俾斯麦告诉墨索里尼，攻苏作战将在8周内结束。而墨索里尼考虑得更多的是，如果对苏战争短时间内结束不了又该怎么办？土地辽阔的苏联就像一头健壮的牛犊，吃不下它就会被它牴伤。他犹豫了很久，最终还是与德国站在了一起。这位法西斯党的领袖本想派出一支像样的部队开赴苏联战场，但由于意军在北非和东非的低劣表现，希特勒对盟友的兵力援助似乎并不感兴趣。他对意大利的要求与隆美尔十分一致，就是希望他们提供更多的物质援助。

但墨索里尼并不傻，如果只提供物质而不派军队，一旦希特勒赢了，他就很难在苏联分得一杯羹，因此，他坚持派出他最精锐的陆军第1师到东线战场。墨索里尼认为希特勒很有可能会赢，如果赢了，意大利也能从庞大的苏联版图中得到一块肥沃的地方。

7月初，即希特勒入侵苏联10天之后，一些不祥之兆随着漫天飞雪般的“捷报”传入罗马。墨索里尼认为这是德国人在撒谎，因为他自己就是编造谎言的大师，他知道德军及自己的军队在苏联明斯克遇到了真正强有力的抵抗，8周内是无论如何也拿不下苏联的。他的信心开始动摇了。

德军在苏联前线的血战中步步深入内地。尽管公报上提到一系列俘虏数字、地名和缴获的战利品，但墨索里尼忧喜参半，时而高兴，时而沮丧。英国已经和苏联结盟，一旦轴心国失败，他是肯定高兴不起来的。为了牵制意军，从马耳他基地起飞的英国威灵顿式、兰开斯特式轰炸机轰炸了意大利西海岸的那不勒斯。英国空军计划周密，集中袭击炼油厂，引起了大火，毁掉原油6000吨。意大利不产石油，煤炭也大半靠进口，6000吨原油的损失无异于一场灾难。不过，墨索里尼却评论说：“那不勒斯经历了几个严峻之夜，我很高兴。这个种族将会坚强起来，战争会把那不勒斯人锻造成北欧种族。”

意大利已经习惯被英国教训了，所以墨索里尼并没有感到震惊。他想派舰队炮击希腊的科孚岛，并当众说几句狠话要和英国海军较量一番。事实上，他很清楚他的海军是什么底子，哪里是英国的对手。在“二战”中，意大利海军的作用常常被忽视，一方面是因为他们被打败了；另一方面，美国、英国、日本甚至德国的海军在大战的舞台上扮演了威武雄壮的角色，显得意大利海军的战斗黯淡无光。所以，墨索里尼只是卖力气赚吆喝而已。希特勒指示海军向地中海出动6艘潜艇和部分鱼雷摩托艇，协助封锁托卜鲁克。他要求外交部部长勘察并使用比塞大[①]和突尼斯其他港口的道路，提议轴心国在地中海丧失的运输船舶必须得到补充，同时建造几百艘500吨左右的简易军用船只以弥补这一损失。

8月6日，隆美尔从柏林飞到罗马，头一次会见了墨索里尼和卡瓦利诺将军。墨索里尼首先对隆美尔的战功大加赞扬，然后就把话题转到巴斯蒂柯将军的报告上来。他们承认，目前运输上的困难很大，当务之急是必须占领马耳他和突尼斯。因为从意大利到突尼斯比塞大港的航线不经过马耳他要便捷得多，而在可以预见的将来，不进攻托卜鲁克也是合情合理的。与此同时，他们审议了放弃塞卢姆和托卜鲁克并退守托卜鲁克以西的后备战线的可能性。

隆美尔充满自信的描述深深打动了墨索里尼，他似乎又看到了塞卢姆前线的光明前景，相信隆美尔能守住这一阵地甚至打败英军的优势兵力，于是赞同并批准了隆美尔的行动计划。

墨索里尼还认为，英军的下一步行动将取决于苏联战场的形势发展。他答应让非洲的所有意军完全听从隆美尔的命令和调遣。但是，当隆美尔提出请意大利帮助造船并提供更多的物质援助时，墨索里尼脸色一变，显得十分尴尬。

当然，同盟国的阵营里也遇到了同样的问题。斯大林热切希望英军能在西线，尤其是在非洲战场上困住部分德军，使他能够集中全部力量打击东线的德军。偏偏在这个时候，英国殖民地澳大利亚发生了一场政治动乱。几个政党对政府与英国的密切联系提出了不满和质疑。总理孟

---

① 比塞大：突尼斯第六大城市、重要港口，位于地中海南岸、突尼斯北部，扼地中海东西航运要冲，战略位置重要。

席斯被迫辞职，由副总理法丁接任总理。法丁接受了澳大利亚工党的意见，极为关心困守在托卜鲁克的澳大利亚步兵师的命运。

澳大利亚报刊开始发表随军记者报道守军艰苦的生活和斗争的文章，一幅幅悲壮凄绝的生活和苦战的画面，一下子血淋淋地呈现在澳大利亚人民面前。澳大利亚人民震惊了，哭泣了，愤怒了，沸腾了。民族感情一下子被激发出来，新总理简直招架不住，准备替换这支在非洲待了很久的军队。

在澳军换防的过程中，如果隆美尔发动一场坚决的进攻，必将引起更大的灾难。除了遭到重大伤亡外，能存活下来的澳军步兵只能走进德军的沙漠战俘营。在条件更加恶劣、失去自由的集中营里，等待他们的只有死亡。

在这种情况下，丘吉尔面临着两难的选择。他认为只有澳大利亚军队才能胜任托卜鲁克的防务，没有人能够取代他们。如果换上未经战火考验和从未经受北非沙漠气候磨炼的军队，将直接影响要塞的防御力量。万一要塞失守，隆美尔的部队就会像海浪一般涌向埃及，使中东像多米诺骨牌一样垮下去。

奥金莱克也明确表态拒绝撤换这支最优秀的部队，因为他再也找不出一支军队来顶替他们。他要求澳军更坚强地守卫在要塞中，为此，他将把 2 个步兵坦克营运到那危如累卵的要塞之中。

然而，为了争取澳大利亚对非洲战场的长期支持，丘吉尔最终决定冒着托卜鲁克失守的巨大风险，全部撤换驻守托卜鲁克的澳军。奥金莱克执行首相命令时既痛苦又愤怒，这纯粹是政治决定对军事行动的干扰，但他也无可奈何。

澳军的撤退过程进行得十分缓慢，损失也很大。码头上的军队和港口中的船只都遭到了轰炸。一天又一天，疲惫、患病和负伤的澳军士兵从托卜鲁克的壕沟中爬出来。因为没有淡水，他们顾不上刮脸和洗衣服，一身酸臭，形同鬼魅。他们集结到港区，等着在夜里登船。要塞是他们的光荣，但他们再也忍受不了了。在这个漆黑的夜晚，他们默默地告别了海滨危城，告别了自己熟悉的地堡和战壕，告别了顶替他们的新部队，登上运输船，向希望之海航行。海路尽管危机重重，但闯过鬼门关之后，简直就像从地狱来到了天堂。

8 月 14 日，隆美尔带着坚定的信念离开罗马，重返托卜鲁克前线。他知道自己一生的成败就在北非，就像汉尼拔一生的成败就在罗马一样。8 月 15 日，隆美尔的非洲装甲军正式改称为非洲装甲军团。当天，他便发出“第 1 号军团令”。意大利的将军们开始不安起来，因为他们从此将在严厉苛刻的指挥官麾下听命。

几天后，一向效率低下的意大利海军突然把一支护航队开到了班加西。这对隆美尔来说是件大喜事。为了防止英国轰炸机的袭击，他急匆匆地乘斯托奇小飞机赶到班加西，亲自指挥卸船，尽管这并不是军团司令官的工作。在他的监督下，德、意后勤人员苦战 50 多个小时，安全卸下了全部物资，其中有最重要的坦克、卡车和反坦克炮。

8 月末，德军的一个新编师——非洲师分期抵达，隆美尔随即对非洲装甲军团进行了大规模的改组。第 5 轻装甲帅改称为第 21 装甲师，它与第 15 装甲师编制一样，只有 1 个坦克团和 3 个步兵营。隆美尔把这两个师定编为每师配 1 个坦克团、1 个摩托化步兵团和 1 个炮兵团。坦克团配 2 营 4 连，坦克 194 辆。摩步团配 3 营 12 连，一律乘卡车。炮兵团配 3 营 9 连，其中一营为重炮，一营为反坦克炮，共 36 门反坦克炮。当然，炮兵的看家武器 88 毫米高射炮也是必不可少的。师直属 1 个装甲侦察营，配装甲车 30 辆，加上工兵、通信兵和其他附属部队，每个装甲师定员 1. 25 万人，常规大炮 120 门。

除了这 2 个师以外，新来的非洲师及在北非的零散德军合归为第 90 步兵师，包括 3 个炮兵营、1 个高炮营和 1 个 88 型炮营。巴赫少校和维莱茨少尉的部队都归并在第 90 步兵师中。同时，一大批经验丰富的高级军官也陆续到达北非，大多被隆美尔安置在高斯将军手下。

隆美尔很喜欢他的新搭档，特别是装甲军团司令部新任作战处处长齐格菲尔德・威斯特法尔上校和非洲装甲军原参谋长弗里兹・拜尔莱因上校。他打算尽快发动新的进攻，于是召开了一次“民主”会议，制定了“仲夏夜之梦”行动计划。主体方案是：首先对托卜鲁克进行连续数天的猛烈炮击，削弱英军的防御；第 90 步兵师在环形防线上为第 15 装甲师打开一个突破口；德军突击部队的左翼安全由埃尼·纳瓦里尼将军的意第 21 军负责；第 15 装甲师与第 90 步兵师的一部分将直接冲进港口，第 21 装甲师作机动策应。这样一来，托卜鲁克的守军就会陷入死境。

与隆美尔相反，他的新对手奥金莱克则趋于保守，力求稳扎稳打。丘吉尔给奥金莱克的任务很明确，无论是在昔兰尼加地区的哪个要塞，只要跟隆美尔干上一大仗，并给他以重创，就达到了第一个目标。他不久又发电报给奥金莱克说：

> 你在危机时刻负起伟大的指挥任务。当一切事实摆在你面前时，你必须决定是否在西沙漠重新取得攻势。如果发动进攻，可能在何时？你应当特别注意托卜鲁克的形势，特别注意敌人增援利比亚的进程。敌人暂时专心于苏联，你必须考虑到反攻的急迫性。

英国陆军元帅　奥金莱克

但是，奥金莱克的看法与丘吉尔略有不同，他深知自己的命运如何取决于能否打败隆美尔，因此，他对隆美尔进行了深入的调查研究，掌握了隆美尔的大量私事，包括他的双亲、他的言论、他的饮食以及一些细微的生活习惯，但他仍摸不透隆美尔。他知道这件事急不得，稳操胜券比急于求成更能赢得声誉。一旦首战失利，往后再想打倒隆美尔就更加困难了，因此，奥金莱克根本不打算乘德军入侵苏联之际在西沙漠发动一场攻势，否则，他只有失败一途。他现在只把眼睛紧紧地盯住隆美尔，希望托卜鲁克的守军能坚持到 9 月底。到时气候转好，他要求的 500 辆坦克也能运到，他坚信英国的补给系统远远优于轴心国的系统，时间拖得越久，德军就会越等越瘦，到时再一口吃掉他们。

在这种心态的驱使下，尽管丘吉尔几次催问何时发动攻势，奥金莱克都无动于衷，搪塞敷衍。丘吉尔急了，开始对奥金莱克麾下的部队直接进行调动，甚至小到一个营的行动也会干涉。他还威逼说：“如果你不亲自指挥这次攻势，将由威尔逊指挥。”奥金莱克担心落得和韦维尔一样的下场，只好飞回伦敦，向丘吉尔说明情况。奥金莱克举出充分的理由来说服丘吉尔，阐明为什么要推迟进攻；并强调在开罗中东司令部，韦维尔留下的人员中流行“恐隆美尔病”，许多人把他当成偶像，甚至视他如神明。如果他们中间谁做了什么了不起的事情，便有人恭维他像隆美尔一样伟大。这种失败主义情绪，在“战斧”行动受挫后更加严重。英军对隆美尔又恨又怕，不愿和这个他们心目中的“超人”作战，不愿同这个沙漠中的狐狸作战。当一个士兵意识到作战不能取得胜利时，他的勇气和决心就会大打折扣，他的牺牲精神也会大大削弱。与此相反，隆美尔的士兵（而不是军官）却因他而自信万分。奥金莱克还强调，只要假以时日，性急的隆美尔必然会自投罗网，英军应该养精蓄锐，以静制动。

经过一番交谈，丘吉尔发现，奥金莱克是一个非常成熟、优秀的指挥官，很有大将风度。他和奥金莱克一起仔细分析了中东的战略态势，分析了叙利亚和伊拉克的政局，分析了利比亚的战局。丘吉尔承认自己误解了奥金莱克，其实，奥金莱克和他一样渴望进攻，渴望战斗，更渴望胜利。他仔细研究和分析了隆美尔的性格和战术特点，坦率地指出了韦维尔失败的原因，对敌我形势已然十分清楚，并开始酝酿下一步的计划。这个计划初定密码代号为“十字军远征”。

随后，奥金莱克又会见了三军参谋长，详尽耐心地向他们解释了自己对反攻行动的部署和战术。他成功说服了伦敦那些高高在上的将军，使他们同意了自己先守后攻的方案。

现在，前线和后方的首脑人物都交流了自己的意见，互相理解信任，并且齐心协力。丘吉尔别无选择，只能信任奥金莱克，把大英帝国的前途和命运交付给他。而其他置身于中东战场之外的人，必须甘于给奥金莱克担当配角，提供他所需要的人力和物力，让他在自己认为合适的时间、地点，用自己擅长的战术与隆美尔决斗。

所有的人都明白，奥金莱克把自己的名字和隆美尔绑到了一起。

艰苦鏖战

1941 年的整个夏天，隆美尔和奥金莱克都在暗中筹划，积极备战，英方制定了“十字军远征”计划，隆美尔则以“仲夏夜之梦”行动相对抗。但双方还没有真正交过手，彼此的作战方案一再拖延。

隆美尔把前线司令部从贝达利托里迁到了甘布特。甘布特位于托卜鲁克至埃及边境的中途，正好处在托卜鲁克英军的炮火射程之内（别的司令官一般不会这样冒险）。整个夏天，隆美尔每天乘坐缴获的英制 ACV 装甲指挥车巡视。他的指挥车颠簸着越过沙漠，走遍每一个兵营，他还视察了塞卢姆前线新战术据点的修筑情况。

11 月中旬一个多雨的夜晚，利比亚迎来了多年来最猛烈的一场暴风雨。漫长、干涸的河道变成了奔腾的急流，卷带着又粗又长的荆棘冲向士兵的营地，卷走了不少大炮和汽车，淹没了几个机场，冲毁了多条电话线路设备。这对交战双方来说都是一场不小的灾难。这时人们脑海中只会想着怎样对付这场灾难，而忽视敌人的存在。

就在这天夜里，天气突然转晴，繁星在天空闪烁。20 名英军“沙漠鼠”队员疾速行走在茫茫沙漠上。但到了半夜，云头越来越低，能见度变得更加模糊了，甚至前方侦察引导队员也迷失了方向，队员们不得不停下来。“沙漠鼠”小分队的指挥官莱伊克中校打开地形图，掏出了指南针，准备重新判断一下方向，然而四周一片漆黑，又没有可以利用的方位物，很难辨别方位。队员们正焦急之时，突然右前方 20 米处闪动着一双双绿幽幽的眼睛，并发出令人毛骨悚然的嗥叫。狼来了！两名队员立刻举起装有消声器的“斯特灵”冲锋枪，“噗、噗、噗、噗”打了几个点射，绿幽幽的眼睛瞬间消失了。

不一会儿，天气突变，又一场暴雨降临了，还不时地刮起龙卷风，飞沙走石，天昏地暗，队员被吹得几乎站不住脚。莱伊克赶紧把队员们带到一个小沙丘下。等风沙过去，他们又背起 40 多公斤重的装备，缓慢向前进。

到第二天中午，骄阳似火，气温高达 41℃，队员们被烤得浑身冒汗，随身携带的水已经喝光，口干得张不开，几乎处于半昏迷状态，两条腿开始不听使唤。到下午 2 点，有 2 名队员实在坚持不住，一头栽倒在沙地上。莱伊克不得不让队伍停下来，照顾好昏迷的队员，自己带着 3 个精力尚佳的队员走向沙丘后面，去寻找水源。寻找水源的时候，莱伊克有了一个意外的收获，那就是发现了一条通往德军司令部背后的小路，从这里接近隆美尔，可以出其不意、攻其不备。

11 月 16 日天刚黑，德军设在贝达利托里的总司令部已灯火通明，“嘀嘀嗒嗒”的电报声和汽车、摩托车的马达声交织在一起，显得十分紧张忙碌。这时，莱伊克带领的“沙漠鼠”突击队已经摸到了这里。莱伊克首先命令 3 名队员潜入指挥部探明情况，准备以小群多路、突然袭击的方式，捕杀隆美尔这只给英军造成重创的“沙漠之狐”。

3 名先遣侦察队员在夜色的掩护下，悄悄杀死了德军的警戒哨，摸进了德军指挥部。这时，一个头戴钢盔、身穿大衣的德国军官突然出现在他们面前，正要掏枪射击，最前面的一名“沙漠鼠”队员忙用 L1A1 自动步枪打死了这个德国军官。枪声惊醒了一楼总机械部办公室里的人。库尔特兰森技术军士打着手电出来查看，一串冲锋枪子弹把他打倒在地；考夫赫尔兰中尉刚拔出左轮手枪，立即又有来自几个方向的冲锋枪子弹射进了他的胸膛和手臂。接着，扔进屋里的手雷爆炸了，屋里的灯一下子全灭了，发电机也被炸毁了。

莱伊克知道3名队员暴露了，忙命令一个突击组在正面掩护，其他3个组从不同方向向指挥所发起攻击。很快，“沙漠鼠”队员如猛虎一般扑向前方这幢黑暗的房子。指挥部里枪声、爆炸声大作，一会儿便燃起了片片火光。莱伊克带领4名突击队员从右侧进入楼房一层，在大厅内与下楼的几名德军士兵相遇，双方短兵相接，引发一阵枪战。

莱伊克悄悄打开作战指挥室的一扇门，两名队员闪身进入，但在里面没有发现什么，只见隔壁的房屋门缝透出微弱的灯光，原来里面竟有6名德军从窗口向外射击。莱伊克迅速躲在门口一侧，一名队员飞起一脚，把门突然蹬开，举枪一阵扫射；另一名队员则将一颗手雷扔了进去，但他还没来得及闪身离开，便被德军射中心脏，倒地身亡。此时只听一阵轰响，室内刚开启的灯也熄灭了。

莱伊克他们正要抢救倒下的队员，这时，大队的德军士兵赶来了，莱伊克发出一声暗号，两名队员心领神会，立即押上一名被俘的德国军官撤退。

各组队员都已撤到预定集合点。令人遗憾的是，在这座被认为是德军“司令部”的石头建筑物中，始终没有发现隆美尔的身影。经审讯被俘的德国军官，他们才知道隆美尔的确在这座建筑中待过一段时间，但现在司令部已经不在贝达利托里，这里只是一个后勤部。

此时隆美尔正在罗马与妻子待在一起（他刚过完50岁生日），后勤部遇袭的消息传来时，他脸上不由得露出了一丝冷笑，觉得自己在危难关头总有幸运之神光顾。但他也没有料到奥金莱克会用如此卑鄙的手段来对付他，他马上发急电命令昔兰尼加所有要塞的德军，不惜一切代价歼灭这支特种部队。于是，德国海军舰船严密封锁海面，空军在空中搜索那些突击队员，地面部队则对“沙漠鼠”躲藏的“洼地”重重包围，发动了一场全方位的搜剿战，但最终一无所获。

这次死去的5名德国军官被合葬在贝达利托里的山丘上，遵照非洲装甲军团司令的指示，用当地的柏木做了一个大十字架，并在墓地周围栽了柏树。隆美尔故意用这种骑士风度来回应奥金莱克对他实施的阴险的谋杀。

其实，谋杀事件完全与奥金莱克无关。莱伊克的突击队员隶属于英军哥曼德特种部队，他们的行动是相对独立的。哥曼德特种部队从1941年3月开始，频频越海对德军进行远程突袭并数次得手，从中尝到了甜头。于是，英军又抽调第7、第8和第1哥曼德部队组成专门在沙漠进行袭击作战的部队——“沙漠鼠”（与英第7坦克师同名），由莱伊克率领，主要目标是偷袭非洲装甲军团的司令部。擒贼先擒王，首当其冲的自然是隆美尔。但这次奇袭隆美尔的计划遭到失败后，不仅英军荣誉受损，而且打草惊蛇。

奥金莱克得知这一消息后，认为即使这样干掉了隆美尔，也是胜之不武，自己并不能从中获得任何荣誉，因此不太赞成哥曼德特种部队继续行动，他想像骑士一样与隆美尔来场正式决斗。但他迟迟没有发动“十字军远征”作战，而是像一只机警的豹子，盯住了猎物，一步步逼近，等待对方的反应。

他在等待什么？物资装备还是时机？事实上，这两个条件他早已具备。在亚历山大港、开罗、尼罗河三角洲、马特鲁港和西沙漠前线，大批物资堆积如山。凡是能想到的、应该想到的和已想到的都运来了。在万事俱备的条件下，奥金莱克只等隆美尔先动手，等着他行动出错。眼下他还不知道隆美尔下一步会从哪里发起攻击，如果等到发现其行踪后再作出反应，那就太迟了。所以，他需要依靠英军强大的情报网高效地捕获信息，而这又必须让对手先有所动作，才能提前预知对方的下一个目标。

确实，隆美尔是个急性子，而且行事一贯主动，他是闲不住的。就在后勤部遭到“沙漠鼠”偷袭当天，他便飞回利比亚前线，并决定于11月20日发起进攻。作为一个战争狂热分子，为了取得战争的胜利，隆美尔不惜采用一切手段。这次他仍然准备赌一把，在供给有可能中断的情况下发起猛攻，以战养战，并期待能够获得补给。同时，他认为，只有先一举歼灭北非的英军，才能腾出手来支援东线战场，实现元首的战略意图。

而英军在几天前已开始悄悄地调动兵力。隆美尔的情报军官梅林泽搜集了大量情报，表明大批英军正从马特鲁港开赴沙漠前线。他把情报整理并分析后交给隆美尔，但隆美尔却无礼地说："我拒绝再看这些东西。"此时驻守埃及的英第 8 集团军开始向利比亚逼近，其步兵师已推进到塞卢姆前线，另有一支强大的装甲部队从侧翼包围了沙漠高原上的塞卢姆前沿地带，正在从东南方向接近隆美尔的几个据点。

德第 21 装甲师仅派出第 3、第 33 侦察营，由厄思弗里德·冯·韦切马中校统一指挥，与英军的装甲部队对峙。

11 月 17 日夜里下了一场暴雨，平坦而湿漉漉的沙漠上空无一物。被雨水淋洗过的沙丘和沙蒿平缓地向南方伸延，地势越来越高。褐色、赭石、枯黄，混在蛋青色的天空下，像一幅悲凉的风景画。

11 月 18 日清晨 5 点 30 分，韦切马中校向军团指挥部报告，1 个小时前，第 33 营与一支"向前推进的敌军侦察兵"遭遇。凌晨 5 点，第 3 营报告说遭到了"200 辆装甲车"的进攻。纳芬斯坦上校立即建议于当天夜里把他的坦克团派往甘布萨尔赫，指望在那里挡住正在扩大的威胁。

隆美尔接到这几个报告后，回复非洲军军长克鲁威尔说："我们决不能惊慌失措。"他接着补充道，"不能让冯·纳芬斯坦把坦克团派往南线，我们不能把一个具有战场主人标志的精明决定随便暴露给敌人。"隆美尔的眼睛依然死死盯着托卜鲁克，那才是他的主攻目标。

11 月 19 日，英军攻占了西迪雷泽格机场。

11 月 20 日清晨，隆美尔命令克鲁威尔的非洲军朝西迪雷泽格前进，务必"歼灭向托卜鲁克开进之敌"。

隆美尔很紧张，担心在自己对托卜鲁克动手时，奥金莱克也同时动手，这样他有限的兵力顾不上两头，结果必将失败，而一旦失败就可能丢掉整个昔兰尼加。到时，他只得暂时放弃进攻托卜鲁克的计划。

奥金莱克也非常紧张，因为他仍然无法确定隆美尔的进攻重点。当天下午，德第 15 装甲师通知附近的第 90 步兵师：“英军的进攻方向可能在南面。”没过多久，英军的进攻果然开始了。坦克战以克鲁威尔的非洲军最为激烈。

11 月 23 日，克鲁威尔将坦克排成一个长蛇阵，大炮和 88 毫米高射炮与之一同前进，两个步兵团则乘坐卡车紧跟在坦克后面，一齐向英军迎面扑去。英军的炮弹和子弹呼啸着从他们的头顶掠过，坦克遭到重创后仍拼命往前冲，步兵指挥官则笔直地站在卡车上以鼓舞士气，被击中后马上由下一级军官接替，以致最后竟由一名上尉承担了一个步兵团的指挥。英军被德军这种无畏的气势震慑住了，士气开始低落。克鲁威尔以蛮牛式的战术，最终歼灭了英第 7 装甲师的半个旅和第 1 南非师大部。

此战并没有纳入双方各自的作战计划之中，奥金莱克只是想把自己新增的部队调到预定的布防地区，并未准备与隆美尔交手。不巧的是，他们正好遇上了克鲁威尔，双方都以为是对方主动发起进攻，所以被迫打了一仗。但这一战使隆美尔更加犹豫不决，他担心的正是托卜鲁克外围的英军会随时支援，因此不敢放手一搏。

初战告捷之后，下一步的进攻方向只有隆美尔自己才知道。这是隆美尔式的战术需要。因为沙漠像海洋一样辽阔平坦，几乎没有什么障碍物，只有一些起伏的沙丘和丘陵可以稍微掩护一下部队。一支大部队行动，几十英里外的敌人很容易发现。因此，沙漠里的战斗是一种高度机动的战斗。双方像巡洋舰和驱逐舰一样追逐、开炮，互相击毁对方。最初的战斗就是摧毁对方的坦克而非攻占阵地，但最终会占领某个阵地（目标）。

隆美尔的作战布置其实很明确：为了集中兵力进攻托卜鲁克，并防止外围的英军从埃及方向向西反扑，德、意联军从托卜鲁克以西 31 英里的贾扎拉的军团总司令部，到托卜鲁克以东 60 英里甘布特的德国非洲军司令部，依托大海和沙漠高原作了一个大半环形的分布。这个大半环是为了防止英军主动进攻的，总长 180 英里，也叫外防圈。在大半环中，围绕托卜鲁克要塞还有一个小半环，旨在防御或攻击要塞。小半环长 60 英里，也叫内防圈。

在两个半环和半环之间的防线上，隆美尔一共部署了 7 个意大利师和 3 个德军师。其中，4 个意大利师在小半环上，其自西而东的战斗序列是：布里西亚师、塔兰托师、帕维亚师和波伦亚师（这 4 个师都以意大利城市命名）。

在两个半环之间靠近要塞东南的位置上，部署着隆美尔的王牌第 15 装甲师和第 21 装甲师，它们是攻击托卜鲁克要塞的主攻部队。

隆美尔部署这两个装甲师的位置显示了他的智谋。这两个师既可向内环进攻要塞，又可以机动防御来自埃及的英军进攻。奥金莱克无法确切得知隆美尔到底是向内环攻取托卜鲁克要塞，还是向外反击英军，直接攻入埃及。

外半环即大半环实在太长，隆美尔手中没有足够的兵力加以防守，只能在战略要点上部署兵力，各要点之间可以相互联系、相互支援。考虑到机动性，他把第 90 轻装甲师（非洲师）放在这条线上，主要作为防守之盾（这个师的火炮最多），又可以弥补 4 个意大利师的不足。4 个意大利师分别固守在自西而东的 4 个最重要的战略据点上担任助攻，而在古比井和塞卢姆之间有宽达 110 英里的大沙漠缺口几乎没有兵力防御。第 90 轻装甲师可以在必要的时候及时查漏补缺，哪里出事就扑向哪里。

现在战争既然已经误打误撞开了场，更大规模的战斗就不得不继续进行下去，德军在外环的阻击战以古比井最为精彩。

古比井据点深入沙漠，距海岸 70 英里，是古代商旅驼队的一个集散地，控制着几条沙漠小道。其中，向西的一条小道通往比尔哈凯姆，向东的一条便是著名的阿卜德小道，它经过贾卜尔萨莱勒通向西迪奥马尔。很显然，它在托卜鲁克外防圈中占据着重要地位，守卫在这里的是意军的塔兰托师。

11 月 23 日清晨，英军的坦克排列成一个个三角形的阵式，浩浩荡荡地朝古比井阵地逼近。冲在最前面的是蜜蜂式坦克，中间是巡洋舰式坦克，后面是行动迟缓、装甲奇厚的玛蒂尔达坦克。英军步兵被安排在意大利炮击线后面，等待坦克突破阵地后再进行冲锋。这套战术自“战斧”行动便已实施，丝毫没有改变。

意军这次没有惊慌，因为他们知道隆美尔在指挥战斗，他像幽灵一样随时都可能出现在他们身边。意军猛烈的炮火在英军坦克阵中砍开了一些缺口。装甲最薄的蜜蜂式坦克躲躲闪闪，几辆英国坦克被炮火击毁。每当一辆坦克起火时，意军的大炮阵地和步兵战壕中都发出一阵欢呼，有的士兵抛出帽子，有的干脆唱起歌来。

英第 8 集团军司令官阿兰·卡宁汉中将曾打算把几个装甲旅部署在外围的这一地带，全歼意大利的 2 个师和德第 90 轻装甲师，没想到会遇到如此顽强的抵抗。几天后，英军的一队坦克终于越过意军重炮拦阻地带，越逼越近，大约开到 1000 码的距离上，坦克的火炮开始射击，红色的炮弹在战壕前后爆炸，伴随着意军士兵的号叫和呻吟。

英军的坦克边开炮边前进，终于接近了意军的布雷区。一辆蜜蜂式坦克的履带轧上了地雷，红色的光焰冲腾起来，一下子吞没了坦克。两名坦克手从座舱中挣扎出来，趴在沙地上，弹片呼啸，他们一直不敢起身。

更多的坦克勇敢地逼近了意军的战壕。意军使用 37 毫米反坦克炮集中开火射击。经过隆美尔半年来的严格训练，意军反坦克炮手的水平大大提高，第一次齐射就击毁了 3 辆坦克，这还是意军头一次大批击毁英军的坦克。

英军的一辆坦克在炮火的间隙中冲过开阔地带，从意军的战壕碾过，一直开到反坦克炮阵地，碾烂了大炮，轧死了炮手，继续向第二门炮碾轧过去。这时，一枚炮弹打断了它的一侧履带，它只好无可奈何地在原地打转，但它的火炮还在不停地射击，机枪也嗒嗒地开火。意军的一个炮手迂回接近它，一下子把这辆坦克报销了。

这时，德第 90 轻装甲师唯一的装甲营（轻装甲车 30 辆）也赶了过来，全部投入战斗。

整个古比井阵地的守军都在与一批批涌上来的英国坦克搏斗。不久，英军的几辆重型坦克突破了阵地，在古比井纵深横冲直撞。

英军的快速装甲车也出现了，它们在坦克的掩护下冲入阵地。有的装甲车被反坦克炮炸得粉碎。英军士兵从装甲车里跃出来，跳入战壕和意军士兵肉搏。古比井笼罩在烟云中，大地震颤，到处是火焰和爆炸，到处是四肢残缺、身体受创的伤兵。德、意联军顽强地阻击着英军的坦克冲击，一步也不后退。

塔兰托师顶住了英国装甲部队的进攻，使得意军上下都受到了很大鼓舞，连巴斯蒂柯将军在隆美尔面前也有了面子，通令嘉奖所有参战部队，其中，塔兰托师的奎斯塔上尉便因古比井战功而被提升为少校。

在外环的战斗中，3 天时间里，德、意联军击毁了英军第 22 装甲旅的 50 辆坦克。意军各师也守住了他们的阵地，并威胁到英军第 30 军侧翼。古比井战斗在“十字军远征”战役中的重要性不可低估。如果意军失败，德军将被挤压到非常狭窄的地带。

攻打托卜鲁克要塞始终是隆美尔的一块心病，在这一问题上他显得固执而狂迷。尽管外围力量薄弱，但他一点也不担心。外围的战斗进行到 11 月 24 日，差不多 1 周的时间过去了，利比亚沙漠上到处是黑压压的坦克残骸。在外围奋战的部队曾多次告急，但隆美尔始终没有动用第 15、第 21 装甲师的坦克团。

这天，隆美尔下达命令，不再要求内环部队固守阵地，而是从较窄的正面向东突击。这一决定是如此大胆惊人，以致非洲军军长克鲁威尔始终保留一半的意见。隆美尔将驱使自己的两个装甲师沿特里弗阿德而下（这条沙漠小道与 40 英里的海岸内陆平行），猛扑西迪奥马尔的边境铁刺网，直指塞卢姆前线的沙漠尽头。他打算消灭肯定会在那里集结的英军，然后再横跨英军集结处进入利比亚，解救危及托卜鲁克的德军补给线。

隆美尔又不顾一切地派遣纳芬斯坦上校迅速从东北方向进入埃及，并命令他天黑以前在哈勒法亚东南面立住脚跟。之后，他对作战部长威斯特法尔上校说：“我将在坦克突击部队中与非洲军并列追击。”

隆美尔下达完命令后便离开了装甲军团司令部，从此以后，要想追寻这只狐狸的踪迹就极不容易了，谁也不知道他到哪里去了。装甲军团的全部指挥责任落到了年轻的威斯特法尔上校肩上。他试图与隆美尔取得联络，期望得到他的下一步指示，但始终无果，只得继续将隆美尔的命令执行下去。

英军见隆美尔没有对托卜鲁克形成有力的合围，便乘机向东和东南方向逃窜。此时，奥金莱克似乎已经断定隆美尔的进攻方向是埃及。

11 月 25 日，纳芬斯坦上校到达西迪奥马尔附近（埃及边境），这里的英国军医伊安·埃尔德少校和野战医院被德军俘获。

这一天，隆美尔的非洲军失去了指挥，162 辆坦克损失了 72 辆。第 15 装甲师也同样丧失了通信联络车。中午，突击速度最快的德第 5 坦克团团长斯太芬上校被抬进了野战医院，他的胸部被子母弹击中，心脏也被切开一道口子，支撑到下午就死了。

德军的坦克突击部队（隆美尔便在其中）在甘布萨尔赫附近恰好赶上匆忙逃跑的英军坦克、装甲车、卡车和大炮车，他们立即冲入敌阵，双方展开了一场大混战。英第 4 装甲旅旅长、黑人司机、打字员、密码译电员、机械师以及随军记者，在极度的恐慌中把自己的职责全抛到了九霄云外，一个完整的装甲旅顿时成了“无首之躯”。空军飞机从机场仓促起飞，整个天空布满了向东逃窜的飓风式和战斧式飞机。英第 8 军团司令官卡宁汉本人勉强跳上一架布莱海姆轰炸机，在潮水一般涌向甘布萨尔赫简易机场的卡车群中紧急起飞。但是，隆美尔的目标并不是攻占机场。

这时，克鲁威尔的指挥车赶上了隆美尔。坦克战仍在进行，克鲁威尔剿杀了大批英军后勤部队，接着开始集结部队。在靠近铁刺网的一个站口，隆美尔兴高采烈地对克鲁威尔说：“我刚刚把纳芬斯坦派往哈勒法亚。”

克鲁威尔闻言大吃一惊。从甘布萨尔赫到哈勒法亚，要横跨 60 英里的沙漠，纳芬斯坦已经没有多少坦克，此行必然凶多吉少。但隆美尔相信英军已经被挡在了外环线以外，内环线是安全的，所以才敢让内环线上的部队向埃及突入。他知道那里是英第 8 集团军的补给基地，攻下那里可以捞点实惠，又可以给英军造成错觉。克鲁威尔十分无奈，只得命令突击部队全速向埃及推进。

隆美尔在队伍的最前面待了一阵，等待他的突击部队赶上来。然而，仅剩 30 辆坦克尚可运行的第 21 装甲师斯太芬坦克团，由于汽油和弹药暂时短缺，一部分停在了利比亚与埃及交界处（隆美尔并不知情）；意军的阿雷艾特师也因遭到英军南非旅的抵抗而停步不前；仅剩 56 辆坦克的第 15 装甲师同样没有按时到达指定地点。

傍晚，隆美尔和高斯中将跨越铁刺网进入埃及，朝开罗方向眺望。由于天气太冷，他们看了几眼便匆匆返回。隆美尔命令突击部队暂时撤回利比亚境内。

“十字军远征”战役从 11 月 18 日打响，到 11 月 26 日尚未真正结束。这是一场艰难困苦的鏖战，双方都没有按照自己的预定计划行动，是各有损伤的一场混战。隆美尔在纪实录中记录了他在 11 月 22 日的诅咒：“我们的通信联络网简直糟透了。这是古代条顿人（日耳曼人中的一个分支）习惯于进行的那种战争。我甚至无法知道非洲军此时是否已经发起进攻。”

第七章　重整旗鼓心不灰

功亏一篑

就在隆美尔的部队从埃及边境撤回到利比亚时，许多不利的情报接踵而来。

1941 年 11 月 26 日，英军的新西兰师从巴迪亚地区向托卜鲁克涌来，占领了托卜鲁克以南的大多数重要地区，包括德军激战后夺得的西迪雷日弗机场和巴尔哈姆德高地。隆美尔司令部的作战部长威斯特法尔请求隆美尔火速派一个装甲师，从后方攻击新西兰部队。

受到德军冲击的英第 8 集团军并没有全线溃退，而是集结被打散的部队，随时准备反扑。托卜鲁克的守军也突破了封锁线。

与此同时，德国空军派来给隆美尔投递地图的飞机也被击落了。

此时正在势头上的隆美尔并没有重视这些问题，他考虑的是追着英第 8 集团军的屁股后面打，在它集结之前将其消灭，以绝后患。他又一次劝告克鲁威尔“扬起灰尘”以欺骗英国守军，接着便和纽曼・西尔科的第 15 装甲师向北开向海滨，于当天晚上 10 点到达巴迪亚。所有装甲车都在巴迪亚后备军那里重新补充了汽油和弹药，准备连夜追击英军。

就在这时，纳芬斯坦突然出现在他面前报告说：“将军阁下，我十分高兴地向您报告，我和我的装甲师到了。”隆美尔大吃一惊，按照他的命令，纳芬斯坦此时应该在前往哈勒法亚隘口的路上。“你到这里来干什么？”他责问道。纳芬斯坦申辩说他接到了威斯特法尔中校的命令，

1941 年，隆美尔在非洲战场

让他返援托卜鲁克。

“胡扯!”隆美尔大声叫道，“一定英国骗子搞的鬼!”他首先怀疑的是英国特工窃取了他的机密情报，并以装甲军团司令部的名义调动他正在进攻的部队。

但事实并非他所想象的那样，这道命令的确是威斯特法尔下达的。他联系不上装甲军团司令官（隆美尔和克鲁威尔），而内环线的安全大于一切，于是，这位年轻的上校冒险采取了这个勇敢的行动。他发出的电文如下：

“目前还一时找不到总司令，装甲军团司令部命令你立即出发，增援我们的托卜鲁克战线。局势十分危急，留神!”

正是因为这道命令，使隆美尔孤注一掷的突袭胎死腹中。他在埃尔阿德姆一见到威斯特法尔，便大发雷霆，然后把自己关在一辆汽车里，谁也不见。他心里明白，责怪作战部长是没有用的，错误是他自己造成的。当他再次露面时，他已经完全冷静下来，不再提起这件事——他承认了自己的失败，知道自己对敌军兵力和部署的见解是片面的。他想先解决外围之敌，然后回头一心一意攻打托卜鲁克，这未免太小瞧英军了。

11 月 27 日，隆美尔开始回援内环线。此时非洲军仅剩下 40 辆良好的马克Ⅲ型坦克、20 辆马克Ⅱ型坦克，与在托卜鲁克一带的英军兵力相比，差距甚大。英军从巴迪亚向托卜鲁克推进的新西兰师拥有 80 辆圣瓦伦丁①和玛蒂尔达坦克；第 7 装甲师经过两天的休整，也投入了 130 辆坦克；于 11 月 26 日突破封锁线的托卜鲁克驻军也得到了装备补充，拥有 70 辆坦克。

隆美尔被迫重新调整兵力部署，迅速向立足未稳的新西兰师发起了进攻，争夺西迪雷日弗机场和巴尔哈姆德高地。

这天，德第 15 装甲师的 51 辆坦克快速向西，朝托卜鲁克推进了约 28 英里，在距高地十几英里处遭到了英第 22 装甲旅尚存的 45 辆坦克的阻击。下午 4 点，英第 4 装甲旅的 77 辆坦克也到达了纽曼·西尔科的侧翼。德第 15 装甲师陷入了腹背受敌的危险境地。但是，隆美尔拥有高质量的坦克、优秀的指挥官和勇敢的士兵，而且战术灵活多变。他命令第 15 装甲师不管敌军多少，将 51 辆坦克分成两路纵队全速前进。时值黄昏，天色将暗，德军的气势完全压倒了英军，英军搞不清德军有多少坦克，而且英第 22 装甲旅因先前被德军打败过，心存疑惧。本有决一死战的机会，他们却轻易放弃了。作为夹击的另一翼，英第 4 装甲旅自知无法与隆美尔的主力师抗衡，也停止了前进。

这一场本该是生死绞杀，但还没有真正交手就结束了。

当天晚上，隆美尔迫不及待地告诉露西：

我自己安然无恙，4 天以来，我们连续在沙漠上进行着激烈的反

---

① 圣瓦伦丁：步兵坦克，一种轻型坦克，主要用于协同步兵作战。其特点是装甲防护较好，但行使速度较慢。

攻，甚至连脸都没洗过一次。然而我们的胜利是辉煌的……新的行动计划已经开始。

隆美尔所说的新计划是指夺取西迪雷日弗机场和巴尔哈姆德高地。他赶回甘布特机场，在那里下达新的作战命令。克鲁威尔带着拜尔莱因参谋长亲自驾车赶往甘布特接受命令。隆美尔指示说，他将集中装甲军团的主要力量，从东向西发动一次大规模进攻，迫使新西兰师撤出巴尔哈姆德高地，退守托卜鲁克。

克鲁威尔对这个计划不以为然。第二天，隆美尔花了整整一天的时间勘察地形，并重新制定了一个计划。11 月 28 日，隆美尔不再找克鲁威尔了，而直接要两位装甲师师长来见他。

纳芬斯坦将军奉命而来，不料半路上却出了意外。后来，人们发现他的麦西德斯 - 本茨小轿车空着并有子弹的痕迹，很可能已遭遇不测。“冯 · 纳芬斯坦被英国人抓走了。”隆美尔冷漠地断言道。他对姓氏中带有“冯”字的贵族向来没有好感。

尽管出了意外，既定计划还是要继续进行。11 月 29 日清晨，沙漠上再次响起了关闭坦克炮塔舱盖的铿锵声。德第 15 装甲师又出发了，他们一路沿着特里卡诺普向西推进，其右翼紧跟着的是第 21 装甲师。他们的目标是抢占埃尔都达和巴尔哈姆德的“制高点”。

非洲军投入战斗一个小时后，仅剩 9 辆主战坦克的第 21 装甲师很快便被迫停止前进，而拥有 31 辆主战坦克和 20 辆马克Ⅱ型坦克的第 15 装甲师则进展顺利。中午，隆美尔带着几名意大利将军来到克鲁威尔的前线指挥所，了解战斗进展情况，他显得很乐观，认为天黑以前即可见分晓。但是，这一天的战斗格外艰苦。纽曼 · 西尔科刚从西面攻占了埃尔都达，转眼又失守了。第 21 装甲师在东面从下午开始，几乎没有推进一步。傍晚天气转冷，隆美尔披着一条毯子站在掩体外面，手举望远镜，嘴里不停地嘟哝着。

沉闷的一天就这样过去了，隆美尔失望地看着夜幕降临。

11 月 30 日上午，当隆美尔再次拜访非洲军司令部时，克鲁威尔显得垂头丧气。以弱势兵力进攻优势防守的高地，谈何容易。这时，隆美尔又拿出了自己的看家本领——迂回敌后，先包抄新西兰师，拔掉这颗钉子。克鲁威尔表示反对，但隆美尔坚持己见，于10点30分向西迪雷日弗的英军据点连续炮击了5个小时，英军也以25磅重炮回击，山岭和机场上弥漫着尘土和硝烟。英军无法迅速集中失散的装甲部队援助受到巨大压力的新西兰师。到下午3点40分，英军重炮的炮弹消耗殆尽，纽曼·西尔科乘机率领装甲师冲入阵地，继而展开了一场残酷野蛮的厮杀。夜间10点，西迪雷日弗机场再次回到德军手中。

同一天，纽曼·西尔科的一个步兵营于拂晓前在巴尔哈姆德低矮的斜坡上占领了一个重要据点。有了这个阵地后，纽曼·西尔科乘势向高地突进。同时，汉斯·克拉默上校的第8装甲团迂回越过了新西兰师的侧翼。上午8点30分，这支部队又向另一侧推进，对新西兰师形成了包围之势。如果这个师没有外围的坦克部队搭救，将成为瓮中之鳖。

德军夺取巴尔哈姆德高地和西迪雷日弗机场之后，托卜鲁克又变成了一座孤城。表面上，隆美尔好像打赢了这场战斗，但德军付出的代价也是惨重的，装甲部队已被拖垮。

12月初，隆美尔向希特勒报称：已摧毁英军814辆坦克和其他战斗车辆，击落127架飞机，俘敌9000人。德军死亡473人，受伤1680人，失踪962人。其中包括1名师指挥官和16名校级军官，同时还损失了142辆坦克和大批其他装备。当天晚上，隆美尔命令作战部向全体将士宣读一份公告：“战斗……已经以第一个回合的胜利而告结束。……士兵们，这一伟大的胜利应该归功于你们勇敢、坚韧和不屈不挠的战斗！然而，战斗还没有结束，让我们继续前进，给敌人以最后的致命一击！”

而隆美尔的补给状况正不断恶化，他的军团经过长时间战斗，士兵们早已疲惫不堪。与此同时，强大的英国援军正源源不断地从英国本土赶来。

12月4日至5日晚，经过反复权衡，并征得意大利最高统帅部司令官卡瓦利诺元帅的同意，隆美尔忍痛放弃了对托卜鲁克长达242天的围困，以第 90 轻装甲师断后，有组织地将部队后撤。克鲁威尔对此感到非常不理解，他认为已经使敌人遭受了重大损失，虽然德军也付出了不小的代价，但“完全没有必要”在这个时候撤退。意军将领巴斯蒂柯也一时搞不懂怎么回事，甚至对隆美尔的这一命令怒不可遏，因为隆美尔没有事先与他商量。意大利的几位将军纷纷向总司令卡瓦利诺告状、诉苦，卡瓦利诺为此三次会见隆美尔，希望他收回成命。但隆美尔主意已定，丝毫不为所动。

12 月 14 日，第一批撤退部队开始行动。撤退时，他们把一些军需仓库和修理了一半的坦克全部炸毁。

在德军撤退的过程中，英军没有采取任何追击行动。如果英军够聪明也有胆量的话，完全可以从南翼向德军实施迂回攻击，那样，德第 90 轻装甲师就算有三头六臂也分身无术，措手不及。这样一来，隆美尔就无法回到卡扎拉防线①去，甚至非洲战争也可以提前结束。但英国人对“沙漠之狐”的认识太不全面，他们谨慎得连一只受伤的狐狸也不敢去碰。隆美尔轻易挫败了英军从侧翼进攻卡扎拉防线的企图，开始向距离 500 多英里的布雷加港开拔。

幸运之神仍然眷顾着隆美尔。他仅用 20 多天时间，便卷走了他所有的铺盖行李，什么也没给英国人留下。

他撤退的路线和当初进军的路线完全相同，即穿过没有任何标记的昔兰尼加沙漠，将这支弹尽粮绝、饥寒交迫、狼狈不堪的部队带到布雷加港新防线，这简直是个奇迹。纽曼 · 西尔科已经静卧在战士墓群中；纳芬斯坦被英军俘虏；第 90 轻装甲师的苏梅曼也在英国皇家空军的一次轰炸中阵亡；许多在战斗中幸存下来的指挥官死于沙漠瘟疫。甚至克鲁威尔、威斯特法尔等高级军官也染上了黄疸病，普通士兵更是受尽种种折磨。他的指挥官和士兵们都太需要休息了，布雷加港成了他们的再生之地。

---

① 卡扎拉防线：位于托布鲁克以西 75 公里，北起海岸附近的卡扎拉，南至沙漠中的比尔哈希姆，全长约 80 公里，是英军利比亚防线的最前沿。

撤退后的隆美尔并没有丧失斗志和信心，他去看望克鲁威尔等人，鼓励他们说："我将筑起一道防线保卫的黎波里塔尼亚。我们在这里休整一段时间，相信不久第三帝国的军队就可以重新踏上埃及土地。"黄疸病使克鲁威尔变得非常虚弱，卧病在床。他闻言苦笑了一下，慢慢地摇着头。隆美尔现在不想与这位部将发生争执，于是话锋一转说："或许我将成为这里自始至终一直战斗着的唯一一名德国军官了。"

隆美尔的话中隐藏了他的情绪，这是他久经沙场、所向披靡的一生中第一次撤退，他深深地品尝到了失败的滋味。对他来说，这是一个莫大的耻辱。他很不甘心，但又很无奈，连他最好的士兵也对他感到失望。

至 1942 年 1 月 10 日，隆美尔的所有部队，包括担任后卫的第 90 轻装甲师都撤退到了卡扎拉防线，即他进入北非后的第一站——布雷加港一带，战线于此处暂时稳定下来。

缔造战术传奇

德军这次从昔兰尼加沙漠撤出的部队只剩下 1.4 万人，但毕竟已经逃出死亡之地，隆美尔悬着的一颗心终于放了下来，眺望大海，他感觉到"猛烈的沙暴似乎过去了，出现了蔚蓝色的天空"。

隆美尔在这种境况下为何仍能保持乐观饱满的精神？因为有个人给了他力量，这个人就是希特勒。为了挽救隆美尔的非洲装甲军团，希特勒再次不惜血本地支援他。希特勒很清楚，在北非，如果掌握不了制空权与制海权，便无法保障陆地战场上的后勤补给。正如英国陆军元帅迈克尔·卡弗在《世界名将》一书中指出的，"沙漠战略的关键是后勤"，没有充分的后勤补给，最强大的骑士也会不战自败。

丘吉尔重视非洲战场，不断向那里增兵，而这正是希特勒所希望的。如果隆美尔能够与英军在那个贫瘠之地生死相搏，就能牵制住大量英军，使之无法东顾。如果隆美尔败得太快，使英军腾出手来增援东线，轴心国的处境就很艰难了。隆美尔之败是必然的，希特勒只是希望他尽量撑得久一点。

到 1942 年年初，第二次世界大战蔓延到了更多的国家和地区，以苏、美、英、中等众多国家组成的反法西斯同盟为一方（称同盟国）和德、意、日三个轴心国为另一方的阵线更加分明。此时，法西斯国家在战前将经济纳入战时轨道的做法仍发挥着重大作用，因而在一段时期内仍控制着战争的主动权。

1941 年 12 月 11 日，希特勒在一次重要演说中还提到了隆美尔的名字。因美国有可能出兵进入非洲参战，希特勒提隆美尔的名字是希望所有将领能像他那样坚持战斗。

新年初，希特勒又给隆美尔送去了一封私人贺信，表达他对装甲军团的敬意："我知道，在新的一年里，我同样可以信赖我的装甲军团。"随后，希特勒把他最精锐的空军部队——阿尔贝特·凯塞林①元帅麾下的第 2 航空队从东线调到了地中海，更加猛烈地轰炸英军在地中海地区的海、空军基地马耳他岛。德国空军渐渐掌握了北非和地中海的制空权，并能抽出更多的兵力配合隆美尔的地面作战。同时，德国海军也出动了一批海狼——最先进的潜艇，在地中海积极打击英国海军及其护航运输队，这样，由意大利驶往的黎波里的运输船就可以畅通无阻地驶过地中海了。希特勒还暗示已经撤销了使用秘密武器的禁令，将批准德军在战场上使用"红头"炮弹（反坦克导弹的雏形）。

希特勒的决心给隆美尔带来了信心，希望之火又在他心中燃烧起来。他写信给露西说："不要忧虑，我感觉很好，并希望幸运之神不会离我而去。"此时的隆美尔就像一头战败的野兽，在舔着自己伤口的同时随时寻找机会，准备卷土重来。

1942 年 1 月 4 日，凯塞林元帅不惜放下身段，拜访了隆美尔，双方建立了良好的合作关系。1 月 5 日，在 4 艘意军舰艇的护航下，9 艘商船安全抵达的黎波里港，给隆美尔送来了希特勒的新年礼物——50 辆

---

① 阿尔贝特·凯塞林（1885—1960）：纳粹德国空军元帅，参加过第一次世界大战，第二次世界大战期间指挥德军参与了德国对波兰、法国的入侵战争，以及不列颠战役和巴巴罗萨行动，是纳粹德国最具指挥能力的将领之一，盟军称他为"微笑的阿尔贝特"。

坦克和2000吨航空汽油。隆美尔的坦克很快增加到150多辆，而且新增加的坦克都是马克Ⅲ型。

隆美尔像一架战争机器又快速运转起来。在一个多星期里，他每天巡视沿布雷加港一线挖壕固守的部队，然后将自己紧闭在室内，着手制订反攻计划。不久，希特勒邀请阿尔弗雷德·高斯将军到地堡司令部吃午饭，很兴奋地对这位参谋长说，有了这些准备，“那英国人可就得当心了”。几分钟后，高斯对希特勒说：“得知日本参战，对我们来说是一种宽慰。”此时希特勒对德国同时与美国作战这一点并未感到丝毫的不安，他回道：“是的，是一种宽慰，但也是历史的一个转折点。这意味着我们失去了整个印度大陆。”

隆美尔继续不知疲倦地巡视他的部队，这样做完全是为了给士兵鼓气。1月15日，隆美尔由阿尔布鲁斯特陪同，乘坐斯托奇侦察机[①]在前线上空飞来飞去。他告诉随机人员，这里的地形使他感到不愉快，并要求非洲装甲军团做好“可以从任何一个方向发起突袭”的准备。他期待着另一场厮杀早日到来。

英军显然还在为一次新的进攻集结兵力，根据德军无线电窃听到的情报，很明显英军正面临着给养困难的残酷现实。久经沙场的英第7装甲师受到了较为严重的损失，退守到托卜鲁克以南整编。它在阿杰达比亚附近的阵地由刚从英国调来，对沙漠作战不太熟悉的第1装甲师接防。德军退出后，英军的后勤补给线伸延了1600多英里。同时，由于日本在东南亚扩大侵略，英国空军和部分陆军不得不从北非抽调部分兵力援助远东，这使英军的补给线延伸到近2000英里。而隆美尔从的黎波里得到给养的距离仅为500英里。英军的这些不利条件，正是隆美尔下赌注的资本。他觉得“进攻的时机已经成熟”，决定发起一次大规模反攻。

一连几个夜晚，隆美尔一直坐到深夜，面对那些他并不太信任的地

---

① 斯托奇侦察机：也叫鹳式轻型侦察机，是“二战”期间德国的轻型联络观测机，具有极其优异的短距起降功能，对乘员的安全提供很大助益。

图、照片和军事报告冥思苦想。他要求已运抵的黎波里的新坦克每天必须前进 200 英里，这对军事行动来说是超标准的要求。

不久，他便想出了一个最新计划，但他暂时还不打算告诉别人，尤其是意军将领。1 月 17 日，他在写给露西的信中说：“局势正按照我们的推断发展，我脑袋里塞满各种各样的计划，这些计划我一点也不敢向周围的人透露，否则他们会认为我是十足的疯子，然而我并没有疯，这仅仅因为我比他们看得更远些。”他接着写道，“在短短几个小时内，我最妙也最新的计划便诞生了。”

这天，隆美尔派联络官去见巴斯蒂柯，谎称自己仍在准备进一步撤退。但次日早晨，他便简短地向克鲁威尔和拜因莱尔透露了自己的打算，他突然宣布道：“装甲军团将对付集结在阿杰达比亚以南的敌军。眼下我们的兵力数量超过他们，我们要向他们发动突然袭击，并一举歼灭他们!”事实上，那一带的英军至少有 360 辆坦克。但隆美尔坚信自己作为反击者，就像猎人追捕猎物一样，能将英军逐一消灭，从而扭转整个局势。

这就是隆美尔的新计划吗？是，但并不全是。为了不使英国情报机构侦悉，达到突然进攻，使英军来不及防范的目的，他连柏林统帅部和意大利统帅部都没有报告。为了实施这一计划，他还作出了几项规定：

师以下的指挥官不用知道计划，只管执行命令（他列了一份可以参与这一机密的指挥官名单)。

禁止炮兵用胡乱发射的炮火进行回击。

所有卡车在白天向西运动，然后趁着夜色掉转车头驶向英军方向。

坦克和大炮都应巧妙伪装，既要隐蔽，又要速度。

隆美尔一向没有战前开会动员的习惯，但为稳妥起见，他又作了如下的安排，以代替密码信号：装甲军团的命令在进攻发起的时刻，均公布在沿着维亚巴尔比亚通往前线的所有客栈的通告牌上。发起进攻的时间是 1 月 21 日上午 8 点 30 分。

这一天，天气十分寒冷，轻雾漫锁。早晨6点，隆美尔收到了希特勒发来的两封电报。第一封宣布非洲装甲军团改称非洲装甲集团军；第二封通知隆美尔他被授予一把佩剑和一枚橡树叶奖章。隆美尔顿觉精神大振，力量倍增，兴冲冲地赶往大军出征地。

上午8点30分，进攻的时刻到了，德军点燃了许多可以燃烧的东西，天空被火焰映得通红。海岸边的船只也被隆美尔故意点燃，借此暗示德军的又一次撤退开始了。实际上，隆美尔正指挥在海岸公路上的战斗部队穿越布雷区。他的左边是广阔的大海，右边是贫瘠的沙漠。克鲁威尔的非洲军在右翼数英里的地方也同时进发，士兵们情绪高昂。

新装备的马克Ⅲ型坦克发挥了威力，一路领先；德军炮兵部队携带着反坦克炮，以蛙跳式的动作从一个有利地点前进到另一个有利地点。与德军靠得最近的是英第1装甲师，这个师缺乏沙漠作战经验，所属3个坦克团又是分别投入战斗的，很难形成合力。德军的突然进攻使他们在2天之内就损失了过半数的坦克。

1月23日，卡瓦利诺和凯塞林一道飞抵战场，带来了墨索里尼的亲笔信。卡瓦利诺告诫隆美尔："权当这次行动是一次出击演习吧，你必须返回布雷加港!"隆美尔毫不客气地回绝道："我打算把这次进攻长时间地坚持下去，只有元首才能制止我的行动，因为大多数战斗都将由德国军队承担。"

隆美尔对这次偷袭的结果感到很满意，他得意地写道："我们的对手像是被塔兰图拉毒蜘蛛蜇了似的一败涂地。"

1月26日，隆美尔决定继续快速向既定目标推进。他电告克鲁威尔的参谋长拜尔莱因，要他飞到非洲装甲集团军司令部来，并向他透露，德军即将做一件敌人所不希望的事——当敌人断定他会取道另一条路的时候，他将像1941年4月那样直接进攻班加西，向迈基利推进。而他自己则亲率一支小部队去洗劫英军的装备和物资。

1月27日黄昏，隆美尔率部从姆苏斯出发，准备乘夜色去袭击预定目标。这时，刮起了沙暴，接着又下了一场大雨，前面还有24个令人筋疲力尽的荒村野岭等着他们去跋涉。在班加西以北，沿着通向德尔纳的公路上，英军的一个印度师也正在行进。这时，隆美尔突然从东边出现在他们面前——仅仅带着几辆坦克和装甲车。隆美尔当机立断，发起突然进攻，不到一个小时就摧毁了这个印度师。紧接着，隆美尔又占领了班西加，并缴获了大批战利品，其中包括急需的1300 辆卡车，班加西再次易主。

克鲁威尔的非洲军战绩也很显著，共击毁299 辆英军坦克和装甲战斗车、147 门大炮，俘获935 名俘虏。“与此相比，我们的损失是微不足道的，3 名军官和11 名士兵阵亡……总共损失3 辆坦克。”

当天夜里，柏林被北非传来的喜讯震惊了。德国电台中断其他节目，报道了隆美尔所取得的胜利。1 月 29 日，希特勒在演说中对隆美尔大加赞扬，决定提升他为大将，并让即将前往北非的瓦尔瑟 · 莫宁将军传话：“告诉隆美尔，我钦佩他。”

露西也给他寄来了一封欣喜若狂的信：

我们是多么为你感到自豪啊，我亲爱的埃尔温，当元首昨天在他的一次盛大演说中提到你的名字并说“我们的隆美尔上将”时，整个德意志民族用暴风雨般的欢呼证实了这一点。这对我们两人来说是多么美妙啊！昨天下午，我们在这里聆听了这一演说，今天晚上我们又重新听了一遍。

她的房间里放满了崇拜者送来的鲜花，她的电话响个不停，门铃也连续不断地奏着音乐。

来自国内的种种赞誉，令隆美尔激动万分，对希特勒也越加感激涕零，他写道：“为元首、为民族、为新思想贡献我的微薄之力，使我感到十分荣幸。”

隆美尔的胜利再次掀起了德国上下法西斯式的狂热浪潮。现在，全世界报刊上的英雄不是丘吉尔，而是一个戴着有机玻璃眼镜、佩着功勋奖章的面目可憎的坦克将军。

在伦敦，丘吉尔在议会里语气沉重地回答着有关北非危机的愤怒质问。他早先炫耀的不久英军将进入的黎波里的大话，现在听起来就像是一个可笑的谎言。

而隆美尔在反击告捷的鼓舞下，又开始制订更大的计划。实际上，希特勒给非洲装甲集团军的任务只是牵制非洲的英军主力，但隆美尔却有进一步的打算——把尼罗河流域当作最重要的目标。他将像拿破仑那样征服埃及，从那里赶走甚至消灭英国人。他整天坐在那辆设有无线电台的指挥车上，不停地穿行在士兵队伍中间。人们私下都称呼他为埃尔温，显得既简单又贴切。隆美尔把自己的力量倾注到了每一个士兵身上，在他满腔热情的鼓动下，那些饱受磨难的士兵又自愿跟随他去征服沙漠了，而这次的征程将远远超出 800 英里。

从航拍照片上看，昔兰尼加像阳台一样伸入地中海，上面建有许多军用机场，以控制马耳他和地中海东部。隆美尔很清楚，只有征服昔兰尼加，攻克托卜鲁克，才能向埃及和尼罗河挺进。

非洲装甲集团军还在不断壮大，增援部队止陆续到达。乔治·冯·俾斯麦少将抵达后接任第 21 装甲师师长；古斯塔弗·冯·瓦尔斯特中将接任第 15 装甲师师长。在德军建制中，中将师长比较少见，而且他们都是杰出且有特殊才能的指挥官。

在以后的 3 个月中，英、德双方都在加强自身力量，积极准备向对方发起进攻。经补充后，隆美尔拥有 560 辆坦克，其中 230 辆是意大利过时的薄皮坦克。得到加强的英军有 849 辆坦克，其中近 400 辆是新近装备的美制“格兰特”坦克，另外还有 420 辆可随时派用的增援坦克。

经过第一阶段的战斗，隆美尔的部队反击速度稍有减缓。自 2 月 6 日起，双方在沙漠半岛的中心——卡扎拉防线两侧形成对峙。隆美尔乘机对部队进行了短期休整，对缴获的英军卡车都做了分配，坦克和战斗装甲车也重新喷上了非洲集团军的番号——棕榈树和纳粹图案，并把一部分卡车紧急改装成假坦克。他还专程访问了空军的一个修理厂，发现了一个神秘飞行器——一辆装有飞机发动机的卡车，车上安装了一架巨大的螺旋桨风扇。他对这个怪物产生了兴趣，回来后要求部队迅速赶造 10 台这种卡车。做完这一切后，隆美尔突然从前线消失了——他亲自飞往罗马和柏林，请求更多的援助。

2 月 17 日，隆美尔再次来到希特勒的大本营“狼穴”，与希特勒进行了一次秘密会谈。会谈的具体内容不得而知，但这次他非常沮丧地离开了那里。据说，他向希特勒请示，最高统帅部 1942 年关于北非和地中海的作战计划是什么。希特勒避而不答。隆美尔又建议夺取马耳他岛，希特勒又未置可否。隆美尔的情绪一落千丈，他有一种预感，希特勒肯定遇到了麻烦。如果失去了希特勒的支持，就再也没有人可以指望得上了。德国最高统帅部对非洲战场一贯不重视，他们的态度可想而知。

不过，出乎隆美尔意料的是，德军南方战区总司令官凯塞林元帅很支持他，并劝希特勒同意隆美尔先攻占托卜鲁克、马耳他岛，再进攻尼罗河的计划，希特勒最终默许了。同时，凯塞林又向北非投入了 1300 名德国空降兵，这些空降兵都是久经沙场、以最新式的武器和装备武装到牙齿的特种兵，让隆美尔手下的军官大开眼界。此外，随着马耳他暂时被凯塞林的轰炸机慑服，各种给养正以前所未有的规模源源不断运到隆美尔的部队中。

3 月中旬，隆美尔回到了利比亚。昔兰尼加的春天已经来了，短短一个月的时间，褐色的地面已被绿色所取代。远处由鲜艳的红色、柠檬色、紫色点缀着。隆美尔心情非常畅快，虽然希特勒没有给他更多的兵力，但他的计划已经得到了批准，攻占托卜鲁克的愿望即将成为现实。

有一天，他特意打扮得跟空降兵一样，全副武装，请随军记者拍了一张照片，准备寄给妻子露西和儿子。

其实，这一时期隆美尔的照片在报纸、杂志上随处可见。《观察家画报》更是从封面到内文都有他的照片。他的崇拜者们狂热的信件如瀑布般倾泻而来，“新闻纪录片尤其使较为年轻的女性神魂颠倒”。他每天差不多要看 100 多封信，甚至感觉到“一个秘书已经远远不够了”。

当然，隆美尔并没有过于沉迷其中。他知道即将进行的是一场硬仗，他必须作好足够的准备，才能以有限的兵力去攻击强大的敌人。因此，他一回到利比亚，便全力以赴地投入新的战斗中。

3 月底，隆美尔把装甲集团军的指挥部搬到德尔纳附近马姆泽姆的一座石头建筑里。这里虽然不很宽敞，但却能避开太阳，遮挡沙漠风暴。这里曾是英军的指挥所，墙壁上还写着："请保持清洁，我们很快就会回来。"隆美尔看后有点忍俊不禁，心里嘲笑道：那你们就以俘虏的名义回来打扫吧。

1942 年，德军坦克在比利亚演习

在这里，隆美尔一边思考着以少胜多的计划，一边开始了艰苦的沙漠战训练。新兵们必须学会在烟幕和坦克的掩护下如何向敌军阵地发起进攻；军官们则要学会如何像坦克观测员那样行动，及时向后方请求炮火增援。制造假目标和虚设物的工作也在紧张进行着。隆美尔像当年做教官时那样对士兵严格要求，坐着指挥车不停地奔波，督导检查各部队的训练情况。

一个多星期后，隆美尔的新计划已经形成。他知道，要想进攻由英军非洲军团设置的卡扎拉防线，进入沙漠，是极不容易的。这道防线北起地中海海岸附近的卡扎拉，南至沙漠中的比尔哈希姆，绵亘 70 多英里，由一系列要塞组成，并有相当的防御纵深。

防线的北端由南非第 1 师把守；南端的要塞由自由法国第 1 旅驻

守；防线的中央西迪哈夫塔向后延伸至“骑士桥”，由英第105旅把守。防线外围布有厚密的地雷阵。防线的后方有机动能力强的装甲和摩托化旅组成的强大预备队。托卜鲁克是整个防线的补给基地。一旦从北端突破这道防线，离托卜鲁克就只有45英里了。但实际上这是一个死亡阵，谁也蹚不过纵深几英里的雷区，从北端正面突破更加不可能。

隆美尔受到鲁道夫·施蒙特的启示——在众多方案中，“选择较为大胆的那个决定，常常是最好的决定”。于是，他作出了一生中最大胆或者说是孤注一掷的决定——让全军所有的坦克迂回到南端（法第1旅防区）实施侧翼包围，然后在防线背后北上攻击南非第1师（中途可能会遇到英第105旅和英军强大的预备队）。这个决定是十分冒险的，因为他的后勤补给线势必也要从侧翼绕道而行，一旦战斗失利，他就有可能有去无回，甚至失去整个非洲。

此时英军也在加紧准备。奥金莱克原计划于5月中旬发动进攻，但由于隆美尔装甲集团军的实力大为增强，他决定将计划推迟到6月中旬。与此同时，英军又加强了卡扎拉防线，并利用一个多月的空档期构筑了一批野战工事，增设了大片布雷区。

4月15日，隆美尔与意大利第10军军长埃尼·纳瓦里尼将军会面，向他的指挥官们通报了自己的基本战术：“我们将运用转移目标的战术，使敌人把大批兵力调往卡扎拉。为此目的，我们还要动用意大利摩托化军的一些部队（以4个意大利步兵师和1个德国坦克营，对卡扎拉防线发起正面佯攻），但大多数部队仍须向南运动，迂回到敌人的侧翼和后方去。我们将在南线给英军以致命的打击。我们还必须阻止他们退往托卜鲁克，这样，德军的快速纵队将带头冲向托卜鲁克……一定要歼灭英国陆军部队，一定要攻占托卜鲁克。”

釜底抽薪

5月26日上午，每个人都在自己的战斗位严阵以待。

大战在即，到处一片可怕的宁静。5月炎热而又多风暴的日子连续缓慢地吞噬着昔兰尼加的沙漠，隆美尔从不躲在司令部里发号施令，而是乘坐指挥车直接开往前线。他的左翼是意大利第 20 军和德军的一个坦克团，右翼是非洲军和第 90 轻装甲师。

下午 2 点，意大利第 10 军的 2 个步兵师和德军坦克团准时向卡扎拉防线发起了猛烈进攻。英军注意到德军的坦克整个下午都集结在那里，呼啸怒吼着扬起了漫天尘埃，遮住了西沉的落日。攻击来得十分突然，气势凶猛，英军急忙调兵遣将，加强北端防线。他们忙了半天，临近黄昏才发现阵地上只剩下一个意大利装甲营和一个德军坦克团，德军的其他坦克都不知道溜到哪里去了。

原来，这漫天的尘埃是由装着飞机发动机的汽车在沙漠上兜圈子，由上面的螺旋桨搅起来的。实际上，德军的主力正马不停蹄地赶往南端。按照隆美尔的要求，坦克部队以每天 200 英里的速度快速前进，仅半天时间便抵达了防线南端。

晚上 8 点 30 分，隆美尔宣布“开始行动”。他率领主要突击部队在夜色的掩护下穿越卡扎拉防线。数千辆战车隆隆启动，向敌人后方推进。隆美尔不时地核对自己的指南针和汽车的速度表。

5 月 27 日凌晨 3 点，隆美尔的主攻部队到达预定的比尔哈希姆沙漠以南的第一道停留线上。在穿越防线的过程中，他们并没有遭到“自由法国”第 1 旅的阻击，这意味着大部队已成功穿过英军的南端防线。部队全都停下来稍事休息，补充油料弹药。非洲军重新进行了编队，左翼是俾斯麦的第 21 装甲师，右翼是瓦尔斯特的第 15 装甲师。每个师又进行了战斗编组。

但之后的进展并不顺利。凌晨 4 点 30 分，这是事先约定在敌后发起进攻的时间，但新编非洲师和第 90 轻装甲师还远在比尔哈希姆以南防线外，而且隆美尔对攻占比尔哈希姆的意义认识不足，没有派出强有力的部队夺占该地，而英军正好利用它作为基地攻击德军的运输队。值得庆幸的是，他们的对手是法军第 1 旅，才不至于陷入苦战。战斗进行到上午 11 点 30 分，第 90 轻装甲师才占领比尔哈希姆。

向敌人后方推进的非洲军也遭到了英第 105 旅的激烈抵抗。一连几个小时，德军都没有什么进展。天亮后，英军预备队中的一部分也投入战斗，他们是英第 4 装甲旅和印度第 3 摩托化旅。双方在比尔哈希姆之北激战。

在这次战斗中，英军首次使用了美制格兰特坦克，其火力比隆美尔的任何一辆坦克都要猛烈得多。德第 15 装甲师朝东北方向推进时遭到这些美式坦克的顽强阻击，一共损失了 30 辆坦克。师长瓦尔斯特派出装甲营迂回到右翼向英军发动突袭，双方激战了 40 多分钟，当英第 4 装甲旅发现侧翼处于危险中时，仓促地撤出了战斗，被迫把前进的道路让了出来。

隆美尔考虑到本次行动的目的是突破，拖下去必然会带来不必要的损失，通道打开后，最重要的是保护给养车顺利通过，因此，他想要速战速决，但装甲集团军已经四分五裂，他的临时指挥所也被打得七零八落，参谋长高斯受伤，另有 3 名军官阵亡；卡扎拉防线后方的英军还没有被消灭，瓦尔斯特的坦克燃料已用光，弹药也耗尽了；装甲集团军的给养纵队此时落在后面，仍在南端防线之外，成了一支孤军。隆美尔清醒地认识到部队处境已十分危险。他指示瓦尔斯特就地转入防御，并禁止全体士兵洗脸和修面，以节约用水。他自己则回头去找给养部队。

5 月 28 日夜，隆美尔发现战场南边的一座小山后面，腾起一片黑色的烟云，他急忙驱车过去，终于在那里找到了失散的 1500 辆给养车。他亲自率领补给车队从卡扎拉防线后方驶向非洲军，总算缓解了他们的燃眉之急。

这天，隆美尔收到了露西的来信，这是她在 20 几天前写的。她在信中说："我必须承认，我每天收听德国的新闻公报时心都在怦怦地跳。每当你得到一个相对安静的时刻，我总是感到十分宽慰。"读完这封信后，隆美尔得到了一点启示：要让自己在危急时刻安静下来，这样才能作出正确的抉择。

由于在正面攻击的意大利第 10 军始终是佯攻，英军终于识破了他们的诡计，决定把大部分兵力南调，全力对付隆美尔的主力，且防线东面乌里布的英军也陆续过来增援，这使战场上的形势发生了变化，双方陷入僵持局面。这是隆美尔最不愿意看到的。

5月29日，隆美尔决定放弃原定计划，准备用反坦克炮阻止位于德军东部的英军坦克的进攻，同时组织部队朝西边的西迪穆夫塔撤退，在英军地雷阵中撕开一个缺口，恢复与正面进攻的意大利军的联络，以便取得一条短距离的给养线。为此，他从第90轻装甲师和非洲军中各抽调一部，从东面向雷区发起攻击；其他部队则采取守势，缩短战线，掩护这一行动；待突击部队渗透到卡扎拉北端防线后，再采取钳形攻势。黄昏时，他把命令传给了各部队指挥官。

5月30日清晨，隆美尔命令突击部队把突破口选在由英军据守的一片遍布碉堡的浅滩上，当地阿拉伯人称这个浅滩为浅碟性凹地，隆美尔的士兵则把它叫作“釜”。突击部队接到命令后便向指定位置前进。

就在这时，凯塞林元帅突然来访，他向隆美尔通报了乌里布地区驻有大批英军的情况（这是隆美尔事先不知道的），并自愿担当卡扎拉战线以西的意军步兵部队的指挥官。这让隆美尔喜出望外，他原本认为这位上司会对他指手画脚，甚至横加指责。谈话结束后，凯塞林元帅像来时一样乘他的斯托奇飞机飞往卡扎拉战线以西。

当德军加紧行动时，英军还在犹豫不决。第8集团军司令里奇没有集结起他的装甲部队，从东面全力攻击德军，也没有花力气打击德军的补给线。他的部队至少有2个师驻守在乌里布地区，但因行动迟缓而坐失良机。

5月31日，隆美尔得到德国空军瓦尔道一个轰炸机中队的空中炮火援助，意大利第10军越过卡扎拉北端防线的雷区，撕开约5英里宽的缺口，在东面建立了一个桥头堡。中午时，意大利第10军与突击主力部队取得了联系，德意联军随后包围了防线中段西迪哈夫塔的英军。下午，隆美尔驱车赶到意大利第10军司令部，再次与凯塞林元帅等人商讨作战计划。隆美尔认为，英军雷区保护着德军的东北方向，应首先歼灭西迪哈夫塔的英军第105旅和比尔哈希姆的法军第1旅，肃清卡扎拉防线南端，再继续向东进攻。凯塞林元帅没有提出任何疑议就同意了隆美尔的计划。

攻击部队于当天发起攻势。隆美尔亲自指挥部队对西迪哈夫塔发起猛攻，部队受阻后，他赶到前沿，亲率先头排继续前进。这时的他全然不像一个指挥数万大军的集团军司令，而更像是 1914 年初上战场的那位“百夫长”。

由于英军第 105 旅的抵抗极为顽强，德军推进迟缓。第二天，战斗继续进行，瓦尔道派了一个空军中队进行支援，德军步兵一波又一波地冲了上去，战斗进行得异常激烈。当双方越靠越近的时候，士兵们展开了殊死的肉搏战。隆美尔发现阵地上的英军已无力坚持，便冲着身边的一名营指挥官高声叫道：“莱斯曼，向他们摇白旗!”莱斯曼连忙脱下衬衣摇动起来，其余的人则挥动手帕或绶带。果然，3000 多名英军陆续爬出来举手投降。

接下来就是端掉最南端的比尔哈希姆了。

这个任务本可交给一个师长去做，但隆美尔又直接插手了。他调整了装甲部队，并对下一步行动作了周密安排，之后便带领一个半师在俯冲轰炸机的掩护下包围了比尔哈希姆。

英军的炮火不时地猛轰他的突破口，企图阻止德军的补给车队。6 月 1 日晚至 6 月 2 日早晨，德第 90 轻装甲师的一个旅和意大利阿里提师开始向比尔哈希姆接近，没有受到什么损失就通过了雷区，封锁了要塞东面的出路。但处于包围之中的英、法守军拒绝投降。

比尔哈希姆要塞由 4000 名“自由法国”的官兵坚守着，有一个用弹药箱、地堡和散兵坑组成的复杂的防御系统。此外还有 1000 名犹太人组成的志愿军，以及从乌里布赶过来的英军。

6 月 2 日中午，经过德军轰炸机多轮轰炸后，意军从东北面、德军从东南面同时向要塞发起攻击。

要塞内的法国守军异常顽强，战斗十分悲壮。要塞的壕沟和墙壁塌陷了，许多士兵被活活压死，没有担架、没有水，甚至无法埋葬死者。炸弹爆炸的硝烟和尸体腐烂的恶臭混杂在一起，简直令人窒息。受伤士兵的痛苦呻吟声充满了沉静的夜空。但他们仍然顽强地战斗着，这是隆美尔始料不及的。要塞里的犹太士兵争相传递着一句口号：“战斗到底，全世界的犹太人都在注视着我们。”

6 月 7 日清晨，英军进行了旨在把德军驱逐出跨越布雷区桥头堡的最后尝试，但他们的计划在实施中存在很大偏差，因此没有达到预期效果。英军的 70 辆坦克中有 58 辆损失在隆美尔的炮火和出人意料的布雷区里。英军另一支前来增援的装甲部队和步兵进攻了德军桥头堡的东面，但进展也不太理想。当天下午，隆美尔发起反攻，摧毁了陷于混乱中的 2 个英军师的作战指挥部。

随后三四天时间，德军在“釜”底反复冲击，消耗了英军及其同盟军的有生力量，使其战斗力渐渐减弱。

从 6 月 2 日开始至 6 月 11 日结束，比尔哈希姆的守军一连坚持了 10 天之久。隆美尔还是头一次碰到这样激烈的战斗，这位步兵战术专家对此深为震撼。他写道：“法军在与外界完全断绝联系的情况下，仍然坚守不屈，实在令人钦佩！”

比尔哈希姆之战结束后，非洲装甲集团军进行了短期休整，隆美尔又获得了一些新的坦克和生活物资。而且，他又重新获得了主动权，终于能腾出兵力对付卡扎拉防线以东乌布里的英军了。

6 月 11 日晚，隆美尔指挥第 15、第 90 轻装甲师，连同第 3、第 32 侦察营，由比尔哈希姆向北进军，清除卡扎拉防线的全部余敌，同时迎击防线以东乌里布的英军。

为了保护已经残缺的卡扎拉防线，英军指挥官瑞奇（Gen Ritchie）又把一个装甲旅调了上去。英国人总是显得谨慎而小气。6 月 12 日和 13 日，隆美尔指挥了两次大规模的坦克战，结果，英军损失了近 140 辆坦克。英军第 105 装甲旅不复存在，第 4 装甲旅被打散，实际上，卡扎拉防线上的英军只剩下 70 辆左右的坦克。

6 月 14 日一大早，英军开始把他们的剩余部队拖出卡扎拉防线，撤走了他们曾耗费巨资在托卜鲁克东南贝尔克德前沿修建起来的充足的补给基地。夜幕降临时，德军控制了维亚巴尔比亚公路。至此，隆美尔又成了这片战区的主人。

由于德第 15 装甲师仅留下少量兵力把守公路，主力则向海岸线挺进，打算进攻托卜鲁克，因此，大批向东退却的英军没有受到追击，轻而易举地夺路而逃了。

6 月 16 日傍晚，德军攻占了阿德姆。6 月 17 日晚攻陷了西迪雷日弗。随后，德军又攻克了通往托卜鲁克的最后一个要塞——巴特鲁拉。托卜鲁克的大门打开了。

晋升元帅

托卜鲁克曾是隆美尔 1941 年的“肉中刺”。这个德军曾经屡攻不下，付出过惨重代价的城市，终于又袒露在他的面前。他得意扬扬，“我们已经胜利，敌军正在崩溃”。他恨不得一伸手就把它抓住，再也不松手。

1942 年 6 月 17 日，隆美尔宣布了他的进攻计划：首先从西南面佯攻，吸引守军的兵力；主力则经托卜鲁克向东运动，然后来个回马枪，集中在要塞的东南面，借夜色完成攻击部署。下午 3 点，非洲军和阿雷艾特装甲师的坦克向东运动，似乎是要追击东逃的敌军，实际上是完成对托卜鲁克的全面包围。6 点 30 分，隆美尔又指挥第 21 装甲师再次迂回到北面。他一马当先，亲自驾车急速超过茫然不知所措的英军炮车和装甲车，冲向海岸。

6 月 18 日清晨，隆美尔站在阿德姆东北的高地上，用望远镜观察战前敌方态势。他的指挥部就设在高地附近。清晨 5 点 20 分，按照预定计划，凯塞林元帅派来上百架轰炸机，编成密集的梯队，俯冲攻击城堡，顿时烟云腾空，德、意炮兵随即也进行了猛烈的炮火轰击。

现在轮到隆美尔的步兵大显身手了。连长和排长们站起身来，吹响了进攻的哨子，在令人窒息的灰尘和硝烟中，爆响着杂乱的枪炮声；工兵迅速地在堑壕上架设起一座钢桥。早上 7 点 55 分，钢桥架设完毕，比计划提前了 5 分钟，坦克隆隆地碾过铁桥闯入要塞。不一会儿，隆美尔亲眼看到英军的 6 辆坦克着了火。他站在一个斜坡上，举起望远镜，发现托卜鲁克港内有几艘英国船只正在起锚，于是下令炮兵向这些船只开炮。

一整天的战斗都很激烈。晚饭后，隆美尔巡视一周，发现收获颇丰，心里很激动。晚上，他倒在自己汽车的一个角落里，脑袋疲倦地靠着车窗，等待天明。但是，天逐渐黑下来时，德第 21 装甲师冲进了一片地图上没有标记的地雷区，一辆坦克在可怕的爆炸声中化成一团火球。隆美尔担心这些坦克再毫无代价地受损，忙命令装甲师返回，仅留下第 90 轻装甲师和另一个师的少数坦克部队继续摸索前进。

6 月 19 日，德军大部队的坦克和卡车分成两路纵队行进。不久，炮兵指挥官跑来报告了一个令人振奋的消息：托卜鲁克南面和东面的整个重炮阵地仍旧完好无损，在大炮周围还有几千发大口径炮弹。炮兵很快把这些重炮用上了，为隆美尔节省了一大笔弹药开销。下午，非洲军占领了新阵地。第 90 轻装甲师向东突击，占领英军在维亚巴尔比亚和托卜鲁克之间的补给仓库，扰乱了英军的后勤补给线。

这时，英军已在托卜鲁克部署了重兵团，包括南非第 2 师、印度第 11 旅、第 2 近卫旅、第 32 坦克旅和几个炮兵团。但这些部队都是久战疲兵，士气低落。摆在托卜鲁克守军面前的唯一出路，就是从要塞突围。要塞司令官克洛普将军本打算突围，但他不清楚英第 8 集团军司令的意图，想请求撤离，又遭到手下人员的强烈反对，因而有些举棋不定。但这也并不表明托卜鲁克就已成了覆巢危卵，实际上它仍然是一块烫手的芋头。

根据英军的防守情况，隆美尔决定由意大利第 20 军执行佯攻任务，非洲军和意大利第 10 军担任主攻。同时请求空军在总攻发起前，先集中德、意两国在非洲的全部轰炸机进行轰炸。一旦步兵突破要塞防线，非洲军就一直推进到通至港口的十字路口，一路向西攻至维亚巴尔比亚公路。意大利第 20 军则负责占领英军的防御工事，准备迎击南非部队。

要塞周围的地形十分复杂，东南面的沙岭使装甲车辆根本无法通行；南面的沙漠平地上布满了英军的暗堡和火力点，各暗堡通过地道相连，除非万不得已，守军根本不会暴露目标；独立据点外面则修筑了深深的反坦克壕和密集的铁刺网；防御工事的外围还布满了无数的地雷阵。不过，隆美尔这次已成竹在胸，他的计划执行得像时钟一样准确。

6月20日清晨4点，隆美尔已经坐在自己的指挥车上了。“今天是一个至关重要的日子，”他上车之前用了10分钟给露西写信，短信的最后一句是，“愿幸运女神忠实地伴随着我。”

清晨5点30分，密密麻麻分布在战场上的德军和意军大炮怒吼了。但半个小时过去了，仍然听不到飞机的动静。隆美尔稍有不安地爬上一个小高地，嘴里嘟囔着：“已经超时33分钟了。”这时，奈宁将军报告说，空军中队已经出发。话音未落，数百架飞机已经来到敌人的阵地上空，顷刻间，无数的重磅炸弹倾泻而下，破碎的铁刺网和炸烂的武器抛上了半空，又沉沉地砸落在守军头上。

半个小时的轰炸后，守军阵地上出现了死一般的寂静。5分钟后，德军步兵开始冲锋，片刻间，枪炮声又一阵接一阵地响了起来。工兵也迅速行动，在反坦克壕上架起了抗冲击的钢桥，坦克隆隆地驶了上去。

隆美尔感到胜利在望，转向自己的参谋长拜尔莱因上校（暂代高斯），脱口而出：“你知道，赢得这样的胜利并非仅仅是指挥上的成功，你还需要有愿意接受你下达给他们的任何一个强制性命令的士兵，一种无论是免职、艰辛、战斗，甚至死亡都在所不惜的士兵。我把这一切归功于我的士兵。”他相信他的部队是一架运行良好的战争机器。

过了一会儿，隆美尔从高地指挥所来到第15装甲师的前沿——他的装甲运兵车一直开到了雷区的突破口——观看坦克和一个步兵连穿过雷区，向防线后方的地堡发起攻击。守军的炮火不时落在他附近，突破口附近的车辆挤成一团。隆美尔立即命令伯恩斯德中尉疏通道路，让进攻的坦克冲过去。

上午9点，隆美尔招手让随军记者过来，录下他精彩的战场演讲：“今天，我的士兵们正倾注全力攻打托卜鲁克。个别士兵或许会阵亡，但我们整个民族的胜利却是确定无疑的。”

当晚，随军记者为隆美尔留下了一幅精彩的照片：陷入困境的英军炸毁自己巨大的燃料库和弹药库时，爆炸的巨响撼动了整个天空，港口上空升腾着的烟幕被下面的火焰照得通红。背对着海湾火焰的倒影，隆美尔恰好看到在港口水面上慢慢沉没的轮船烟囱和桅杆的侧影。

6 月 21 日天刚亮，绝望的要塞司令、第 2 南非师师长克洛普将军命令他的部下升起白旗。坚持到最后的 3300 多名士兵，垂头丧气、蓬头垢面地走了出来。

隆美尔在指挥所里等到天明，他一醒来便立即驱车来到城里。到处都是残垣断壁，满目凄凉，燃烧的房屋和阵亡的士兵还没来得及清理，热风挟着硝烟味、血腥味扑面而来，令人窒息。兴奋不已的隆美尔已感觉不到这种刺激了，巡视托卜鲁克之后，他驱车沿着维亚巴尔比亚向西行驶。公路两侧都是燃着大火的坦克和汽车，有被炮弹击中的，也有英军自己放火烧毁的；海岸干涸的河道里挤满了数不清的俘虏。一些南非旅的黑人士兵喝得醉醺醺的，但他们看上去很高兴，拍着手大喊："战争结束了！"

1942 年 6 月，北非托卜鲁克沦陷，英国士兵被德军俘虏

上午 9 点 40 分，克洛普将军在维亚巴尔比亚公路上向隆美尔呈交了投降书。隆美尔终于如愿以偿了，至此，他征服了整个昔兰尼加，实

现了他进入非洲后的第一个目标。他胸中的欲望之火正熊熊燃起，夺取托卜鲁克不过是他跨过尼罗河的一个跳板，他要像亚历山大、恺撒、拿破仑一样征服埃及，做一个伟大的征服者。

受降仪式之后，隆美尔急忙指示部下给柏林大本营发报："托卜鲁克整个要塞投降了，共俘获25 000多名俘虏，其中包括一些将军。"5分钟后，隆美尔又把刚才口述的电文向装甲集团军全体士兵重复了一遍，并命令各部队作好直接进军埃及的准备。

胜利的消息传至德国后，全国沸腾了。6月21日下午，和所有德国听众一样，露西听到收音机里宣布希特勒大本营将广播一项特别公告，她首先想到的是塞瓦斯托波尔要塞——曼施坦因元帅即将攻占这个要塞。但过了一会儿，乐队却奏起了《英格兰在炫耀》的乐曲。每逢有战胜英国的重要新闻广播，电台总是演奏这支曲子。接着，播音员激动地宣布，隆美尔将军已经攻占了托卜鲁克。露西惊讶得快要昏过去了，她赶紧给隆美尔发电祝贺!

与此相反，当日晚上，丘吉尔正在华盛顿与罗斯福会谈，他们对世界大战的形势忧心忡忡，两人正在讨论一项重要提案：应在什么地方开辟第二战场。这时，一封电报送到了罗斯福手上，罗斯福读完后冷若冰霜，随即交给丘吉尔。托卜鲁克投降了？这简直令人难以置信！丘吉尔瞪大眼睛表示疑惑，立即给亨利·哈伍德海军上将打电话证实，希望能够得到否定的回答。但是，刚从亚历山大港返回伦敦的哈伍德非常肯定地回答："托卜鲁克沦陷了，首相!"丘吉尔激愤地叫道："这是我在战争时期遭受的最沉重的打击，不仅军事上令人难以接受，而且严重损害了英军的声誉!"

一时间，丘吉尔在国内成为众矢之的。一些对他抱有敌意的议员乘机攻击他，指责他"虽然在辩论中一场又一场地赢得胜利，但是在战场上却一次又一次地遭受失败"。连保守党的议员们也群起而攻之，说这完全是因为丘吉尔无能，甚至有人嘲讽英国的军事体制僵化，如果不太听话的隆美尔在英国军队服役的话，他现在仍然是一名下士。

不可否认的是，在兵力一直处于劣势的情况下，隆美尔之所以能够屡次得手，其中一个原因是英军在战术上存在重大缺陷。

6 月 22 日，整个纳粹帝国仍沉醉在来自非洲的胜利的喜悦中。一座新落成的大桥以隆美尔的名字命名，从省长到将军纷纷给露西发去贺电。维也纳附近的驻防司令更是极尽阿谀奉承之能事，在写给露西的信中说："隆美尔的名字将列入历史上最伟大的军事家行列！"新闻纪录片已经拍好并复制出来了。片中有一个镜头，隆美尔和伯尔恩德·拜尔莱因同乘一辆装甲车进入城市。"隆美尔不知道什么叫休息，战斗必须继续下去。"这是旁白。

露西和儿子曼弗雷德也到一家连续放映这些片子的电影院去，着迷地盯视着银幕，一连看了几遍。

战地记者的报道刚结束，戈培尔立即评论道："几乎没有任何一个将军能够像隆美尔将军那样，懂得战斗宣传的重要意义。他是个最善于使用辞藻的现代将军。"当他说到"将军"一词时，希特勒举手示意众人安静，然后笑着指了指喇叭，里面响起了欢快而嘹亮的歌声，一个特别公告随即广播：

"元首大本营，6 月 22 日。元首晋升非洲装甲集团军司令官隆美尔大将为陆军元帅。"

消息播出时，隆美尔正在指挥车里睡觉，他实在太疲倦了。突然，车外一阵兴奋的欢呼声惊醒了他："埃尔温晋升为元帅了。"对于这一耀眼的奖赏，连隆美尔自己也惊呆了。他在写给露西的信中说："对我来说，当上陆军元帅真像做梦一样。过去几个星期以来发生的重大事件就好比一场梦！"

不错，对一个军人来说，这是至高荣誉。在第三帝国存在的短短 12 年中，除了纳粹党二号人物、空军总司令戈林曾获得"帝国元帅"这一特殊军衔外，再没有人能超过"元帅"这一军衔。在德国，元帅是终身军衔，并享有特权，有资格配秘书、马匹和小车，还有专用司机和其他额外津贴。对于这一荣誉，隆美尔憧憬并努力了 30 年。

这一年，隆美尔 51 岁，终于达到了他一生中最辉煌的顶点。

第八章　满怀希望事却违

师老兵疲

1942 年 6 月 21 日，德国空军给隆美尔的一份报告认为，托卜鲁克的迅速崩溃使英军陷入了茫然迷乱的境地，以致他们已不能在埃及边境上立稳脚跟。同时，来自各方面的情报显示，英军已经完全失去了在埃及边境组织防御的信心。因此，隆美尔想乘胜前进，兵锋直指埃及首都开罗。激战后的托卜鲁克销烟尚未散尽，战场还有待打扫，但隆美尔已为进军尼罗河的计划忙得不可开交了。

被鲜花和荣誉所包围的隆美尔，按理应当见好就收，尽情享受一下眼前的荣耀，但好斗、倔强的性格，使他不愿放弃眼下有利的战争形势，一心想要深入埃及腹地，以显赫的战功，让自己崭新的元帅徽章更加熠熠生辉。

实际上，按照 4 月底希特勒和墨索里尼商定的计划，隆美尔应该停止前进，就地转入防御，以便轴心国集中兵力攻打马耳他岛。而且，凯塞林元帅在德军攻占托卜鲁克当天就曾提醒隆美尔，在马耳他被德军占领前，非洲装甲集团军在空中和海上的补给线会暴露，很容易遭到攻击。他要求隆美尔全力配合轴心国攻打马耳他岛的行动。

但隆美尔不大同意这一预案，与一向温和的凯塞林元帅发生了激烈的争执。他说："现在敌军正在逃窜，直接扑向苏伊士运河，对我们来说是千载难逢的良机。如果拖延下去，哪怕是几个星期，敌人就可以调来精锐部队，阻止我们继续前进。"直到最后，凯塞林元帅也未能说服隆美尔，因此，他不再反驳，临走的时候只是补充说："如此，我们将只能以另一种方式给你组织给养。"

隆美尔将自己的计划报告希特勒，希特勒正为隆美尔取得的胜利而高兴不已，因此，当一名上校参谋要为他铺开地图时，他拒绝了。那里的地图他之前已不知看了多少遍，他简单地认为，既然已经占领了托卜鲁克要塞，那么隆美尔重新到达利、埃边界是极为容易的。这样一来，日后对北非的补给就可以绕过马耳他直接向托卜鲁克运送，进攻马耳他岛也就不那么重要了。况且，罗马当局曾多次向隆美尔保证，只要占领了托卜鲁克和梅尔沙马特鲁，他们一定会想方设法将适当数量的物资运到非洲战场。基于这一背景，隆美尔和希特勒一样，对后勤供应的前景充满了乐观。

6 月 22 日的整个下午，德军和意军士兵都在忙着装运从托卜鲁克缴获的战利品。他们得到了足够推进几百英里的汽油。装甲军夺取了英军储存着白面、香烟、食品、果酱和军服的仓库，这些东西足够他们用上一个月，正好解了隆美尔的燃眉之急。不过，士兵们还没来得及享用这些东西，俾斯麦将军就登上马克Ⅳ型坦克，发出了向东进军埃及的命令。疲惫不堪的将士们来不及洗澡换衣，又不得不钻进闷热的坦克车里，开始了新的征程。但他们依然很兴奋，开足马力向前疾驶。当他们把开着英国卡车的士兵远远甩在后头的时候，发出了一阵阵欢笑声。

前面，英军正大踏步后退，撤退的车辆把公路挤得水泄不通。他们倒不是溃逃，而是要找到一个好的支点，重新组织对苏伊士运河的防御。

6 月 24 日，隆美尔听到了一种在他耳边消失了一个星期的声音——英国飞机的发动机声。英国皇家空军的几个沙漠空军中队，正以惊人的规模重新开始作战。下午 6 点，15 架"波士顿"式轰炸机进行了编队攻击。隆美尔下车跳进掩体，大多数炸弹都落在他的指挥车周围——他的指挥车实在太耀眼了，一眼就能够认出来。几乎就在同时，成群的英国战斗机出现在上空，机关炮喷射着猛烈的火焰。瓦尔道的空军中队离隆美尔太远，很难及时掩护他，德军只有等着挨炸的份。但英军的轰炸没有挡住隆美尔进军的步伐，轰炸过后，他立即跳上车，命令部队全速向梅尔沙－马特鲁前进，丝毫没有意识到他的装甲集团军已经接近了战斗能量的极限。

6 月 26 日，英军中东司令奥金莱克亲自接管了后撤英军的指挥权，他让英第 50 师、印度第 10 师和第 5 师的一部分撤到梅尔沙－马特鲁要塞，由新西兰师做后卫掩护。当隆美尔追上来时，要塞里只剩下新西兰师。他们在弗利堡将军的指挥下，在黑夜里集中兵力从要塞的南面进行突围。由于大部队还没有跟上来，隆美尔只得命令他的警卫营进行阻击，但因双方力量悬殊，他只得眼睁睁地看着老对手从自己身边溜走了。不过，隆美尔相信英军就在前面，必须继续追着打，绝不能给对手留下构筑防线的时间。因此，他对部队下达命令："前进，加速前进！"

6 月 30 日，隆美尔一边分析搜集到的情报，一边查看为他特制的地图。在他的部队前面，英军已经撤到一条从海岸附近延伸到内陆的防线上。这道防线原本就很牢固，英军撤到那里后，又进一步增强了防线的力量。这是保护通向亚历山大港和埃及心脏尼罗河三角洲通道的最后一道屏障，英军再退就到尼罗河了。防线所在之地叫阿拉曼，距亚历山大港不到 100 英里。这座狭长的城市北临地中海，南靠卡塔拉盆地。放眼望去，一边是碧波万顷的蔚蓝海洋，一边是绵延数十英里的黄色沙漠，景色非常优美。

对隆美尔来说，只要拿下阿拉曼，就等于拿到了开启开罗城门的钥匙。占领开罗是他的宏伟目标，一旦占领尼罗河一带，英国在中东地区的统治将濒于崩溃，叙利亚、伊拉克和伊朗将纳入德国的版图，土耳其为形势所迫将站到德国这边，苏联的中部将会直接暴露在德军面前，然后他就可以和元首并肩作战了……那将是震惊世界的奇功。想到这里，隆美尔浑身的神经都绷紧了。

就在隆美尔雄心勃勃地准备对阿拉曼发动攻势时，远在伦敦的丘吉尔却在遭受磨难。危急时刻，丘吉尔再次展现出坚韧不拔的品格。他在两院的联席听证会上，进行了一次才华横溢的雄辩，暂时摆脱了一场政治灾难。他向议员们讲述了北非失败的大概经过，巧妙地回避了议员们指向他的矛头，而将战争失败的主要原因归结为隆美尔的天才指挥、前任政府疏于军备的政策及远在非洲的英军将领们的指挥失误。

他说："如果有那种自称是灾难投机商的人，认为可以用更加暗淡的色彩来描绘这幅图画，无疑他们完全有权这样做，但是我们现在更需要的是如何来扭转北非的战局，而不是在这里喋喋不休地争论谁要为已经过去的失败来承担责任。"丘吉尔认为，拯救北非英军的唯一途径，就是任命一名能与隆美尔抗衡的将领前去指挥北非的英军。这个人不需要考虑军队数量问题，不需要考虑军需供给问题，不需要担心议员们的责难，他只需要考虑一个问题，就是如何运用自己的军事才能，与隆美尔在非洲交战，为大英帝国赢得一场胜利，哪怕要付出惨重的代价。

战线前方，英军中东司令奥金莱克已宣布埃及进入紧急状态。驻亚历山大港的军舰起航，躲向外海。在金字塔旁临时垒起工事后，司令部的参谋们忙着焚烧文件，黑烟裹着纸灰直冲云霄。

隆美尔不想给英军调兵遣将的时间，尽管他只有 55 辆德式主战坦克和 30 辆意大利坦克到达了阿拉曼防线，但他还是准备马上发起攻击。他的作战计划是：让非洲军摆出一副向卡塔拉盆地运动的架势，实际却是在夜里去攻打阿拉曼车站西南防线的英军，突破防线后，再向英第 13 军后方迂回；德第 90 轻装甲师则由南面迂回到阿拉曼防线后方，切断阿拉曼以东的海滨公路，防止英军逃跑。

终于，隆美尔在非洲战役中最不可理喻的行动开始了。7 月 1 日夜，德军从正面分两路发起进攻。月色如银，月影下，连绵起伏的沙丘上映着许多移动的黑点，那是隆美尔最为得意的镇军法宝——非洲装甲集团军的坦克、第 90 轻装甲师的卡车和最宝贵的 88 毫米高射炮。但令隆美尔感到奇怪的是，经过一夜急进，非洲装甲集团军所抵达的迪尔阿比德地区根本就没有英军的据点。或者说，他们迷失了方向，身经百战的先头部队居然出了岔子。

奈宁将军大声问道："这是哪儿？"

"不知道，将军！很可能是布雷区！"

他们还没有完全反应过来，英军炮兵和空军的轰炸已经兵临城下了。实际上，英军的据点在东边 4 英里的迪尔西茵。非洲装甲集团军不得不冒着英军的枪林弹雨继续向前推进，直到下午才开始攻击迪尔西茵，经过一场激战，他们歼灭了印度第 18 旅，但也付出了 18 辆坦克损坏的昂贵代价。

不久，英军向非洲装甲集团军薄弱的南翼发起了猛烈的反攻。双方又展开了一场激战，在英军 10 多个炮兵连和 100 多辆坦克的顽强阻击下，非洲装甲集团军的进攻锐势被遏制住了。

德军攻击部队的另一路——第 90 轻装甲师最初的进展比较顺利，但不久一场沙漠风暴使他们失去了目标，在慌乱中恰好闯入英军的防御地雷区。到中午的时候，隆美尔命令该师九十度拐弯，以海滨公路为突破口，迂回到防线后方，包围阿拉曼，将英军就地歼灭或逼其逃走。

但是，英军这次没有撤退，事实上他们别无选择，只能背水一战。他们集中所有的炮兵和飞机，对海滨公路上的德第 90 轻装甲师狂轰滥炸，德军的攻击逐渐减弱。隆美尔很快驱车来到第 90 轻装甲师的阵地，亲自指挥进攻。但英军的火力十分猛烈，丝毫没有节约弹药的意思，以至于他本人也被打得趴在壕沟里不敢抬头。

“实在太可怕了，”阿尔布鲁斯特当天晚上写道，“一颗炮弹刚好在离总司令（隆美尔）小车 6 码的地方爆炸。在密集的炮火下，我们发疯似的挖着坑，以便在随后的 3 小时里可以把脑袋藏起来。直到天黑，我们才从这种困境中解脱出来。”

傍晚，隆美尔决定动用后备力量支援第 90 轻装甲师的南翼，并率领他的指挥所和警卫营加入了进攻行列，但依然毫无进展。更糟糕的是，夜幕降临的时候，天又下起了大雨，热腾腾的水雾让他们什么也看不见。隆美尔一不做二不休，决定利用这种天气做掩护，连夜突破英军的防线。

此时英军也跟德军一样淋着雨，但他们不仅没有后撤一步，反而在几个可能会受到攻击的地方加强了兵力。相比而言，英军有足够多的兵力，德第 90 轻装甲师的突破再次受挫。

7 月 2 日早上 10 点，隆美尔得知这一消息后很不高兴。当天下午，他不顾劝阻，命令非洲军的两个装甲师作一次打开通往海岸突破口的尝试。行动中，非洲军的两个装甲师与英第4装甲旅一直拼杀到天黑。这次，奈宁师又损失了11辆坦克。

天又放晴了。早已夺得战场制空权的英国空军把成百上千吨炸弹倾泻在非洲装甲集团军的头上，隆美尔的部队被打得四分五裂，瘫在原地，再也不能向前推进一步。

中午时分，德军试图再采取一次突击行动，但没有成功。纪实录中记述了隆美尔在空袭之下，如何试图进一步鼓动那些精疲力竭的坦克指挥官的情况："总司令确信两个装甲师都在无所事事，中午12点50分，他命令整个非洲军全速向前推进。"然而，现在他不过是在对一些聋子或丧失感觉的人甚至是死人说话罢了。疲劳的士兵们一躺下便不想动弹了。烈日和干渴折磨着他们，海水在炎热的天气下没有丝毫凉爽感。这时，甚至意大利师中最勇敢的帕维亚师也开始崩溃了。猛虎般的新西兰军在那天早上与帕维亚师展开了白刃战，几乎掳获了帕维亚师的全部大炮并抓到了380名意军俘虏，其他意大利士兵不得不扔下武器，望风而逃。

当天晚上，由于副官冯·霍姆叶上尉被炮弹击中身亡，隆美尔终于开始承认自己已是寡不敌众。他深夜写信给露西说：

不幸的是，局势并不像我所希望的那样，英国人的抵抗十分顽强，而我们的力量已经耗尽……我相当累，疲乏极了。

富有讽刺意味的是，在利比亚，墨索里尼和一批重要的法西斯人物正焦急地等待着隆美尔冲进开罗的喜讯，并煞费苦心地研究如何把开进开罗城的仪式搞得庄严、隆重、热烈。电波在罗马和柏林之间穿梭，商谈关于意大利驻埃及总督的人选，以及该总督和隆美尔"占领军"之间的关系等。

而此时，隆美尔的法宝——坦克已经不多了，他开始想尽办法把它们暂时保护起来。7月4日清晨，他向装甲集团军的指挥官们传达了他的决定：把残缺的装甲师拉出这条战线，用步兵顶替他们与英军对峙。

这些士兵大部分是意大利人。坦克手们终于可以作一次短暂的休息，给坦克加足燃料并进行整编。

隆美尔这一决定冒了很大风险，如果英军指挥官知道德军的底细，稍微有点儿胆识，集中兵力发动一次强有力的反攻，即使不能全歼非洲装甲集团军，至少可以把他们赶到海边去，但英军再一次错失良机。

当然，这时的隆美尔也没有闲着，他在琢磨这条防线的薄弱环节到底在哪里，并计划于 7 月 11 日在战线南端用装甲师冲开一个突破口。他与第 21 装甲师的指挥官俾斯麦交换了意见，并用他那支彩色铅笔画着装甲师即将开始的进攻方位的草图。就在他定好计划的当天晚上，澳大利亚第 9 师沿海滨公路向泰尔艾萨的意大利守军发起了进攻。

隆隆的炮声把隆美尔从睡梦中惊醒了，他马上意识到这绝不是什么好消息，敌人会直接突破防线，摧毁德军的补给线。果不其然，意军很快就被击溃，绝大多数炮兵甚至一炮未发便成了俘虏，意军士兵纷纷丢下武器，逃离防线。隆美尔无奈，只得把准备在南线实施突破的第 21 装甲师迅速北调，并将司令部交给他的作战部长，他本人则亲自率军作战，这才化解了这次危机。澳军的这次进攻虽然很有限，但却使隆美尔耗费了大量的油料和弹药，他的南线突破计划也随之推迟。

7 月 13 日，隆美尔再次命令俾斯麦的第 21 装甲师向英军防线发起进攻。该作战方案是准备切断阿拉曼那个防御坚固的“盒子”，然后加以突破，继而将其全部摧毁。

阳光炽烈，沙漠中一切物体的轮廓都在高温下融化闪烁。进攻从正午开始，在进攻发起的同时，轰炸机摧毁了“盒子”西南方的英军炮兵阵地，坦克也开始隆隆前进。隆美尔来到了前线，以便及时掌握战斗的整个进程。可是，他举着望远镜却什么也看不清，映入他眼中只是沙漠中不断升起的热浪。即使再精确的火炮，坦克炮手们也无法瞄准目标。更糟糕的是，第 21 装甲师的步兵展开进攻的队形太靠后，空中支援的效果没有得到很好发挥。进攻部队甚至还没有突破英军外围防线的铁刺网，就被重新进入阵地的守军的火力压得抬不起头来。

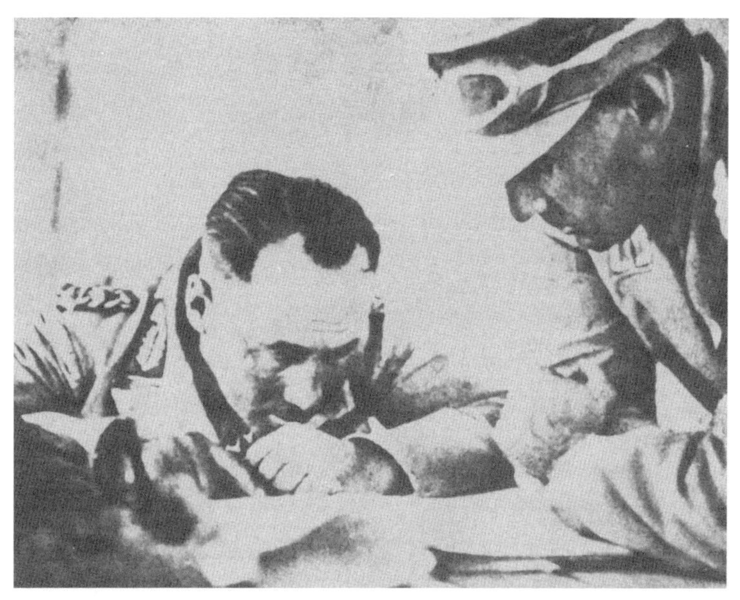

1942 年，隆美尔与托马少校在研究北非阿拉曼战役的局势

直到下午 5 点，隆美尔才获悉自己的一个装甲团在卡萨巴以南的一个高地止步不前，而空军也在消极待命。很明显，德军现在正渐渐失去战斗热情。隆美尔气急败坏地电令他们马上进攻，一刻也不容延缓。但是，直到晚上 8 点，第 21 装甲师仍被敌军的铁刺网挡住，无法前进。因为铁刺网前面的地雷太多，进攻失败了。

7 月 14 日，隆美尔调整了作战计划，让第 21 装甲师不再向纵深攻击英军的据点，而是去收复被英军占领的意军据点。

在如此艰难的条件下，德军步兵仍然骁勇善战。19 岁的根特儿·哈尔姆是一名炮兵观测手，他操纵着一门苏制 76.2 毫米反坦克炮，这种炮在德军中只有两门，权当英军装甲部队突破德军阵地后的最后一道防线。由于无法在坚硬的岩石地上安置大炮，两名炮手不得不把大炮安在炮架尾部以减轻大炮的后坐力。一支英军坦克纵队呼啸着向他们扑来，在 3 分钟内，哈尔姆便击毁了 4 辆瓦伦丁式坦克。英军的坦克停了下来，搜索毫无遮蔽的大炮，并朝他们猛烈开火。一颗炮弹在哈尔姆的前方爆炸，第二颗炮弹炸掉了他的装填手的双腿，另一名炮手立即接替了装填手的位置。这个据点挡住了英第 23 坦克旅的数次进攻。

英军在阿拉曼向德军、意军发起进攻

与德军相比，意军的据点比较薄弱，因此，英军便找软的打。7 月 14 日夜，英第 1 装甲师向鲁维沙特山脊的意大利第 10 军阵地发动了袭击。经过两天的激战，英军最终攻占了鲁维沙特山脊。随后，英第 1 装甲师向西推进，一部分兵力则向东迂回到意军巴维亚师和布雷西亚师的后方。结果，意军这两个师除少数部队突围逃跑之外，绝大部分都成了英军的俘虏。随后，英军连续突破了多道防线，隆美尔不得不下令第 21 装甲师停止进攻，转入防御。

7 月 17 日晚，隆美尔给露西写信说：

敌人正在把意大利军队一个接一个地围歼掉，这样一来，我们德国军队的力量将会变得极为单薄，从而无法抵御他们的进攻。为此我真想痛哭一场！

在随后10天中，双方展开了拉锯战。奥金莱克把意军作为主要打击目标，目的是把意军逐个围歼，以削弱德军的防护力量，然后集中兵力打击德军的装甲军。隆美尔先后两次动用德军装甲部队实施反击，才稳定了局势。至此，英军转入进攻，而隆美尔则陷入苦苦防御的境地。

不过，英军的几次试探性进攻，都被一一击退。这使英军绝大多数指挥官认识到，凭借现有的兵力和武器装备，很难彻底击败隆美尔。即使在某个地区取得突破，也很快会被德军迅猛的反突击打退。这样付出的代价同样是极为巨大的，将在国内引起强烈反响。考虑到这些，奥金莱克决定在没有新的兵员补充且部队没有得到休整之前，暂时停止进攻。

弹尽粮绝

德军就地转入防御后，战事虽然暂告一段落，但隆美尔丝毫不敢大意。德军开始紧张地修筑据点，并在重点防区布置大量反坦克地雷，在海岸到卡塔拉盆地间与英军形成对峙。

这是隆美尔最不愿意接受的事实，在万般无奈中，他急切地盼望着柏林及意大利的兵力和军备物资的支持。英军之所以有时间等待，是因为它有源源不断的兵力和物资补充，而隆美尔实在是等不起。

当然，希特勒并不是见死不救，只是各种援助相对有限。从8月下旬开始，交战双方都在向非洲战场增派兵力。几个月前，在西线战场，德军驻守着从北角到比斯开湾的大西洋海岸，占领着挪威、丹麦、荷兰、比利时、法国和卢森堡。在东线，德军前进到列宁格勒郊区和顿河、伏尔加河沿岸；整个巴尔干半岛已在德国控制之中。在南线，德军和意军距尼罗河不到 30 英里，距英国重要的海军基地亚历山大港不到 100 英里。德军潜水艇和辅助巡洋舰在世界各大洋游弋，对同盟国的船只构成了空前的威胁。德国空军多次与英军交锋，虽然胜负未分，但它仍能给敌人以沉重的打击。然而，不到 3 个月时间，由于德军在苏、德战场，特别是在斯大林格勒会战中损失惨重，德、意两国法西斯领导集团被迫于 1942 年秋季前大幅缩减对在非洲作战的军队的支援。德国即将面临的危机，也就是隆美尔的非洲装甲集团军的危机。

在德国国内，食品配给还能满足，尽管肉和脂肪有些短缺；军队里的食品供应直到战争结束，始终是充足的。但同盟国对德国城市的轰炸袭击越来越厉害，已经开始造成严重的损失。德军所能获得的基本原料供应已接近最大限度，尽管如此，军火工业仍开足马力进行生产。由于前一年冬天在苏联遭受的严重伤亡，剩下的尚未动员入伍的一级体格的男子已经很少，军队和工厂相互争夺剩余的劳动力，导致从占领区强制输入劳工的现象越发普遍。这种做法反过来又引起或加强了法国的游击队运动，在东方占领区和巴尔干更是如此。总的来说，德意志民族还没有认真考虑过被打败的可能性。尽管很多家庭因为亲人死亡而悲伤，但他们却准备继续打下去，因为他们别无选择。作为德国最重要的盟国，意大利人民的精神状态则完全不一样。意大利人从来没有打过大胜仗，总是遭受失败：他们失去了意属东非，大批士兵成了英军的俘虏，海军的主力舰艇被击沉，同时，他们还遭受着越来越严重的饥饿。德、意军队都已精疲力竭，武器、弹药和燃料奇缺。这对英军在非洲战区由防守转入进攻，最终驱逐德、意军队是极为有利的。

1942 年 8 月初，丘吉尔在前往莫斯科会见斯大林时，冒着酷暑先绕道开罗。这位谋略大师，这位讲演大家，此刻对英军将士说什么都显得多余，他只反复叮嘱一句话：盯住隆美尔，困住他，千万不能让隆美尔到达苏伊士运河。

关键时刻，丘吉尔的美国盟友帮了他一把，罗斯福派 6 艘快船把从美国军队中抽调出的 300 辆新型“谢尔曼”式坦克运到埃及。在大好形势的鼓舞下，丘吉尔毅然决定改组中东司令部，更换了包括奥金莱克在内的英军高级将领，以英国最有战略头脑的亚历山大将军为中东驻军总司令，伯纳德·蒙哥马利为第 8 集团军司令。

蒙哥马利正是当年隆美尔横扫法国的时候，从敦刻尔克逃走的那个英国远征军的步兵师长。他长得矮小结实，体型精瘦，深陷的眼窝里藏着一双精明狡黠的小眼睛，一只硕大无比的鼻子永远坚定地指向前方。他那高昂并带有鼻音的嗓音听起来很刺耳。他和隆美尔一样，不沾烟酒，孤僻、傲慢、专横，但很有鼓动力。蒙哥马利经常戴着一顶镶着团队徽章的怪异的澳大利亚丛林帽，以显示自己的与众不同。

蒙哥马利从未在中东打过仗，实际上，自第二次世界大战爆发以来，蒙哥马利还从来没有打过一次胜仗，只因第一人选、赫赫有名的戈特将军被德机当成丘吉尔的座机击落殒命后，他才受领了这份差事。所以，竭尽全力为英国打一场胜仗，既是丘吉尔的心愿，也是蒙哥马利的心愿。

而丘吉尔之所以选中蒙哥马利，并不仅仅因为他是一位出色的战术和阵地战大师，还因为他那按部就班，甚至有点儿刻板的作战作风。丘吉尔认为，以现有的条件，就算蒙哥马利不主动进攻，仅与隆美尔对峙到底，也能把隆美尔耗死在沙漠里。

8 月 10 日，蒙哥马利从伦敦出发，于 12 日到达热浪滚滚的埃及。到达后，他发现情况相当糟糕，司令部里一派残破的景象，肥大的埃及苍蝇嗡嗡乱飞，官兵们垂头丧气，办公桌上赫然放着奥金莱克的撤退计划。

在这种情况下，蒙哥马利等不及正式接任的日子就接过了指挥权，也不管顶头上司亚历山大将军如何看待，他立刻给第 8 集团军的参谋班子来了个大换血，改编部队，成立了第 10 军（英第 8 集团军原辖第 13、第 30 军）。他情绪高昂地对官兵们说："倒霉的日子已经过去，好日子就在前头。"他下令烧毁撤退计划，决心破釜沉舟，背水一战，采用第一次世界大战时打阵地战的办法来对付隆美尔，迫使隆美尔与他进行旷日持久的阵地消耗战，而这正是隆美尔最不愿意采取的战斗方式。

蒙哥马利制订的作战计划谨慎缜密，执行计划坚决顽强而又随机应变，很快给第 8 集团军带来了新的精神风貌。等丘吉尔来视察时，全集团军士气高昂。

隆美尔很快也得到了蒙哥马利就任第 8 集团军司令的消息，他马上要求德国情报部门提供有关蒙哥马利的资料。一天夜里，他接到材料后，喃喃地说："在敦刻尔克大撤退时蒙哥马利是一名师长，此人是危险人物。"

对于隆美尔的境况，希特勒是十分担忧的。他担心万一装甲集团军被赶出非洲，德、意两国将面临盟国军队闯入"欧洲软腹部"巴尔干半岛的危险。对于正陷入苏联战场的德军来说，这无疑是一场极大的灾难。因此，希特勒在电报中命令隆美尔："无论如何也要守住北非。"同时，隆美尔要求增援人员和物资的请示也开始受到重视，希特勒被迫勒紧裤腰带，把作战人员和物资装备源源不断地送往非洲。

双方的兵力都有了很大程度的增强。相较而言，丘吉尔出手更大方，因而英军仍占绝对优势。蒙哥马利上任后采取的基本策略是守株待兔，让隆美尔先发起进攻，待其兵力、弹药和生活物资大量消耗后，再组织英军轮番反攻。

蒙哥马利的计划与韦维尔当初防御昔兰尼加半岛的计划几乎如出一辙，但却得到了丘吉尔的赞同。因为时过境迁，德、意联军现在是拖不起了。在阿拉曼，隆美尔与英军的力量差距正在拉大，空军方面的优势已倾向英军。此外，英军的补给线短，补给较为便利。隆美尔则正受到没有及时攻占马耳他岛的惩罚。英军向该岛增派了空军和地面部队，使该岛再次成为英国海、空军在地中海的中转站，并有效地发挥了作用。英国皇家空军的远程轰炸机时常轰炸昔兰尼加各港口的船只，并骚扰德军后方通往前线的公路和铁路，全面配合蒙哥马利的行动。而步兵出身的蒙哥马利擅长打阵地战，正好能在易守难攻的阿拉曼发挥所长。

这天，蒙哥马利带着一班参谋巡视前线，发现一处名为阿拉姆-哈勒法的狭长山脊极为重要，便马上派兵固守。除此之外，他又煞费苦心，与隆尔美斗起了心眼。

在 7 月的战斗中，英军曾俘获 2 名德军情报人员，之后顺藤摸瓜，破获了德国在开罗的间谍网"康多尔小组"。蒙哥马利不露声色，让参谋长德·甘冈利用这个秘密渠道，不断向德军发送假情报。诸如"英军正往何处调动兵力”“英第 8 集团军的坦克部队布置”等。德·甘冈还画了个假地图，把遍地流沙的阿拉姆山标为“硬地”，然后逼着一名被德国女间谍用美色勾引下水的少校，带着地图开车驶入德军雷区。倒霉的少校很快就在巨响中毙命，假地图也就“自然而然”地落入隆美尔之手。隆美尔不知是计，拿着地图连称“英雄，英雄”。蒙哥马利还通过情报机关得知隆美尔已经患病，决心在心理上压倒他。机智的英国情报人员制造了一系列诬陷文件向德国人“透露”，使隆美尔及其手下信以为真。

1942 年，隆美尔在阿拉曼与士兵交谈

由于失去了无线电侦听机构，加上纳粹间谍组织被破坏，隆美尔失去了重要的情报来源，对英军的部署做出了错误的判断，他使用了惯用的“右肘弯击法”，即从侧翼迂回攻击敌人的战术。但这一战术已经被英军侦获。而隆美尔却像盲人一样，对英军的部署一无所知。更让隆美尔感到焦虑的是，军中严重缺少燃料，仅剩的汽油只能供他的几个装甲师行驶几十英里。

“狐鼠”交锋

正当隆美尔为缺少军需补给而犯愁的时候，一向乐观的南线德军总司令凯塞林元帅和意大利总参谋长承诺给他 1000 吨汽油。这使他信心大增，决定于 1942 年 8 月 29 日发动一次较大规模的进攻，力求速战速决。

但是，直到 8 月 27 日，仍不见一艘运输船到达这里。凯塞林元帅的飞机在海岸装甲兵司令部一降落，隆美尔便急不可耐地向他询问汽油之事，凯塞林拍着他的后背说：“如果所有努力都失败，他将向隆美尔空投 700 吨汽油。”隆美尔只得硬着头皮将既定计划执行下去。他的第一个目标是拿下阿拉姆－哈勒法山岭。这实际上可以说是他的生死一搏了。

8 月 30 日，在惨白的月光下，德第 15 装甲师和第 21 装甲师的 200 辆坦克沿着起伏的沙丘向阿拉姆推进。奈宁将军指挥的非洲军的左翼是意大利的装甲部队——布雷西亚师和塔兰托师，右翼是德第 9 轻装甲师。

当非洲军跟在工兵后面慢慢推进时，突然，一颗颗照明弹在空中爆炸，照得雷区如同白昼，德军立即暴露在英军的火力射程内。早已恭候在此的英军所有武器一齐开火。德军的坦克、装甲运输车和汽车纷纷被击中起火，有的车辆和士兵为了躲避炮火，踏响了地雷。第 21 装甲师师长俾斯麦中弹身亡。非洲军军长奈宁的指挥车被炸翻，车内军官大都被炸死，他自己也受了重伤。参谋长拜尔莱因立即换乘另一辆汽车，继续指挥非洲军向前推进。但是，不久之后，工兵绝望地发现地雷似乎无穷无尽，雷场布置区域远比情报介绍的要宽阔。

8 月 31 日清晨，当隆美尔登车前往指挥所时，他显得有些忧虑，心情沉重地向保健医生表示："今天发动的进攻是我有生以来最难作出的一个决定。要么我们将到达苏伊士运河，要么……"下面的话，他实在无法再说下去了。

当隆美尔到达前沿阵地的时候，他的坦克部队已经全部停了下来，等待工兵排雷。他立即命令所有步兵、炮兵火力掩护工兵排雷，工兵冒着炮火在前面拼命开路，部队则跟在后面一点点地向前推进。

此时，蒙哥马利正和往日一样呼呼大睡。参谋长德·甘冈摇醒他，向他简单地报告了战场情况，他咕哝了声"好极了"，又转身酣然睡去。

到上午 10 点，德军 21 个工兵排费尽九牛二虎之力起出了 1.8 万枚地雷，使大部队终于通过了这片"死亡地带"，向北进攻阿拉姆－哈勒法山岭。

1942 年 9 月，隆美尔与凯塞林在利比亚

福无双至，祸不单行。中午时分，沙暴突起，德军的坦克手通过瞭望镜根本看不清任何东西，只得小心翼翼地缓慢前进，几个小时才推进了不到 10 英里。风暴一停，德国空军就送来了一份侦察报告，说英军在这个山脊上构筑了非常坚固的阵地，还发现了最近刚从英国调来的第 44 步兵师（英军在此已布置了 3 个师）。这是一个善于打阵地战的王牌师。隆美尔不禁产生了一种不祥的预感。

把自己的主力坦克部队送给英军的步兵去打，是隆美尔最为忌讳的事情。以坦克机动作战，消灭英军的坦克才是他的拿手好戏。但现在再让非洲军撤出战斗为时已晚，箭在弦上，不得不发。隆美尔下令首先突破西端英第 22 坦克旅把守的 132 高地。非洲军在斯图卡轰炸机①的掩护下快速推进，开始时进攻还比较顺利，但后续的意大利部队却为雷区所困，未能及时赶上。

英军的炮火之猛如一道火墙，使德军的坦克根本无法逾越一步。更重要的是，英第 22 坦克旅根本就不在这里，而是在山脊上。这里全是英军的反坦克部队，一个围困坦克的“死亡陷阱”。

9 月 2 日，英国空军对进攻的德军轰炸了 12 次之多。英军炮兵在德第 15 装甲师不到 2 英里的正面上，发射了一万多发炮弹。失去了机动能力的坦克和车辆，成了英军最喜欢攻击的目标。由于缺少步兵的配合，德军坦克遭受严重损失。隆美尔陷入了进退两难的境地。

这时，蒙哥马利又不失时机地调集了 400 多辆坦克和大量的反坦克炮，来加强防守山脊的部队。无论坦克还是步兵，双方兵力对比皆为 1∶5。白天，英军的大炮不停地轰击。德军开 1 炮，英军就回敬 10 炮。隆美尔也险些被弹片击中。入夜，英军的轰炸机又像幽灵般飞来，乱炸一通，不给非洲军片刻安宁。更糟糕的是，凯塞林元帅和意大利答应送来的汽油此时仍不见踪影——开往北非的意大利油船都被击沉了。油料一天天减少，眼看即将告罄，即使英军不阻击，这些坦克恐怕也很难全

---

① 斯图卡轰炸机：第二次世界大战期间纳粹德国空军广泛使用的一种俯冲轰炸机，1935 年开始投入使用，直到战争结束。

部开到尼罗河。

当天晚上，德军运输补给部队又遭到英第 7 装甲师从南面和东面的有力攻击。由于攻击相当突然，数百辆德军运输车来不及反应，便在英军的炮火中化为灰烬。

隆美尔心里暗暗叫苦，赶紧发电给柏林，让国内对非洲的战事宣传降调子，以免遭人耻笑。

现在隆美尔知道进军速度已大大落后于原定计划的预期，显然已不可能突破英军的防御阵地，阿拉姆－哈勒法山脊成了装甲部队的危险地带，不可久留。他问参谋长拜尔莱因："我们现在是否该考虑一下停止进攻?"拜尔莱因表示，英军对德军在什么地方似乎很清楚，现在应该变更一下进攻目标。

很快，隆美尔又获悉新西兰师正向德军后方穿插，想要关门打狗。隆美尔被迫宣布停止进攻，退回自己的据点。

蒙哥马利初战获胜，他的部下都建议穷追猛打，但被他拒绝了。他深知己方士兵未达到巅峰状态，而隆美尔惯于用 88 毫米高射炮痛打冒进的追兵，英军已多次领教，所以他小追了一阵便鸣金收兵。蒙哥马利的谨慎使他丧失了时机。

此役史称阿拉姆－哈勒法之役，或第一次阿拉曼之战，以德军败退而结束。双方损失都不大，德军损失 38 辆坦克，英军为 28 辆。但兵力原本就占优势的英军可得到及时补充，而隆美尔的坦克却损失一辆就少一辆。38 辆坦克对隆美尔来说是个难以承受的损失，他为此心痛不已。这个时候的隆美尔，正如一只被束缚住了手脚的"狐狸"，前怕狼后怕虎，而在战争中，谨小慎微的心理很容易使己方陷入被动。

更重要的是，双方的士气完全颠倒过来了。英军因战胜了"沙漠之狐"而信心与日俱增。蒙哥马利也树立起了自己的威望，制服了原本对他不屑一顾的沙漠老兵。这一切对以后的总决战具有至关重要的影响。隆美尔的作战参谋日后写道，这次战斗无疑是"沙漠战争的转折点，是各条战线一系列败仗中的第一个，预示了德国的战败"。同时，这次撤退也标志着隆美尔的辉煌已经越过顶点，正在开始跌落。

凯塞林元帅很快便获知了装甲集团军开始撤退的消息。当天下午，他赶到隆美尔的临时指挥所，脸色严峻地警告说："你的撤退命令将会破坏元首的伟大战略部署。"隆美尔竭力解释为什么放弃这一进攻，他绘声绘色地描述了英国空军猛烈可怖的攻击，并请求"从根本上改善给养状况"。凯塞林元帅私下认为，隆美尔距开罗只有几十英里，远比他穿越半岛800英里容易。显然，他对双方的态势完全不明了。

隆美尔的撤退也令希特勒极为不满。其实，他对隆美尔的处境是很了解的，但他早已产生了一种输不起的心理，希望隆美尔即使打不赢也要打到底。他在言谈中流露出对隆美尔的变心感到忧虑，开始不信任隆美尔了。而英军方面对蒙哥马利放弃一次将隆美尔的非洲装甲集团军一网打尽的大好时机也议论纷纷。有人指责蒙哥马利是放虎归山，后患无穷；还有人认为，蒙哥马利是被隆美尔的名望和他那闻名遐迩的反击才华震慑。

面对种种非议，蒙哥马利表现得不以为意，他闲适地坐在帐篷里给远在英国伦敦的朋友写信说："现在的比分是1∶0。这一轮是他发的球，下一次该轮到我发球了。"埃及被隆美尔占领的危险已经不复存在，在开罗为英第8集团军举行的庆祝宴会上，蒙哥马利向各国驻埃使节宣布："不久的将来，我就会彻底消灭隆美尔的非洲装甲集团军。""沙漠之狐"不可战胜的神话将在阿拉姆－哈勒法化为灰烬。有人问道："不久的将来是多久?"蒙哥马利避而不答，但他信心十足地描绘了自己的进攻蓝图，并许下了诺言："把德国人赶出北非!"

隆美尔撤回自己的防线后，仍抱着极大的希望等待柏林和罗马的援助，他在战线的己方一侧构筑了层层防线，埋下44万枚地雷，由步兵、坦克和大炮把守，号称"魔鬼乐园"。英军从何处冲过"乐园"，如何对付德军的装甲部队，成为蒙哥马利首先要考虑的问题。

按照常规战术，攻方在与海岸平行进攻时，通常会选择在远离海岸处切断守军退路。在选择打击目标时，通常从对方的装甲部队开刀。但蒙哥马利却别出心裁，炮制出"稀奇古怪"的战术，准备把主攻方向放在海岸一侧（即北端）。其好处是一旦突破敌阵，既可向南迂回，也可直抵龙门，使对方难以把握自己的脉搏。同时，他选择德军的非装甲部队为首次打击目标，以重炮和步兵为前导发起进攻；待德军的装甲部队来援时，再出动第二线的装甲部队与之展开装甲大战，以优势兵力围歼它。

他的计划遭到了参谋们的非议，中东总司令亚历山大则表示支持。在讨论作战方案时，情报参谋威廉少校建议择敌弱点，首先突破战斗力较弱的意军防线，蒙哥马利很高兴地采纳了他的意见。

此外，蒙哥马利关心的另一问题是如何在毫无遮蔽的沙漠里以假乱真，屯兵于北线，打隆美尔个措手不及。对此，参谋长德·甘冈和著名的欺骗部队——A 部队指挥官马克·韦恩·克拉克[①]密切配合，连出妙招。他们把 200 吨汽油装桶后藏在深壕里，然后将遮阳棚和伪装网罩在坦克、炮车上，将其伪装成卡车。在开进时用卡车顶着大炮倒行，扮成坦克状。待它离去后，又在原地安放上千辆假坦克、假大炮，造成部队仍在原地的假象。在佯攻方面，英军大张旗鼓地在德军眼皮底下调动部队，构筑工事、铺设油管，把电线杆架在阵地上充当大炮。他们还利用掌握在自己手中的德国间谍网，频频发出假情报，说英军不可能在 11 月中旬以前发起进攻。

隆美尔方则恰好相反，除了固守待援以外，他似乎没有什么好招可用了。他对每一次行动，哪怕只是很小一支部队的调动都要仔细盘算，节约每升汽油、每发炮弹，甚至每升水。与此同时，失败的屈辱使他不愿再出现在自己的部下面前，他把自己关在司令部里，似乎对战争不再感兴趣了。他经常在司令部里看着露西和 13 岁的儿子曼弗雷德的照片发呆。曼弗雷德刚给他来过一封信，信中写道：

亲爱的爸爸，今天我已经学会了用打字机打字，这可真不容易，别为我没用笔给您写信而生气，因为用打字机更困难。您要回家休假，这

---

① 马克·韦恩·克拉克（1896—1984）：美国陆军上将，第二次世界大战期间担任美国第 5 集团军司令；朝鲜战争时期任“联合国军”指挥官。1953 年代表“联合国军”与朝鲜人民军和中国人民志愿军在板门店签署停战协定。

> 实在是太好了，我时时刻刻都在盼望着这一天的到来。我正在阅读最近一期的《法兰克福》杂志，里面有一篇文章着重地描述了您为自己的士兵树立的优秀榜样。文章里谈到，当人们问您在法国指挥过的那个师的士兵们处境如何的时候，他们回答说："我们的右翼没有友邻部队，侧翼没有掩护；我们的后方也没有兵力。但是隆美尔站在我们的前列！"

隆美尔看完苦笑了一下，突然感到身体不适，他太需要休息了。

9 月 19 日，因健康问题，隆美尔不得不回国治疗。非洲装甲集团军暂由格奥尔格·施登姆将军指挥。在交接的过程中，隆美尔把有关在阿拉曼战线上必须继续加紧工作的事项以命令的形式交给了施登姆。由于无法对战线进行侧翼包围，蒙哥马利很可能会从正面插入，隆美尔最后叮嘱道："一旦英军发动大规模进攻，我将会停止疗养，提前赶回来。"施登姆早听得不耐烦了，隆美尔似乎对他的指挥才能很不信任，这令他大为不悦。

回国途中，隆美尔在意大利作短暂停留。9 月 24 日，墨索里尼会见了隆美尔。隆美尔一再强调，除非能获得他所提出的最低限度的补给，否则装甲集团军将不得不撤出非洲。墨索里尼认为这只是隆美尔为他未能如期攻占罗马而寻找借口而已。他甚至认为，隆美尔现在的病情完全是因为心理上承受不了失败的打击所致，"因为他一直习惯于打胜仗和到处受人尊崇"。但他还是口头答应将调拨大量法国船只，加强对非洲的后勤补给。

在柏林，德军统帅部似乎并不知道非洲正在发生的一切，仍然充满了乐观情绪。当隆美尔谈到英军战斗轰炸机用 40 毫米美制穿甲弹轻松地击穿德国坦克时，他们发出了极不信任的冷笑。

9 月的最后一天，隆美尔再次轻快地走进帝国总理府希特勒的书房，接过了一个里面装着闪闪发光、镶有钻石的元帅杖的黑皮箱。为了使场面更和谐一点，党卫军头子希莱姆脱去军装，穿上了纳粹党的制服。下午，隆美尔成了柏林运动场群众集会的上宾，新闻纪录片摄下了他走过纳粹党和军队要员密密麻麻的行列，来到主席台前受到希特勒迎接的情景。他摆动着元帅杖，行着近似挥手的纳粹礼——扬起手臂。所有帝国广播电台都播报了希特勒赞扬隆美尔的演说。隆美尔不明白，为什么他准备从非洲战场撤军的时候，元首要以如此隆重的方式将元帅杖交给他，是激励吗？是鞭策吗？

这实际上是希特勒心照不宣的一次作秀，他仍以荣誉感来激励隆美尔再作拼死一搏。毫无疑问，希特勒是在利用隆美尔，但是隆美尔也乐于被希特勒利用。几天以后，隆美尔写信告诉施登姆关于他和希特勒的会见。他在信中说："元首已经答应我，他将考虑让装甲集团军尽可能地得到增援，首先是最新最大的坦克、火箭发射装置和反坦克炮。"隆美尔还要求希特勒给他大量的火箭弹、260 毫米的迫击炮和最新式的奈比尔威弗的多管火箭发射器，以及至少 500 台烟幕弹发射器。

10 月 3 日下午，隆美尔飞往靠近维也纳诺伊斯塔特的维也纳和塞麦宁山，在那里开始治疗高血压和肝病。1 个小时后，他终于又回到了离开已久的家。

在某种意义上，家对隆美尔来说就像是一个世外桃源，它远离非洲，远离战争的硝烟。在这里，他可以暂时逃避自己的失败，不必为战争绞尽脑汁，也不必为了自己的职责和形象而装腔作势。

神话破灭

隆美尔离开非洲前线期间，英军中东总司令亚历山大将军仍在调兵遣将，至 1942 年 10 月下旬，随着兵员和装备源源而来，英第 8 集团军已成为一支兵强马壮、士气高昂的精锐之师，包括英国师、南非师、印度师、新西兰师和澳大利亚师等 11 个师和 4 个独立旅，总兵力为 23 万人，坦克 1440 辆，火炮 2311 门，飞机 1500 架。英军的战略意图十分明确：钳制左翼德军，由阿拉曼西南防区向西迪哈米德方向实施主要突击，将德意军队压迫至沿海一带，并予以围歼。

而隆美尔的非洲装甲集团军经过有限补充之后，下辖德军 4 个师（其中第 164 轻装甲师是新组建的）、1 个伞兵旅和 8 个意大利师，总兵力10万多人（不久又有1.7万名伤病士兵回国），坦克540辆，火炮1219门，飞机350架。

无论是在地面还是在空中，无论是人员还是兵器、数量还是质量，蒙哥马利都以绝对优势压倒了隆美尔。

此外，蒙哥马利手里还攥着一张足以置强敌于死地的王牌——设在英国本土的电报密码破译机，通过它对德军的电文进行捕获、翻译，然后经过几次中转，传到蒙哥马利手中，让他掌握隆美尔的一举一动。

德军的日子越来越难过。隆美尔回国前，在南、北防线纵深各部署了1个德军装甲师和1个意大利装甲师：南方靠近英军的是德军的精锐装甲师，并配置了步兵和炮兵，准备依托防线中部的米泰里亚山脊，以层层拦截挫败英军的进攻。但要命的是他的后勤补给本来就不好，蒙哥马利偏冲他的软肋猛下刀子，利用“超级机密”① 情报，让英国海、空军对德意运输船大开杀戒，把隆美尔眼巴巴盼望的人员、装备、汽油、

图为英国发明的巨像电脑，“二战”期间用来破译德国人的密码

① 超级机密：1939年年底，英国情报人员在波兰人的大力协助下，研制出可破译德国密码的数据处理机“万能机器”。这是一台数据处理机，高约8英尺，底座宽8英尺，外形酷似一个老式的钥匙孔。英国情报人员把“万能机器”破译的密码情报称为“超级机密”。

食品和弹药都送进了大海。德意运输船队的损失率陡然升至40%。隆美尔的储备严重不足，前线部队经常一个月不见蔬菜，疾病流行，非战斗减员严重。至10月中旬，德意军储备油料为7天，食品21天，弹药9天。除此之外，德军对英军的战略部署一无所知。

10月中旬过后，英第8集团军已是万事俱备，只待一声号令了。

10月20日，蒙哥马利召集第13、第30、第10军中校以上军官开会，发布实施“轻盈作战”的命令，号召每个官兵只要生命尚存就要奋勇杀敌：“即使随军牧师也要平日杀一个，礼拜日杀两个！”众军官闻言大笑，齐声祷告：“愿万能的主赐予我们胜利！”之后，蒙哥马利宣布了实施这一作战计划的步骤。

10月23日夜，明月高悬，万籁俱寂。非洲装甲集团军司令部里，施登姆正和参谋们围坐在一张桌子前，以极好的胃口大嚼一只刚刚猎到的羚羊。突然，东方响起了惊天动地的巨响，把他们从椅子上震了起来。施登姆冲出房门，紧张地向东眺望，只见那边火光四起，半边天空被映照得通红透亮。

参谋们立即归位，接通电话，里面传出前线指挥官急促的喊声：“英国人开始进攻了！”施登姆抓起钢盔扣在头上，跳上一辆半履带装甲车驶往前线。

这天，在奥地利山庄养病的隆美尔正思考着过去两天来发生的异乎寻常的事件，他悠闲懒散，徘徊遐想，突然，山庄里的电话铃不停地响了起来。他的副官伯尔恩德从罗马打来电话：“蒙哥马利昨夜开始进攻了！施登姆将军已经失踪，不知去向。”副官还没讲完，隆美尔便立即叫人安排飞机。

在战争前线，英军从阿拉曼西南地中海沿岸到卡塔拉盆地之间约40英里的正面，向德军防线发起了全面进攻。英军以1000门大炮朝德军阵地猛轰，炮弹疾如闪电，密如冰雹，炸得德军士兵无处躲藏，尸骨横飞。30分钟后，英第13、第30、第10军分别从南、北两个方向同时发起进攻。北段似乎是他们的重点目标，第30军的任务是，在德军防线上打开两条通道，引导坦克配置最多的第10军向纵深突击。南段的第 13 军则进行佯攻。

英军一切都在按计划进行，却把德军害苦了。因为北端是意军的一个轻装甲师，哪里经得起英军近两个军的兵力攻击。非洲集团军赶紧调一部分兵力增援北端。

英第 30 军的第 9 澳大利亚师、第 51 苏格兰高地师和第 4 英印师的步兵端着寒光闪闪的刺刀，冲入烟尘弥漫的战场，冒着德军猛烈的炮火排雷清障。到次日清晨，他们在雷区打开了两条通道。

英第 10 军的第 1、第 10 装甲师随即驶入通道，沿着仅有一辆坦克宽的小道小心翼翼地向东前进，但被从米泰里亚岭横射过来的炮火所阻。

至黄昏时，北走廊的英第 1 装甲师杀出一条血路，冲出雷区。

在南段，英第 13 军主要是牵制德军的两个坦克师。但英第 10 装甲师对德军的王牌有些恐惧，一直裹足不前。指挥官见德军火力凶猛，想要后撤。蒙哥马利大怒，严令不顾损失地前进，哪怕是毁掉这个师也在所不惜，并威胁要把患了“意志薄弱症”的指挥官罢官免职。

10 月 25 日晨，英军各路装甲部队终于以损失 200 辆坦克的代价冲过雷区。

就在两军激战之时，德军司令部在 10 月 24 日一整天陷入群龙无首的混乱局面。指挥官施登姆自 10 月 23 日晚开车离去后就杳无音信，生死不明（几天后在战场上找到了他的尸体，经查死于心脏病猝发）。

10 月 25 日傍晚，隆美尔终于回来了。快天黑的时候，他的飞机在飞沙走石的卡萨巴机场着陆，一辆指挥车立即把他送到了集团军司令部。代理参谋长威斯特法尔向他详细汇报了战斗情况和施登姆将军“失踪”的经过。“他的尸体是今天中午才找到的，”他接着向脸色阴沉的隆美尔汇报说，“当他们的装甲车开到 21 号高地的时候，遭到英军机枪和反坦克炮的射击，布赫丁上校当场被打死，施登姆将军可能想要跳出车外，结果因心脏病突然发作，从车子上摔了下来。”

听完汇报后，隆美尔发现形势相当严峻，而且英军的行动有违常规，蒙哥马利把打击重点放在北端而不是南端，而北端的防御恰好是整个防线最薄弱的地方。隆美尔努力使自己冷静下来，仔细分析英军的真正意图：蒙哥马利是想一口吃掉意军装甲师，切断德军的退路，然后从南往北挤压，迫使德军在沿海狭窄地带与英军决战。

这天夜里，英军坦克冲过雷区，楔入沿海开阔地带，并占领了俯瞰这一开阔地带的腰子岭（第28号高地）。隆美尔投入装甲和步兵主力向第28号高地发起反攻，但未能得手，反而在根本无法隐蔽的地段遭到英国空军的无情轰炸。

隆美尔回到指挥车上，当即下达了一道命令："我已奉命回到集团军总指挥的位置上，我将与你们并肩战斗，直到彻底打败英国人。埃尔温·隆美尔。"他随即命令第21装甲师摆脱与敌人纠缠，全速前进，准备孤注一掷，进行一场大规模的坦克决战。

与此同时，蒙哥马利也在调整部署，把第7装甲师从南线调来，同时把北面的进攻正面宽度压缩至靠海岸仅7英里的狭窄地段上。

10月26日，隆美尔亲自指挥坦克反攻腰子岭，卡车载着步兵跟在坦克后面向腰子岭冲去。山头上的英第2来复枪旅和第1装甲师射出猛烈的炮火。特德将军的沙漠航空队也来助战，密集的炸弹砸向沿着光秃秃的山脊向上爬的德军纵队。隆美尔忙命令空军出动轰炸机对正在集结北调的英军实施轰炸。尽管瓦尔道将军一再申辩没有足够的战斗机护航，出动轰炸机无疑是白白送死，但隆美尔却在电话里大声叫道："如果你不出动飞机阻止敌人集结，那么整个军团都将身陷绝境。"

然而，德军的轰炸机中队仅有4架战斗机掩护，当它们飞往腰子岭准备向英军阵地投弹时，遭到60多架英军战斗机的猎杀，一架接一架地在空中被击中、起火、爆炸。

地面上，守卫腰子岭的英军士兵在炮火的掩护下，一次又一次地击退了德、意联军的反攻，双方均伤亡惨重。隆美尔失望地放下望远镜，驱车离去。

在以后的几天里，德军又数次向腰子岭发起进攻，但都无功而返。

仅10月27日这一天，英第1装甲师就击毁德军50辆坦克。贫瘠荒凉的山头上尸横遍野，血流成河。

在前线德军连连告急之时，后方又传来运输船接连被击沉的噩耗。

“普罗尔比拉”号油轮也在托卜鲁克港外被跟踪而至的英军飞机击沉。隆美尔几乎绝望了，他甚至想到了死。事实上，他的阻挡只是垂死挣扎而已，失败的结局已经注定了。他在10月28日给露西的信中写道：“我在最后一刻将会念及你们，我死后切勿悲伤，要为我感到自豪。”

当晚，蒙哥马利再次发起猛攻。经过数次战火考验的澳大利亚第9师一鼓作气冲到海边。隆美尔连忙调兵堵截，暂时稳住了阵脚。

到此为止，蒙哥马利的第一期目标已经达成，英军已穿过德军防线，占据了北端很宽的一段地方。在以后的4天半中，战局稍稍平缓了一些。

几天来，隆美尔第一次睡了一觉，醒来时依旧心烦意乱。他已经焦头烂额了。10月30日晚些时候，楔入隆美尔防线北面的澳大利亚步兵再次向海岸挺进，引起了德军一阵小小的骚乱。30辆英军坦克乘机赶到海岸公路边，但隆美尔的部队及时阻止了它们朝纵深发展。这一天，德军俘虏了200名澳大利亚士兵，摧毁了20辆坦克。意大利卡瓦利诺从无线电里发来了墨索里尼对这次局部胜利“大为赞赏”的电报，令隆美尔哭笑不得。他意识到，对手绝不会就此罢休，他一面严令部下死守，一面悄悄部署撤到70英里以外的富卡，这样做等于放弃了走海滨公路这一坦途。

10月31日，英军中东司令官亚历山大将军到战场巡视。他和蒙哥马利密谈，决定下一步发起“超级冲锋”行动，彻底打垮隆美尔。也就是说，此时在北端的英军可以稍事休整，以逸待劳；南端的英军则开始全力进攻，把德军赶到北端英军的包围圈里去。蒙哥马利命第9装甲旅为前锋，突破雷区和反坦克炮阵地，为后继的第13军打开缺口。他对旅长柯里准将说：“对你的部队，我准备承受100%的损失。”柯里表示将亲自率队冲锋。蒙哥马利打算，万一第13军伤亡过大，仍不能完成打开突破口的任务，再由第10军接替这一任务，不论付出多大代价也要打开缺口。

11月1日夜，英军惊天动地的“超级冲锋”行动开始了。夜里10点左右，英军200门大炮同时向德军防线的一段狭窄地带开炮，成群的

1942 年，阿拉曼战场上一支盟军突击队突然进攻德国防线

重型轰炸机天女散花般向该地区和后方目标投放炸弹。黎明时分，英第 9 装甲旅的坦克轰鸣着冲入敌阵。德军的两个炮兵营严阵以待，88 毫米高射炮打得又猛又准，英军坦克一辆接一辆地起火爆炸，但英军仍不顾一切地猛冲，结果在开阔地带遭到无情的射杀。沙漠上空浓烟滚滚，到处都是燃烧着的英国坦克。

在短短的几个小时里，英第 9 装甲旅的 123 辆坦克仅剩下不到 20 辆，坦克手死伤过半。但他们的血肉之躯终于撞开了隆美尔南端防线之门，开始向北推进。德军俯冲式轰炸机也被英军战斗机击落。英第 1、第 7 装甲师和第 51 苏格兰高地师从走廊一穿而过，然后呈扇状展开，分头杀向德军纵深。隆美尔调集坦克拼死拦截，试图堵住缺口，双方爆发了一场无比激烈的坦克大战。

隆美尔站在一个小山顶上指挥战斗，眼看英国轰炸机一队接一队飞来，把他的士兵炸得血肉横飞，他却毫不躲避。此刻，幸运之神仍在眷顾着他。

前沿阵地上，英军的几百辆谢尔曼坦克[①]隆隆驶来，如入无人之境，德军炮手来不及射击便被打死了。双方的坦克在沙漠里相互追逐，搅起了漫天黄沙。英军的飞机和炮兵对混战中的坦克显然爱莫能助，只能向德军的后续梯队射击和轰炸。隆美尔又使用了他的一贯伎俩，调集所有的高射炮来对付英军后续梯队的坦克。即使是有着 50 毫米厚前甲的谢尔曼重型坦克，也被打得落荒而逃。

这一天，隆美尔的装甲集团军一共消耗了 450 多吨弹药和 300 多吨燃料，但只补给了 190 吨弹药和 120 吨燃料，这还是由 3 艘意大利驱逐舰冒着巨大风险越过英军的封锁线匆忙运来的。晚上，非洲军军长报告说，他手下能作战的坦克只有 30 辆，“至多不超过 35 辆”，意军“已溃不成军”。

这场仗显然无法再打下去了。隆美尔当即下令全线后撤，并直接向希特勒发报，闪烁其词地说自己正在撤退。

希特勒闻讯勃然大怒，他紧紧揪着自己的头发，口授回电，严词训示：“不胜利，毋宁死，别无他途！”隆美尔如雷轰顶，大受震动。他知道这道命令荒谬绝顶，但他只能在没有人的地方哀叹“元首简直发疯了”；同时，对希特勒的忠诚又使他别无选择，只得不顾部下的强烈反对，下令停止撤退，背地里又默许部下做些“小小的撤退”。他把自己的全部积蓄托人带回国，同时附上一封惨兮兮的诀别信：“别了，露西！别了，我的孩子！”

此时，在英国的一个乡村别墅里，隆美尔的电报正被破译机破译。几个小时后，被破译的电报送到了丘吉尔等少数可以获悉这一绝密的军政首脑手中。“很明显，隆美尔正在向希特勒求援。”蒙哥马利随即接到指示，要求他绝不手软，猛攻摇摇欲坠的德军防线。于是，蒙哥马利下达命令：“全力缩小包围圈，一定要套死‘沙漠之狐’！”

---

① 谢尔曼坦克：是第二次世界大战时期由美国开发研制、以美国南北战争中北军名将威廉·特库赛·谢尔曼命名的 M4 中型坦克。

11 月 4 日，南方战区总司令凯塞林元帅从意大利飞来给隆美尔打气。当他发现隆美尔只剩下 22 辆完好的坦克时，这才相信隆美尔真的是无能为力了，为此他亲自发电请希特勒收回死战的命令。

就在隆美尔等待希特勒的最新指示时，英军再次发起了猛攻。

在英军的新一轮攻击下，意大利第 20 军率先崩溃。隆美尔下达了数道死令，也无法稳住局面。托马将军在指挥所里扯着嗓子咆哮了一通，然后挂上所有的勋章，乘坦克冲向枪炮最激烈的地方，拼死一搏。这意味着将全军覆没。隆美尔只得修改命令："竭尽全力尽量消灭英军，但要保存实力，不要做无谓的牺牲，一定要突围！"

意大利第 20 军立刻派人寻找军长，一个小时后，随后赶来的部下看见托马将军正直挺挺地站在燃烧的坦克旁，呆呆地看着围上来的英军坦克，准备以死效命……

晚上 8 点 50 分，希特勒终于同意撤退。德军开着 11 辆坦克和从意军手中抢来的汽车向西狂奔。英第 8 集团军全线追击，坦克在地面疾驶，飞机追到溃军头上疯狂地盘旋、轰炸、扫射。

不久，一部分被困住的意军排着整齐的队伍，在手提行李箱的将军带领下向英军投降。隆美尔拖着病体顽强地组织后撤，并再次得到了老天的眷顾——暴雨突降，英军追击受阻。这使隆美尔侥幸逃出英军的包围圈，避免了全军覆没的命运。

11 月 12 日，英军肃清了阿拉曼战场的全部德、意残军。当天，蒙哥马利发表文告宣布："今天，11 月 12 日，在埃及土地上，除俘虏外，再也没有德国和意大利士兵了。"

阿拉曼决战扭转了战局，"隆美尔神话"被彻底打破了。英第 8 集团军打死、打伤、俘虏德、意军 5.9 万人，俘虏 1 名德国将军和 9 名意大利将军，缴获坦克 350 辆、大炮 400 门、物资数千吨，彻底将德、意军队逐出了埃及和利比亚。但英军也为此付出了死伤 1.35 万人、损毁 432 辆坦克的惨重代价。

战后，英军德·甘冈将军评价说："从这里开始，不列颠交上了好运。在经历了一系列令人沮丧的失败后，这次胜利尤显珍贵。它使我军相信，只要有正确的领导和武器，就一定能打败德国人，夺取最后的胜利。”

丘吉尔更是喜笑颜开，极力称赞阿拉曼决战：“它实际上标志着‘命运的关键性转折’。”

隆美尔在阿拉曼的失败，宣告了希特勒的末日已经到来。希特勒对这次惨败十分愤怒，而5天后发生的盟军在北非登陆、3个月后发生的德军兵败斯大林格勒等事件，终于使他意识到，他正在走向失败的深渊，而且不可扭转。

第九章　喋血黄沙非洲梦

败而不溃

隆美尔在阿拉曼战败后，于1942年11月4日开始向西大撤退。这是一场2000多英里的“奥德赛远征”。一路上，英军的飞机从未消失过，只要见到德军，他们就毫不吝啬地扔下炸弹。英军地面追击先遣队几乎与隆美尔的装甲集团军平行着高速向前推进。丘吉尔和蒙哥马利的态度很明确，不把隆美尔斩草除根誓不罢休。

与士气高昂的英军相反，阿拉曼之战的创伤深深地印在了德军官兵的心头。这对一支习惯了胜利的军队来说无疑是一次致命的打击，它极大地动摇了士兵们对自己及指挥官的信任。而隆美尔也开始品尝到了过去英、法军队大逃亡的滋味。

11月4日黄昏，隆美尔和他的司令部成员终于上了海岸线公路，蒙哥马利试图从两翼迂回包抄隆美尔，但德军撤退的速度太快了。11月6日凌晨，隆美尔已率军向梅尔沙－马特鲁进发，那些依稀可见的阿拉伯村庄没多久便被抛在后面的夜幕中。早晨，蒙哥马利在马特鲁正东方向收紧了罗网，但他不敢肯定这次能网住多少德军。

这一天大雨滂沱，沙漠变成了一片泽乡，使英军的第二网没有合拢。隆美尔再次得以逃脱，他花了两天时间对困顿散乱的队伍进行了整顿，发现非洲装甲集团军只剩下一个空架子：他只有10多辆可以动弹的坦克，第90轻装甲师只有一营半的兵力，虎口逃生的第164轻装甲师也只剩下三分之一的兵员；本已成功突围的意大利第20军的半个师被英军赶上，现已全部投降；意大利第 10 军也全军覆没；给养情况也岌岌可危。尽管已有 5000 吨汽油运到了班加西，但他们离那里还有 600 英里的路程。隆美尔只得命令兰克将军偷袭一支英军的运输队，抢到了一些汽油，机动车才得以重新开动。一路奔波之后，他好不容易占领了富卡。

蒙哥马利由于未能乘胜歼灭隆美尔的非洲装甲集团军，受到了国内军政要员和议员们的质问。他很机智地找了个借口，把未能追歼非洲装甲集团军的原因归结为："由于 11 月 6 日和 7 日的大雨，才使隆美尔部幸免于被全歼的厄运。上帝眷顾他。"事实上，英第 1 装甲师曾一度赶到隆美尔的前头，但由于燃料突然告急，不得不停止前进，眼睁睁地看着非洲装甲集团军从身边溜了过去。该师师长布雷格斯将军曾一再要求带足能够做长途追击的燃料，但没有引起蒙哥马利的重视。接着，英军运输队又遭到隆美尔的袭击，丢了油，这才让隆美尔逃掉了。

隆美尔本想在富卡建立一道防线，意大利最高统帅部也命令他必须坚守富卡阵地，绝不能再向后撤退。但他不久得到了一个令人吃惊的消息，一支由 100 多艘舰只组成的英、美混合舰队正朝着非洲驶来。隆美尔自知以自己现在的兵力装备来阻止英军追击，无异于以卵击石，于是命令非洲装甲集团军继续向西撤退。如果不行，干脆用船把精锐部队运回欧洲。

但是，到底要撤到哪里才是个头呢？前面距此 100 英里的托卜鲁克还储存着约 700 吨弹药，但是在这中间，在利比亚－埃及边境上，还隔着塞卢姆和哈勒法亚的高山险道。没有油，所有机动车都如同一堆废铁。隆美尔不得不放弃占领马特鲁的打算，继续后撤。为了延缓英军装甲部队的追击，他命令第 90 轻装甲师一边撤退，一边阻击，并让工兵沿途埋设地雷。埋有碎金属片的假雷区和真雷区混杂在一起，使英军伤透了脑筋，他们不是被炸得缺胳膊少腿，就是上当受骗，白忙活半天。

在英国空军、陆军的追击下，疾病缠身的隆美尔再次显示了惊人的毅力和狡诈，如一只正被猎人追赶的狐狸，率领他的装甲集团军逃脱了一个又一个陷阱。

在退往利比亚边境途中，隆美尔与伯尔恩德意外相遇了。伯尔恩德到这里之前曾晋见过希特勒，他把希特勒的重要命令向隆美尔做了传达：“唯一要做的事就是在非洲某个地方重新建立新战线，而且要选择在不太重要的地方。”希特勒希望隆美尔在北非组织起新的防线，目的当然是不让英军北上进入欧洲战场。为此，德军统帅部决定给隆美尔提供一批德制新式武器，其中包括具有大杀伤力的 88 毫米大炮和 41 型高射炮，以及新出厂的十几辆新式马克Ⅵ型坦克、虎式和豹式坦克。

这对隆美尔来说是一件值得欢欣鼓舞的事情，但他同时又得到了一个坏消息：9 月下旬，美、英两国参谋长联席会议在伦敦确定了实施“火炬”作战计划的细节，决定同盟国军队于 11 月 8 日在法属北非的阿尔及尔、奥兰和卡萨布兰卡实施登陆，占领沿海主要港口，然后登陆部队由阿尔及尔向东抢占突尼斯，再待机与北非的英军协同作战，消灭在北非的全部德、意部队。现在，一支庞大的拥有 10 多万人的美军已在阿尔及利亚和摩洛哥登陆，正准备实施该计划。事实上，希特勒得派出大量兵力去应对那些火烧眉毛的事情，不可能再派出部队来支援隆美

1942 年，隆美尔（右 2）正在研究如何逃离非洲

尔。隆美尔本来也没有抱太大的指望，但他不得不考虑这样一个问题：什么地方对德国来说不够重要，又要有条件筑起防线？梅尔沙-马特鲁、哈勒法亚隘口、托卜鲁克已经没有多大希望了，班加西的意军也在撤退，并将港口的大部分设施炸毁。

11月15日，驻罗马的德国空军联络官里特·冯·波尔将军来到北非，还带来了意大利卡瓦利诺元帅的指示："墨索里尼通知你，庞大的增援部队已飞往突尼斯和的黎波里。他们可能还要一些时候才能赶到前线。轴心国在非洲的命运将取决于你能否守住阿格拉的新防线。"听到这个消息，隆美尔想到了突尼斯。

11月21日早晨，赛德曼将军乘着斯托奇飞机在附近着陆，给隆美尔带来了一个意外消息：从阿格拉到布雷加一带的海岸边漂浮着成百上千的箱子和油桶。这是遭到鱼雷袭击的"汉斯阿尔普"号油船上的货物，命运之神将它们送到隆美尔奄奄一息的部队脚下。靠着这几百吨燃料，隆美尔于11月23日安然撤出了阿杰达比亚，把缺胳膊少腿的装甲军带到了布雷加一线。

到达布雷加后，隆美尔像当年在山地营一样，亲自考察了这一地区的地形。他发现，如果按照希特勒和墨索里尼的要求在这里建立新的防线，将是非常困难的。因为布雷加防线长达100英里，而阿拉曼防线不过40英里。现在他既没有足够的坦克和燃料，也没有足够多的步兵、炮兵和重型武器、反坦克炮。地雷只有3万多颗，无法像在阿拉曼那样设置一个足以迟滞英军进攻的"死亡乐园"。他和后方最近的补给地——布厄艾特港之间隔着长达250英里的沙漠。要想横跨这广袤贫瘠的地段，每一滴淡水和汽油、每一吨粮秣和弹药都是极为珍贵的。

为此，隆美尔派意第20军的吉斯比·德·斯蒂芬尼斯将军带着这些强有力的数字，于11月20日飞回罗马，劝说意大利最高统帅部放弃这个不切实际的想法。然而，斯蒂芬尼斯到达罗马面见卡瓦利诺元帅时，丝毫没有提及隆美尔考虑的现实问题，而是趁机大肆贬低隆美尔。卡瓦利诺问他，隆美尔打算在什么地方才停下不再撤退。斯蒂芬尼斯耸了耸肩，回答说："隆美尔不断地从一线撤至另一线，他甚至要举手投降呢！”这一消息让卡瓦利诺大为震惊，他马上把这一情况向德军最高统帅部作了汇报。

德意最高统帅部经过简单磋商，决定将隆美尔的非洲装甲集团军划归意大利驻利比亚总督巴斯蒂柯元帅麾下，让隆美尔服从他的指挥。卡瓦利诺元帅发电指示巴斯蒂柯：“这样也许能避免这位元帅再擅作主张，破坏我们的战略意图。”隆美尔显然不愿服从最高统帅部的这一决定，坚持将他的部队继续向后撤退。

11 月 24 日，隆美尔、凯塞林、卡瓦利诺和巴斯蒂柯 4 位陆军元帅召开了一次长达 3 个小时的碰头会。隆美尔直截了当地表示，他不愿在布雷加死守这条孤立无援的防线，并一再强调，既然墨索里尼和希特勒命令他坚守，再争论其他的选择也是徒劳无益。这次会谈不欢而散。

11 月 26 日，巴斯蒂柯元帅电告隆美尔，墨索里尼此刻甚至还指望着装甲集团军向英军的先头部队发动有限的反攻。墨索里尼明确指出，没有他和巴斯蒂柯的允诺，隆美尔无论如何也不得再往后撤。但隆美尔对此置之不理，他简短地给纳瓦里尼和缪勒上校下达命令，让他们准备把部队后撤到布厄艾特。

随后，隆美尔完全撇开巴斯蒂柯，将指挥权交给接替托马军长职务的费恩将军暂时代理，自己和贝恩特登上了一架亨克尔飞机飞回德国。他决定当面向希特勒陈述当前的危难局势，让他放弃那些错误的决定。对于隆美尔的举动，巴斯蒂柯元帅只能气得干瞪眼。

到达东普鲁士的第二天，隆美尔快步走进元首秘密司令部的会议室，把希特勒惊得目瞪口呆。他劈头盖脸地责问道：“没有我的允许，你怎敢擅离职守！”隆美尔硬着头皮听完了希特勒 10 多分钟的责骂，在随后一个多小时气氛极为紧张的谈话中，隆美尔才明白希特勒的目标远不止利比亚。德军在整个东线的作战都已失利，希特勒正大伤脑筋，心情肯定好不到哪里去。谈完话后，希特勒觉得还没骂够，又以十分严厉的口气质问隆美尔为何一退再退。

“因为我们没有足够的士兵和装备。”

“那么你现在还有多少人呢？”希特勒问。

隆美尔说："六七万。"

"英军进攻时你有多少人？"

"8 万余人。"

"看起来，"希特勒不无嘲讽地说，"你并没有遭到什么损失。"

"但我们的武器几乎都快没了，我们只剩下几十辆坦克，燃料也快用完了，甚至有几千名士兵连步枪都没有。"隆美尔忍不住诉苦道。

"那是因为你们在逃跑时把武器装备都给扔了，"希特勒终于找到了发泄的机会，"你们背叛了自己的誓言。"

"可是，除非我们能够得到强有力的增援，否则我们在非洲无法固守。"隆美尔小心翼翼地辩解道。

希特勒闻言暴跳如雷，尖声叫道："你提出的建议和我那些将军所干的完全是一码事。他们要求退到德国边境，我拒绝这样做，事实证明我是对的。我不允许这样的戏在非洲重演。我们之所以必须在北非保留一个大的桥头堡，是因为它有着十分重要的政治原因。你现在要考虑的不是撤退，而是在现在的防线上阻挡住英军的进攻，如果你这样做了，我保证你马上会获得一个转机。凯塞林的空军将会竭尽全力帮助你们。我马上就给墨索里尼去个电话，如果你有什么困难，可以当面向他阐明。"

晚上 8 点，隆美尔带着希特勒坦诚的诺言，登上了开往罗马的专列。当火车从慕尼黑经过时，露西上了车，她那秀丽的脸上布满了忧虑的皱纹。隆美尔此刻不由得意识到：战争催人老，第三帝国是输定了。

和他一同前往罗马的还有空军总司令戈林元帅。在随后 40 多个小时里，隆美尔酝酿了一个新的防御策略，以弥补利比亚的不可避免的损失。为什么不把装甲集团军从布厄艾特和的黎波里撤至突尼斯呢？但他接下来又产生了一个顾虑，料定墨索里尼肯定不会同意。他苦苦思索着到罗马后怎样才能说服墨索里尼改变他原来的想法。他打发伯尔恩德到车厢另一头把这个想法告诉戈林，争取戈林的支持。

隆美尔详细地向戈林解释说，在那里，他可以和奈宁将军新组建的军队抱成一团，然后再向刚到非洲不久、立足未稳的美军发动突然袭击。戈林觉得这是一个绝妙的主意，但是他担心这只不过是隆美尔耍的什么花招，只是为逃跑找一个借口而已。所以，他在对隆美尔的想法表示赞赏的同时，又对他的意志和忠诚表示怀疑。

隆美尔接着更详细地解释道：“我打算将部队撤到战前法军在利比亚和突尼斯边境修建的马雷特防线，它的南面和西面有盐碱沼泽区作为屏障。而这道防线离突尼斯的两大港口都很近，这两个港口都与意大利毗邻，这无疑将使我们毫无后顾之忧。另外，这个国家的粮食也很充足。”

隆美尔的说辞最终打动了这位希特勒最信任的帝国元帅。他看着隆美尔说道：“不过我们还要征求一下意大利统帅部的意见。”

伯尔恩德在备忘录结尾评论这个打算时写道：“这样一来，从阿拉曼的撤退将会突然出现柳暗花明的前景。在突尼斯集中兵力，然后进行狡猾的一击。当隆美尔出其不意地在突尼斯的进攻中崭露头角时，这个世界将会被搅得惶惶不安。”

墨索里尼对隆美尔和戈林的专程造访表示了热诚的欢迎，他在豪华的爱克塞尔西饭店举行宴会，招待这两位声名赫赫的德国元帅。席间，当隆美尔提到他的新计划时，立刻招来了一阵嘲笑。凯塞林元帅认为，这不过是隆美尔继阿拉曼战役之后为了使非洲装甲集团军的“远足”能够苟延残喘而玩弄的又一个花招罢了。他对隆美尔的专横独断早已心怀不满。

隆美尔很不客气地与他争吵起来。最后，墨索里尼在听了戈林的解释后，才出面调停了这场激烈的争吵。

墨索里尼对隆美尔说：“元帅阁下，我想只有当您断定英军的确要进攻布雷加的情况下，您才可以撤到的黎波里以东 200 英里的布埃腊特松一线。”

戈林随后拍了封电报给希特勒，希特勒读后将电报交给作战参谋长阿尔弗雷德·约德尔，并告诉他，戈林说，“隆美尔已精神失常”。

不管怎样，隆美尔带着他费尽心机才得到的这个折中方案飞回了非洲。12 月 2 日清晨，威斯特法尔在机场迎接他时，感慨不已，“总司令当时面色憔悴，给人一种已经心力交瘁的感觉”。

12 月 3 日，隆美尔钻进了一架斯托奇飞机，飞往布埃腊特松，从空中侦察地形。他一边观察一边盘算自己的部队还能支撑多久。如果汽油运不来，装甲集团军将寸步难行。此后几天，隆美尔一直在利用各种渠道筹集汽油。12 月 6 日夜，纳瓦里尼将军的意军先头部队开始撤出布雷加一线。隆美尔命令所有车辆都不准开灯，并在每辆车前派了一名士兵负责引路。

12 月 10 日，当蒙哥马利举重兵向布雷加发起进攻时，才发现德军早已离去。

在非洲装甲集团军向布埃腊特松撤退途中，燃料很快又用完了。隆美尔不得不让他的部队在诺非利亚停下来，等候补给。

蒙哥马利得知这一消息后，立即派出一支坦克特遣队前去切断隆美尔的退路，防止隆美尔再次溜掉。隆美尔写道："这意味着非洲装甲集团军已经遭到迂回包围。末日真的来了吗?"

英国广播吵吵嚷嚷地宣布："英军已经对诺非利亚形成了合围之势，正准备发起进攻；纳粹官兵虽然竭尽全力拼命突围，但都被英军一一击退，隆美尔已经成了'瓮中之鳖'。"听到这一消息，隆美尔忍不住暗自窃笑。他以少有的和蔼态度，笑着对身边的部下说，"只要我们把我们油箱里的油加满，他们很快就会发现这个瓮里又将空无一物了。"

第二天，就在蒙哥马利准备探囊取物的时候，救命的 10 多吨燃料终于运来了。依靠这些燃料，隆美尔击溃了蒙哥马利企图切断他退路的坦克特遣队。随后运来的几十吨燃料，又让他从蒙哥马利的瓮中再次钻了出来。

这一地区的战局已不可挽回。非洲装甲集团军毫不迟疑地撤退，使墨索里尼终于明白的黎波里的丧失已经在所难免。为了不让英军得到一个完好的港口，免得日后用作向罗马进攻的基地，意军开始了疯狂的破坏活动。为了掩护破坏活动，墨索里尼要求隆美尔至少要在霍姆斯坚守一个月，但隆美尔表示这不是他所能决定的，关键在于蒙哥马利什么时候再次进攻。"如果他全面进攻的话，为了保存我们的实力，我不得不继续后撤。"他对参谋长巴斯蒂柯表示，"我们实在不能指望以霍姆斯防线来阻挡住英军的进攻，我们很难在这里坚持上两天。”其实，隆美尔这时已经盯准了下一道防线——马雷特防线。

12 月 17 日上午，隆美尔的部队沿沙漠公路向布埃腊特松进发。这时，他又收到了墨索里尼的电报，命令他再也不能后退了，必须坚守布埃腊特松防线。“这帮蠢货，我们要是按照他们的要求做，那么英国人的广播稿只需要把其中的诺非利亚改成布埃腊特松就行了，而且这次他们再也不是胡说八道了！”隆美尔气愤地对威斯特法尔喊道，“既然要我承担责任，就要给我指挥的自由。”隆美尔声称，布埃腊特松的防线和其他防线一样，南部地带经不住迂回夹击，况且他此刻仅剩 160 门反坦克炮，无法充分利用炮兵阵地。在布厄艾特时，地雷、弹药和其他给养物资就已到了山穷水尽的地步。

由于隆美尔依然坚持他的主张，而形势也变得越来越糟，意军统帅部最后再次让了一小步，允许万一遭到强力攻击，隆美尔可以退到的黎波里以东的霍姆斯山口。

12 月 18 日，阿尔布鲁斯特在纪实录中以讥嘲而又得意的口吻写道：“眼下我们面对着拥有 7000 辆战车的大军，总司令今天的情绪更高了。总司令仪表堂堂，然而在伯尔恩德看来，这不过是绞刑架上的幽默。”

12 月 19 日，在的黎波里，当隆美尔巧妙地用炮火遏制住英军的正面进攻后，他本能地感觉到，这是英军在玩声东击西的花招。他立即命令部队密切注意英军的动向。果不其然，下午，空军报告说英军一支由 1400 辆坦克和车辆组成的部队正在向海岸公路挺进。蒙哥马利的意图很清楚，他想从隆美尔防守力量薄弱的海岸方向进行突击，迂回包围非洲装甲集团军。

得知这一消息后，隆美尔立刻命令集团军全部向马雷特防线转移，不留一人防守布埃腊特松。夜里 11 点 35 分，他把这些情况用密码向柏林作了报告，电文很长，但连篇累牍的奢谈终究掩盖不了他放弃的黎波里的意图，他私下承认：“我宁可把的黎波里让给敌人，也不希望我的军团再次受到更严重的损失。”

隆美尔显然认识到了自己的错误，在之后的好几个星期，他还在为此感到惴惴不安。他向手下的意大利指挥官寻求道义上的支持。纳瓦里尼上校给他打气说："元帅，我要是你，也会这么做的。"

1943 年 1 月 15 日，蒙哥马利向的黎波里发起了进攻。年初的天气十分恶劣，不是大雨如注，就是飞沙走石，还有天寒地冻的夜晚。隆美尔留下三分之一的部队断后，几乎没作什么抵抗，便将他的主力部队后撤到了霍姆斯山口。他认为，防守的黎波里已经没有战术上的必要了，这座大港口已遭到猛烈的空袭，船只无法靠岸，港口失去了作用。不久前驶往的黎波里的 8 艘意军大船，有 7 艘被击沉。凯塞林元帅为此大发雷霆，对隆美尔更加充满了敌意。

这时，突尼斯战事吃紧。德军最高统帅部命令隆美尔调遣第 164 轻装甲师增援，但隆美尔却擅自决定派出实力强大的第 21 装甲师。他的意图很明显，第 21 装甲师的坦克严重不足，到突尼斯后可以得到最新型的坦克补充，这将为他重新部署防线打下基础。

的黎波里很快落入了蒙哥马利手中。1 月 23 日早晨，英第 8 集团军如愿以偿地进入了的黎波里。蒙哥马利曾经表示，如果在进攻布埃腊特松后，10 天之内还拿不下的黎波里，他将放弃这次进攻。因为他担心重大的伤亡又会给政客们找到抨击他的把柄。隆美尔这样不战而退，使蒙哥马利从这种进退两难的窘境中解脱了出来。

与此同时，意大利对于隆美尔不作任何抵抗就把的黎波里拱手送给英军的行为，愤怒到了快要发疯的地步。"隆美尔跑得比我们在那里的侨民还要快，"卡瓦利诺元帅恼羞成怒地对墨索里尼说，"我们甚至还来不及破坏的黎波里的一些重要设施。"

罗马再也无法忍受隆美尔这种只顾自己军团的安危而一再违抗命令的做法了。卡瓦利诺元帅认为现在可以报复一下隆美尔了，他私下在几个意大利军一级指挥官当中游说，打算谋求一位合适的意大利将军接替隆美尔。

1 月 26 日凌晨 5 点 59 分，隆美尔的指挥车冒着倾盆大雨驶过利比亚边境，进入突尼斯。当天晚上，他收到罗马最高统帅部的电报："为了阁下的健康考虑，我们建议由乔瓦尼・梅塞将军来接任你的职务，具体交接时间由你来决定。”

当隆美尔发现罗马当局开始怀疑他的指挥才能时，他愤怒了：“他们居然派一名罗马的纨绔子弟来接替我的职务，最起码他们应该派一名德国元帅来接替我。”他当然不愿意这样不体面地离职。

2 月 1 日，当梅塞将军从苏联战场赶来接替他的职务时，他借口说要等到战局稳定下来后再交接，拒绝马上交出他的指挥权。年初的一个多月里，隆美尔败而不溃，带着这支首尾长达 60 英里，由坦克、大炮以及各种载人车辆拼凑起来的队伍，终于赶在被英军阻截合围之前到达了突尼斯。

一到突尼斯，隆美尔就收到了墨索里尼的电报：“你率领的撤退是一次壮举，元帅阁下！”他在来电中向隆美尔表示祝贺，但此时隆美尔情绪低落，萎靡不振，装甲集团军的参谋们对他的精神状况深感不安。

突尼斯可以说是隆美尔大撤退的最后底线，德军到这里已经无路可退了。隆美尔开始重新部署防线。事实上，他已经在酝酿一场恢复自身名誉的战斗了。

重创美军

突尼斯古称“迦太基”，位于非洲大陆最北端，北部和东部面临地中海，隔着突尼斯海峡与意大利的西西里岛相望，扼地中海东西航运的要冲。东南与利比亚为邻，西与阿尔及利亚接壤，是一块富庶丰饶、景色秀丽的土地。这里还是地中海的一大商业枢纽，不列颠的锡，西班牙的金、银、铅，非洲的象牙、奴隶都聚散于此。这也使得突尼斯成为兵家必争之地。

隆美尔对突尼斯发生的古代战争很了解，他尤其钦佩迦太基名将汉尼拔。汉尼拔曾翻越人迹罕至的阿尔卑斯山，深入罗马帝国腹地，大败罗马人，后因孤军无援，兵源、粮弹不济，被迫引军退回，最后拔剑自杀。

隆美尔觉得现在自己正处于和当年的汉尼拔一样的处境。因为德国最高统帅部也开始不信任他，认为他是个违抗军令、专横固执、欺上瞒下的败兵之将，对他各方面的援助都应当收窄。同时，意大利最高统帅部也议论纷纷，一部分人指责隆美尔只考虑德国士兵的安危，盗用意军的车辆把德军从阿拉曼防线撤出来，而有意抛弃意大利步兵师。他们甚至开始怀疑隆美尔在耍弄手腕，企图撤出非洲。相对来说，意大利比希特勒更看重北非。

隆美尔深深地意识到了危险。他在给露西的信中写道：

我所做的一切都是徒劳无功的，相反还会得到许多诽谤，我已经竭尽全力，做出了非凡的努力，结果却落得如此结局！

在突尼斯这个古代名将诞生的土地上，隆美尔不免感慨万千，思绪难平。

为了让隆美尔不惜一切代价地坚守非洲，希特勒答应了他的部分条件，一是不让盟军尽早进入与突尼斯隔海相望的西西里海峡，因为这将会导致意大利法西斯政权的崩溃；二是继续设法控制地中海，迫使盟军绕道好望角而不是通过地中海到达非洲，从而拖住他们的 100 多艘运输船只，防止盟军过早在欧洲南部登陆。

在这种复杂的背景下，隆美尔必须想方设法在马雷特防线打赢一场大仗，以重新获得希特勒的信任。他以战术家的视角，选择了突尼斯为主战场。在突尼斯，两条隆起的山脉逶迤连绵，中间夹着一块比较贫瘠的平原。这里的山地适合凭险而守，而平地又适合装甲部队机动作战。

另一方面，希特勒和墨索里尼已于 1942 年 12 月 9 日将在突尼斯的德、意部队编为第 5 装甲集团军，并任命冯・阿尼姆[①]上将为司令，以便控制驻扎在突尼斯的所有部队，包括在必要的时候完全取代隆美尔。

---

① 冯・阿尼姆：即汉斯－于尔根・冯・阿尼姆（1889—1962），德国陆军上将，参加过第一次世界大战，第二次世界大战时期历任第 17 坦克师师长、第 4 坦克集团军司令、北非轴心国军司令，后被盟军俘虏。

通过德、意两国不断的增援，第 5 集团军逐渐扩大到辖德军 2 个装甲师、1 个摩托化步兵师、2 个步兵师和 3 个意大利步兵师的规模。阿尼

隆美尔与意大利的指挥官交谈

姆在突尼斯的北部山地建立了一条防线，并逐渐向南推进，以对抗英第 1 集团军和美第 2 军的推进。隆美尔率非洲装甲集团军近 7 万人（其中德军 3 万人）和 130 多辆坦克撤退到利比亚与突尼斯南部交界的马雷特防线后，正好位于阿尼姆部队的东南。

隆美尔在贝尼泽尔顿设置了他的司令部，然后会见了意大利将军乔瓦尼·梅塞，两人一起共进午餐。

梅塞即将接替隆美尔的职务，因隆美尔暂时不想交接，梅塞也并不急于接手。此时，非洲装甲集团军已改名为意大利第 1 集团军，军中很多人迫不及待地等着隆美尔按计划告病离开战场，他们已经受够了这位专横元帅的折磨。但他却顽固执着，迟迟不肯动身，还在等着德军最高统帅部的命令。而上面似乎把隆美尔忘记了，根本不会有新的任命。这段时间，轴心国军队在突尼斯的指挥体制十分混乱。

隆美尔对马雷特防线考察一番后，认为这条防线仍可能被迂回包

围，对防线的部署很不满意。1943 年 1 月底，阿尼姆将军的代表海因兹·齐格勒中将来与隆美尔会晤，商讨两个军团的分界线。隆美尔很不高兴地对齐格勒说："就我们的主要战略意图看，我没有你那么聪明。我们缺乏给养，加之部队又少得可怜，因此我个人认为向西的任何重大攻势都是极不可行的。鉴于这种严酷的局势，我们以目前的姿态坚守突尼斯的桥头堡毫无意义。"他正独自筹划着建立新的防线。

隆美尔赖着不走，一方面是怕有人说他当逃兵，以致名誉受损，何况接替他的是军衔比他低的意大利人。即使是由冯·阿尼姆上将来接替他，也是很勉强的。另一方面，他对这里的防线也不放心，他已察觉到了一个新的战机，它可以为他挽回面子。谁也想不到，他正在打美军的主意。

德怀特·戴维·艾森豪威尔画像

当时，远涉重洋而来的美国大兵在非洲登陆后，显然把自己看成是非洲大陆的解放者。他们每天喝着法国为他们提供的香槟和白兰地，驾着吉普车在大街小巷招摇过市，或是到沙漠里兜风，似乎已经快要忘记这儿还是战场，更想不到濒于灭亡的隆美尔敢集中他那日薄夕山的部队与气势正盛的美军放手一搏。

盟军在北非的总司令是美国的艾森豪威尔；英军中东总司令亚历山大兼任盟军副总司令，负责对盟军驻北非全部地面部队的指挥；阿瑟·威廉·特德任地中海战区空军总令。北非盟军整编为第 18 集团军群，下辖肯尼斯·安德森指挥的英第 1 集团军、蒙哥马利指挥的英第 8 集团军、劳埃德·弗雷登道尔指挥的美第 2 军和部分法军。

隆美尔要向全世界证明，即便经过 2000 英里的大撤退，具有普鲁士精神的德军仍然能打败拥有优势装备的美国大兵。他打算实施一次拿破仑式的双重出击，利用两支密集的盟军之间的中心地位，在一支盟军得以救援另一支盟军之前，突然攻击其中的一支。

当时位于隆美尔部队正面的英第 8 集团军尚未对马雷特防线构成威胁，蒙哥马利在攻占的黎波里后，忙于重开的黎波里港，要发动一场新的攻势还需准备一段时间。而位于英第 1 集团军右翼的美军却威胁着轴心国的交通线。美第 2 军虽然装备精良，但因初上战场而缺乏实战经验。其战线长 100 多英里，散布在横越山岭、通往海边的三条公路上，先头部队分别把守在加夫萨、弗德和丰杜克附近的山口。这些山头通道非常狭窄，美军自以为德、意装甲部队冲不过来而疏于戒备。隆美尔决定抓住美军这一薄弱之处，先击溃这支美军，然后再腾出手来对付蒙哥马利。

这本是一个十分出色的计划，但在实施时却遇到了不少困难。德第 5 装甲集团军不归隆美尔指挥，而隆美尔与阿尼姆的配合又不协调。为此，乐观好战的凯塞林元帅敦促两位指挥官于 2 月 5 日在雷诺切德国空军指挥所的中立地段进行磋商。

隆美尔已经 18 年没有见过阿尼姆了，当年他们两人都是陆军上尉。那时他就不喜欢阿尼姆，如今阿尼姆也讨厌隆美尔。凯塞林元帅指示他们："我们要同心协力地彻底消灭美国人。他们已经把主力部队撤到斯贝特拉和卡塞林一带……我们必须抓紧时机，迅速出击。"

狠狠打击一下美军的嚣张气焰，也是希特勒希望看到的，所以隆美尔得到了希特勒的支持，可以调用他自己和阿尼姆的装甲部队。但在讨论具体作战方案时，隆美尔的计划又与阿尼姆发生了冲突。阿尼姆计划的主攻方向在北部，从刚占领的弗德山口推进，进攻西迪布齐德。而隆美尔的计划是在南部的加夫萨发动主攻。他的意图很清楚，"关键的问题不是我们获得什么地盘，而是要重创敌军"。

2 月 9 日，经凯塞林元帅裁决，阿尼姆计划在先，隆美尔的任务是率领非洲装甲集团军（意第 10 集团军）的 1 个意大利装甲师，经加夫萨向富里亚奈运动，配合阿尼姆的进攻。

2 月 12 日早上 8 点，非洲集团军第 8 装甲团的乐队在隆美尔的活动住房外奏起了军乐。这一天是隆美尔踏上非洲土地两周年纪念日。两年来，他手下残存的"非洲士兵"已寥寥无几。活着的老非洲兵还在他的指挥下作战，他们开了一次短暂的团圆会，并邀请隆美尔出席。隆美尔面容消瘦，肤色晒得黝黑，脸上布满了一条条忧虑的皱纹，像刀刻似的。战场上的硝烟和非洲的风沙暴雨使他显得苍老了许多。乐队轻轻地奏起为感叹这两年出生入死的鏖战而创作的进行曲"我们是非洲军的士兵……"面对此情此景，隆美尔不禁流下了热泪。

2 月 14 日，突尼斯刚刚下过一场倾盆大雨，路上还有些滑，微风轻拂，春寒料峭。隆美尔将意大利装甲师从弗德山口调往前沿阵地，共有 140 多辆坦克在泥泞的道路上隆隆前进。为了组织这次进攻，隆美尔几乎调用了所有开得动的坦克。

这次行动的密码代号为"春风"。北边由齐格勒的德第 10、第 21 装甲师实施主攻，开始时间为 2 月 14 日早晨 6 点。德国空军给予了强有力的支援。齐格勒的主力两面夹击，以包围的态势，向西迪布齐德地区的美军第 1 坦克师（A 战斗群）发动了进攻。至下午 5 点，德军攻占了西迪布齐德。美军 A 战斗群指挥部溃逃到下一个城镇斯贝特拉。战场上扔满了各式各样的战利品，其中有 44 辆巨型坦克、59 辆半履带车，以及 26 门大炮。

南面，隆美尔的部队于 2 月 15 日攻占了加夫萨，朝富里亚纳进逼。2 月 17 日，隆美尔进占富里亚纳。已经失去许久的胜利的笑容再次浮现在他的脸上。这一天是“真正的隆美尔的节日”，贝恩特写信告诉露西：“战士们看见他出现在他们面前时，脸上都显现出崇敬的神色，你甚至可以看到战士们眼中炯炯有神的目光，有哪个指挥员能赢得这样的尊敬?”

这次，艾森豪威尔被德军的突然进攻打得晕头转向。其实，盟军情报部门早已侦破德、意联军的行动计划，但却搞错了德军的主攻地点，艾森豪威尔的司令部和英第 1 集团军司令部都认为德军的进攻地点在丰杜克附近。为此，盟军在丰杜克后面部署了重兵。直到这次突袭结束，美军 C 战斗指挥部仍然对此有所怀疑，并于第二天像一头被驱赶的公牛似的机敏地发起了反攻，首先是要粉碎德、意联军对西迪布齐德的合围。成群的现代重型坦克排成阅兵场上的队形滚滚而来，当天向西迪布齐德推进了 13 英里。但黄昏时分，德第 10、第 21 装甲师完成了埋伏，从南、北两面进行夹击，美军再次落荒而逃，又损失了 54 辆坦克、57 辆半履带式车辆和 29 门大炮。

艾森豪威尔对一向效率很高的情报部门大发雷霆，并强烈要求撤换情报官员，包括英军最具威望的情报部人员。

此时，如果齐格勒的主力部队齐心协力追击盟军，穿过西部山脉，乘胜攻占那些隘口，就可以插入突尼斯的盟军背后，从而将战术性胜利发展为战略性胜利。但是，面对庞大的盟军，阿尼姆多少有些胆怯，无意展开大规模的军事行动。隆美尔向他建议北面的齐格勒的 2 个师在黄昏时挺进，于当天夜里攻占斯贝特拉。阿尼姆对隆美尔的指手画脚很反感，而他自己又没有什么计策，所以一直犹豫不决。

斯贝特拉是位于边远贫瘠的平原交叉路口上的一座古罗马村落，美第 2 军驻在那里。如果占领了该地，就有两个选择：一是挥师西北，向阿尔及利亚的特贝萨挺进；二是进军东北，穿过特勒普特到达卡塞林山口。

2 月 17 日，隆美尔向阿尼姆的司令部打了个紧急电话，他计划从富里亚纳挥师西北，向阿尔及利亚的特贝萨挺进，以切断盟军的交通线。

由于得不到阿尼姆的合作，凯塞林元帅再次出面调停，他答应想方设法让罗马最高统帅部也同意这次进攻。“那天隆美尔在焦急等待中度过了一个晚上，”凯塞林元帅的副官后来回忆道，“已经很久没有喝酒的隆美尔要了一瓶香槟，并表示他现在就像一匹伏枥老骥在等待吹起的军号声。”

2 月 18 日凌晨 2 点左右，隆美尔喜悦的心情被罗马来的电报扰乱了。原来，罗马虽然同意这次行动，但他们却自作主张地修改了隆美尔原来的进攻目标，将卡塞林山口改为勒凯夫。

经过调和折中，隆美尔获得了第 10、第 21 装甲师的指挥权，但却不得不首先进攻东北面的勒凯夫。这样一来，他面对的就是美军的正面而不是背后。他为此火冒三丈。“这些鼠目寸光的家伙，”他看完电报后气愤地叫嚷着，“他们要我们向勒凯夫进攻，距离敌人的防线正面太近，一定会碰上敌人强大的战略预备队，这无异于把我们推向敌人的陷阱。”

尽管如此，隆美尔还是率部向勒凯夫出发了。2 月 18 日下午，德军 2 个装甲师穿过弗里安亚，美军在南部地段的主要空军基地转眼便落入德军手中，汽油库火光冲天，两个机场共抛下了 30 架飞机。接着，隆美尔先后攻占了通往卡塞林沿途的全部据点。他希望在那里遇到齐格勒的意军装甲师，但阿尼姆并没有让他们过来与隆美尔会合。

2 月 19 日凌晨 2 点 30 分，隆美尔继续朝勒凯夫方向攻击前进。当天的黎明一片晦暗，天空阴沉欲雨。在背面的卡塞林山口，美军赢得了足够的时间，已占领高地，隆美尔的进攻受到了英、美军队的顽强抵抗。

在卡塞林地区，由于美军据守着山口两侧的高山，居高临下地猛烈阻击，一向习惯于沙漠作战的德军无法在狭窄的山口继续推进。隆美尔不得不调用了刚运抵非洲战场不久的新式火箭炮。这种 6 管火箭炮一次把 6 枚 40 千克的炮弹射向美军的防守阵地，美军伤亡惨重，只得于下午 5 点放弃了阵地。

下午 1 点，隆美尔驱车前往卡塞林一座人烟稀少的小村庄了解战斗进展情况。他命令第 21 装甲师向北推进至克苏尔 50 英里外的一个重要交叉路口，但该师师长希尔德布兰特花了 4 个小时才前进了仅仅 15 英里，因为经过几天的大雨后，路上全是深陷的烂泥，同时还遇到了大量的地雷。

黄昏时，隆美尔获知山口的另一端有一支美军的坦克部队正在集结，他立即命令第 10 装甲师的坦克迅速向前推进，并让工兵以最快的速度，在哈塔布河上架好桥梁让坦克通过。美军对德军如此迅速的推进始料不及，仓促应战。几个小时的激战后，美军在战场上留下被击毁的 20 多辆坦克和近 30 辆装甲运输车，落荒而逃。

尽管美军连连后撤，但是，直到 2 月 20 日，勒凯夫南面的塔莱镇还没能攻下，德军的攻势被快速赶来的盟军援兵阻止。

隆美尔来到激战后的战场，看见人们正在为死者挖掘坟墓，俘获的半履带式车辆拉着美军俘虏隆隆走过。隆美尔的皮大衣上沾满了泥土，浑身湿透，但他觉得十分快活。令人费解的是，第 10 装甲师踪影全无。

傍晚，隆美尔驱车回头去寻找第 10 装甲师。该师花了整整一个下午越过东侧的山脉，穿过阴暗湿滑的草地，正在向他这一面靠拢。在靠近斯贝特拉的一座古罗马村落的废墟处，隆美尔找到了正在休息的第 10 装甲师师长弗里茨·冯·布诺奇。如果第 10 装甲师继续顽强进攻而不在此休息，将可轻易攻下塔莱镇，因为塔莱镇当时只有一支力量单薄的法国小分队。而在塔莱镇的另一边，便是通向勒凯夫的坦途。

隆美尔怒气冲冲将这个行动缓慢的师长大骂了一通，但也无济于事。他知道这是阿尼姆别出心裁的诡计，他故意留下第 10 装甲师的 2 个营和 24 辆虎式坦克，以致该师的攻击力大减。

这时，盟军的增援部队开始一步步地移回到塔莱镇及重要隘口，英军指挥官从无线电里向所有的部队下令："不准以任何借口向后撤退一步。"德军的大好时机就这样错过了。

2 月 22 日，隆美尔垂头丧气地坐在指挥车里，倾听着雨点拍打车顶的声音。良久，他终于下令停止攻击，部队全部撤退。

隆美尔这次进攻作为一次“目标有限”的出击，可以说战果辉煌。但他未能实现迫使盟军撤出突尼斯的战略目标，尽管这一目标似乎已十分接近。

此战美军遭受了重大损失。美第 2 军 3 万人中有 3000 人阵亡，4000 人被俘，260 辆坦克被毁或被缴获，这是美军在北非战场上遭受的最严重的失败。

蒙羞受辱的艾森豪威尔一怒之下撤换了美第 2 军的指挥官弗雷登道尔，改由勇猛善战的乔治 · S. 巴顿少将出任第 2 军军长。巴顿早就渴望能与真正的对手隆美尔交战，为此他早已作好了准备。他说：“他的书我不知读了多少遍，研究了他的每一场战役，自认为对他了如指掌。我平生的愿望就是与他捉对厮杀。”遗憾的是，巴顿的这一愿望很快便落空了。

1943 年，西西里战役中的巴顿将军

黯然回国

1943 年 2 月 23 日，隆美尔正坐在指挥车里，静悄悄地倾听着 1.2 英里外卡塞林山口回荡的雷鸣般的爆炸声，突然来了一份电报，要求他回到在斯贝特拉新设的司令部，等待来自罗马的正式命令。

这一次，因为隆美尔在空袭美军中的卓越表现，希特勒任命他为新组建的非洲装甲集团军群司令，统一指挥阿尼姆的第 5 装甲集团军和梅塞的意大利第 1 集团军（原隆美尔的非洲装甲集团军的大部）。实际上，隆美尔并未打算在突尼斯长期待下去，但他还是郑重其事地接受了这一职务。

获得了更大的权力后，隆美尔决定不等蒙哥马利来攻，而抢先向英军发动攻击。然而，蒙哥马利获取了隆美尔这次进攻的方向和确切时间，遂从海岸把大炮和部队调到隆美尔选择为突破口的南部地带，集结了近 4 个师的兵力、400 辆坦克、350 门大炮和 470 门反坦克炮于梅德宁附近，建立了一道严密的防线。

此时隆美尔虽然荣升为集团军群的司令，但对属下各部却无法及时调动，这一点令他大为愤怒。凯塞林元帅、阿尼姆上将以及意大利最高统帅部对他的新职位并不尊重。希特勒的情报局局长威廉·卡纳里斯于 2 月 27 日飞往突尼斯时也不想来拜访他。他还擅自确定了进攻英第 5 军的代号为“傻瓜”的计划。阿尼姆本该把坦克开到较南边的开阔地带作战，但他却让坦克陷入了北面狭窄的沼泽盆地。第 7 装甲团第 2 营全部被英军围歼，501 重型坦克营①损失了 9 辆虎式坦克。该计划的实施不仅以失败告终，而且使隆美尔丧失了利用优势兵力快速出击的良机。

隆美尔忍受着心脏病、神经痛和关节炎的折磨，专心致志地研究对付英第 8 集团军的计划。2 月 28 日，他将所有参战将领请到瓦迪阿卡里

---

① 501 重型坦克营：即第 501 重装甲营，是由德第 9 军区的第一和第二补充训练大队的两个中队在 1942 年 5 月 10 组成。第 501 重装甲营在第二次世界大战中所向披靡，开启了盟军“谈虎色变”的历史。

特参加作战会议。他在会上亮出了自己筹划已久的方案：一改惯用的“右肘弯击”战术，决定以三个半装甲师、采用两面夹击的战术进攻梅德宁。经过反复讨论，隆美尔采纳了梅塞的建议：把一个师展开在敌正面，另一个师放在杰贝尔特巴戈的后面，最后一个师放在山地的那一面。

3 月 6 日凌晨，隆美尔以三个半装甲师的 160 辆坦克，在 200 门大炮和 1 万名步兵的配合下，向梅德宁发起了进攻，行动代号为“卡普里”。上午 8 点，当德军的装甲部队推进到离梅德宁约 10 英里的一条山脊上时，遭到了蒙哥马利部署的近 500 门反坦克炮的猛烈轰击。到中午时分，德军的装甲部队仍无力向前突破。

据德军侦察营缴获的文件和英军俘虏证实，蒙哥马利事先就对隆美尔的“卡普里”计划的每一个细节都了如指掌。既然英军早有准备，那么突袭就失去了时机。下午 5 点，隆美尔下令取消这次进攻。德军的 160 辆坦克损失了 50 辆。他哀叹说：“从一开始，我们就没能使敌人措手不及，所以这次行动已经失去了它本身的意义。”

蒙哥马利缓慢向马雷特防线逼近，盟军已掌握制空、制海权，德、意部队缺乏补给和增援兵力。这次失败后，隆美尔和阿尼姆、凯塞林等人经过长时间会谈，绘制了一份双方力量对比图，并提出了进一步缩短突尼斯防线的计划。隆美尔呈报给最高统帅部的计划要点是：授权他再次撤退，并在蒙哥马利开始进攻前放弃马雷特防线，同时把梅塞的 20 万部队（即意大利第 1 集团军）撤到自昂菲达维尔向内陆延伸的较易防守的小段战线上。意大利第 1 集团军和德第 5 装甲集团军将防守在周长为 100 英里的战线上。隆美尔承认这意味着除了突尼斯城及其外围的一小块地盘外，必须放弃所有地段及重要机场。

3 月 6 日晚，凯塞林发来电报，隆美尔受到了沉重打击：“陆军参谋长（阿尔弗雷德·约德尔）指出，元首不同意你对（突尼斯）局势的估计。”与总参谋部的判断不同，隆美尔清楚地意识到自己的部队已濒于绝境，继续留在突尼斯等于自杀。他似乎感到自己的疾病突然变得无法再忍受下去了，在他的私人医生的劝告下，他决定马上回国接受治疗，一刻也不再耽误。

3月9日，隆美尔心灰意冷地告病回国休假，想借此永远离开北非。同时，阿尼姆接过了非洲装甲集团军群的指挥权。在给隆美尔送别时，阿尼姆恳请隆美尔利用他的影响力挽救这两个集团军的命运。隆美尔肯定地回答说："我将竭尽全力做到这一点。"

一心想与隆美尔较量的巴顿得知隆美尔离去的消息，不由得大失所望。他只能一鼓作气，收复了包括卡塞林山口在内的美军失地。

隆美尔黯然离开了非洲，但他内心仍旧惦记着非洲，一直和军事上作为他的副手的阿尼姆保持着紧密联系。阿尼姆负责向他汇报每天的形势。后来，因陆军元帅凯塞林（仍为南方战区总司令）禁止阿尼姆向隆美尔透露任何消息，隆美尔只能从报纸、电台中得到二手战况。

在突尼斯，曾经有1万多名士兵和9名将军命归黄泉，而他现在却在家中悠闲地疗养，这完全不是他的本意。闲适的生活使他快要发疯了。他离不开战场，他要么最终胜利，要么也应该战死沙场。只有那样，他才算是一名真正的军人。

就在隆美尔离开突尼斯的9个星期里，北非战局发生了巨大的变化，这令他痛心不已。

3月20日，蒙哥马利指挥英第8集团军进攻马雷特防线，巴顿指挥的美第2军也于3天前从西南进攻马雷特防线的后方。3月26日，梅塞被迫率意大利第1集团军从马雷特防线向北撤退。

4月6日，蒙哥马利突破加贝斯隘口，并于4月8日与从加夫萨东进的巴顿会师。4月10日，英第8集团军又占领了斯法克斯。到4月中旬，盟军完成了对德、意两个集团军的合围。

阿尼姆将军率14个师共20多万人退守突尼斯北部，他的3个装甲师仅剩下120余辆坦克，作战物资异常匮乏，而且得不到补给。他要对抗的是包括蒙哥马利的第8集团军和巴顿的第2军在内的亚历山大的第18集团军群，共有20个师30万人的部队，拥有1400辆坦克和1000多门火炮，而且制空和制海权也掌握在他们手中。

4月16日，亚历山大下达了代号为"铁匠"的总攻令，要求部队沿整个弧形战线强攻退守的非洲装甲集团军群。安德森的英第 1 集团军担任主攻，突入敌军的中央防线，直取突尼斯城；蒙哥马利的英第 8 集团军在南面，对敌军左翼发动攻击；巴顿的美第 2 军在北面，打击敌军右翼，夺取比塞大港；法第 19 军在蒙哥马利左侧和安德森右侧伺机参加攻击，扩大战果。

4 月 19 日，蒙哥马利首先在南面发动攻击。4 月 22 日，安德森指挥英第 1 集团军在中央战线发起主攻，阿尼姆集中其装甲兵力的大部分进行顽强抵抗，英第 1 集团军进展缓慢。亚历山大从蒙哥马利那里调来第 7 装甲师、第 4 印度步兵师和 201 警卫旅，增强英第 1 集团军的打击力量。

5 月 6 日，在 400 门火炮和空军的支援下，英第 1 集团军全力猛攻，德、意集团军终于招架不住，向后溃退。同时，在美第 2 军的不断压迫下，北面的德、意军防线也开始向内凹入。

5 月 7 日，安德森指挥的英第 1 集团军攻入了突尼斯城；接着，巴顿指挥的美第 2 军也攻占了比塞大港。对于之后的情形，英国人莫尔希德在其《非洲的末日》中说："德国人已经完全吓慌了，当他们看到英国人的坦克扬长而过，简直感到手足无措。德军将领已经无法下达命令，因为他们已经与其部下失去了联系。在恐惧之中，德军纷纷奔向滩头，但他们发现那里既无船只，也无飞机，于是军队完全崩溃了。"

5 月 13 日，阿尼姆和梅塞相继向盟军投降，约 10 万德军、15 万意军被俘，只有 633 人从海上逃走。

经过 2 年零 8 个月的拉锯战，北非战争宣告结束。盟军在北非的胜利，使地中海航道从此畅通，为下一步通过西西里岛重返欧洲创造了条件。

德、意军队在非洲的彻底覆灭，使得隆美尔空留在那里的英名也不复存在了。他的非洲生涯彻底结束了，"沙漠之狐" 从此与沙漠永别。

隆美尔在北非战场上的失利，虽然并不完全是由他的个人原因所造成的，其中包括多种因素，如双方兵力相差悬殊、军事补给严重不足、希特勒的错误命令、情报匮乏等，但隆美尔本人的性格处世、不善沟通、战略目光短视、不够深谋远虑等，也或多或少地影响了战局。

从战略上讲，只有消灭主要战场上的敌人，才能取得最后的胜利。针对当时的战争形势，德国的主要敌人是苏联，只有战胜苏联，德国才有可能取得第二次世界大战的胜利。而北非作为一个次要战场，其胜负不会直接影响德国的命运。所以，隆美尔的任务是在北非与英、美维持均势，守住已占有地区，同时又不被消灭，等到德军主力在苏、德战场上取得胜利，再回过头来收拾英、美。也就是说，隆美尔不能在北非发动大规模进攻，而应以主要力量进行防守。

然而，隆美尔的做法恰恰相反，他在北非向盟军发动了大规模进攻，尽管初期取得了一定战果，但也因此激怒了盟国，促使英、美向北非投入重兵。由于后勤、兵力上的劣势，隆美尔很快就败下阵来，北非也失守了。这直接导致德国失去了一个牵制盟国的重要筹码。从此，英、美开始对德国占领的西欧地区发起了直接进攻。

第十章　困兽犹斗势已去

坐镇南线

隆美尔从非洲回来之后，希特勒想再交给他一把元帅杖，并几次想重新对他委以重任，比如任命他为德军驻意大利总指挥，以对付盟军在意大利的登陆，以及避免由此而引发的意大利投降。但由于种种原因，这一任命始终未能变成现实。

1943 年 5 月 9 日，隆美尔飞抵坦贝尔霍夫机场，与前来迎接他的人一起去见希特勒。希特勒一见到隆美尔，就板着面孔说："我本该听取你的意见。"而隆美尔不管希特勒是真心还是假意，回话更加直截了当："这场战争我们打不赢！"希特勒两眼扫过隆美尔的脸，气哼哼地嚷道："第三帝国是不可战胜的，有我在，任何人都别想媾和！"

希特勒之所以这样说，是因为军中出现了一种想与西方和谈的舆论。随后，他们简单谈论了一下意大利的局势。希特勒向隆美尔暗示，他目前还没有特别的工作，如果局势对墨索里尼不利，他可能在意大利有事干。希特勒还特意向隆美尔描述了一种新的"神奇兵器"。这种武器能够把一个成年人从 3 英里之外的马上震下来。这就是希特勒正在研制的电子枪弹。但隆美尔对希特勒的鼓动已经没那么容易动心了，他似乎已经看到了这场战争的最终结局。他认为，即使再强大的武器也无法战胜人的意志，坚不可摧的力量是人，而不是武器。世界各民族反对纳粹德国的意志，是任何军事力量都无法征服的。

这次会见，使隆美尔隐隐感觉到希特勒对他的疑心越来越重，同样也看到希特勒对盟友意大利的怀疑已多于信任。他若在此时把隆美尔派往意大利，等于将两个不太值得信任的角色搅和在一起，结果如何可想而知。他们连续几次的会谈和所有的作战会议都集中在一个令人忧虑的主题上：意大利遭到入侵时，德国将采取什么措施？其中还有一个不便明说的含义：万一意大利战败投降，对德国反戈一击，德国又该如何防范？隆美尔多次提醒希特勒和他的参谋们要作最坏的打算，但这些高参都认为隆美尔在非洲不仅身体被摧垮了，连精神意志也被摧垮了。他们除了嘲讽外，对隆美尔的话充耳不闻。

5 月 13 日，当 25 万名德、意官兵在突尼斯投降的消息传来后，隆美尔受到了极大的震动。灾难发生后，德军最高统帅部里的人纷纷谴责凯塞林元帅和意大利。隆美尔不在现场，没有成为众矢之的，但他仍心如刀绞，坐卧不宁。

希特勒反倒显得比往常平静许多，他认为，只要在突尼斯作出的牺牲能推迟盟军对意大利的进攻，即使赔上整个突尼斯也是完全值得的。他在 1942 年 7 月间曾对苏联战场上的将军们吹嘘：“在突尼斯拖住敌人，我们就能使他们对南欧的进攻推迟半年，并且保证意大利还在我们这边。如果我们放弃了突尼斯，敌人就会不费吹灰之力在意大利登陆，而苏联战场现在的形势让我们难以派兵援救。这样，他们将越过意大利，直接打到我们的边境来。”

现在非洲已失，意味着意大利的局势堪忧。希特勒再淡定也无济于事。此时，意大利的战略地位对他来说极为重要。宣传部部长戈培尔曾在 1943 年 2 月的日记中写道：“在任何情况下，元首都不会从意大利大陆上撤退。即使意大利本身退出战争，他也一样不会撤出。这是拒战争于德国本土之外的最高战略原则。”但开过几次会后，希特勒始终没有拿出一个行之有效的应对方案来。日益严重的危机威胁着意大利，德、意之间的关系越来越微妙，前景更是捉摸不定。

突尼斯的战斗已接近尾声。隆美尔的副官中尉施密特仍在坚持写隆美尔的战争日记，而隆美尔本人也刚刚静下心来，准备撰写自己的战争回忆录。但在5月15日，希特勒在一次作战会议结束时又提到了隆美尔。他发表了2个小时的秘密讲话，分析了盟军可能采取的行动，最后告诫说："在意大利，我们唯一能依靠的就是领袖（墨索里尼）本人。越来越令人担心的是，他可能被赶下台，或者被迫采取中立态度。皇室和军官团所有的领导成员、教士、犹太人以及广大的市民阶层，不是对我们怀有敌意，就是和我们背道而驰……墨索里尼正在他周围安置法西斯卫队，以防止他可能遭遇的暴力，然而，真正的权力却掌握在其他人手里。"他接着申明，一旦盟军开始入侵，他将把东线的8个装甲师和4个步兵师迅速调往意大利，不管意大利政府高兴与否，他一定要把这些部队开进意大利本土。这次讲话，是希特勒态度的一次大曝光，表明了他对意大利局势的态度和具体决策。问题在于，这支部队是第三帝国最后的本钱，必须由一个可靠的人拿它去翻本，而不是赔光。谁能担此大任呢?

此时，苏联战场上的战事正吃紧，那里的将军显然是不能抽调回来的。总参谋部的其他将军又大都很长时间没有和部队接触了，难以承担这一重任。总参谋长约德尔提醒希特勒说，隆美尔将是这支部队理所当然的指挥官。约德尔相信，只要希特勒激发起隆美尔的斗志，他就会重新成为一头狮子。希特勒思来想去，也觉得只有过去曾深受他宠信的隆美尔才是最佳人选。

5月17日，隆美尔接到了希特勒让他组建新的集团军司令部参谋班子的命令。他终于等来了一个重振雄风的机会。他写道："我接受这项任务，我一百个高兴。"他的沮丧心情顿时一扫而光，甚至感到身体健康状况也大为好转，并立即精力充沛地投入新的工作中。

隆美尔向他的参谋人员简明扼要地作了指示，派他们到维也纳去开展工作。没用几天时间，参谋们就草拟出了4个师秘密渗入意大利北部的计划和时间表，其中最关键的问题在于如何进入意大利北部。

意大利一直对德军怀有戒心，他们在阿尔卑斯山口构筑了防御德国进攻的边境工事，在各个山口构筑了地堡，在铁路关卡和公路桥梁上都装上了爆炸装置。如果意军把守这些山口，德军进入意大利将十分困难。从军事角度来说，隆美尔首先得尽快取得对这些山口的控制权。但希特勒出于政治上的考虑，担心过早入侵意大利会给意大利的背叛者以口实，所以他只让隆美尔制订计划，具体行动要等待局势真正发生突变以后再说。一旦需要，他将调遣德国防空高炮部队去保卫这些山口。如果意大利拒绝，就佯装“英军空袭”，使用缴获的英军炸弹进行轰炸，然后派伞兵和山地部队抢占重要隘口。

5 月 22 日，希特勒终于在这项极为关键的任命书上签上了自己的名字。

隆美尔坚持认为，意大利的崩溃不可避免。他总是把意大利人看得一文不值，认为一旦英军和美军在意大利南部登陆，意军将不会作任何抵抗。他甚至说墨索里尼已是风烛残年，难以再控制意大利的局势。

整个 6 月，隆美尔都在筹划必要的对策，就联络信号、山地战和伞兵作战等问题与德国陆军专家进行商讨。他在纪实录中写道：“焦急不安地等待着人人都在谈论的下星期的大战。或许谁也不愿走这一步棋。”他再次让阿尔弗雷德·高斯担任他的参谋长，二人一起筹划如何完成这一特殊使命。

7 月 10 日，盟军开始在西西里岛登陆。“中午，元首召开了紧急会议，讨论盟军的这次入侵。”隆美尔在日记中写道，“在此之前，我和元首已经商讨过这一问题。我竭力劝说元首尽快采取行动，赶在敌人之前进入意大利，但是凯塞林和林特伦武官却向他保证说，墨索里尼会安然无恙，并会很快击退敌人的入侵。显然元首相信了他们的话，想竭力避免由于出兵而引起意大利的局势进一步恶化。”

一连几天，隆美尔都要去伯格霍夫参加希特勒的军事会议。希特勒已经把他当成代理陆军总司令了。

希特勒自 1941 年 12 月解除布劳希奇陆军元帅的职务后，一直没有再任命一位陆军总司令。而在每次的作战会议上，隆美尔以顾问身份总能根据其实战经验深刻地分析战局，慢慢重新获得了希特勒的青睐。

但是，隆美尔对德国的前景很不乐观。有一次，他列举了一些可怕的迹象：意大利的崩溃看来已经不可避免；卡尔·邓尼茨[①]海军上将悄悄对他说，他们每个月都要损失 30 多艘潜艇。而且，德国不久就要面对英国和美国联合起来的物质力量，而每夜毁掉一个德国城市的大火便是一个严峻的预兆。希特勒目光呆滞地倾听着这一切。突然，他扬起头来说，他也意识到赢得战争的机会已经微乎其微，但是他决不会跟西方媾和。谈话结束后，希特勒飞回东普鲁士，因为他正在准备“城堡”计划，以 2000 辆坦克再次进攻苏联。

7 月 15 日，在约德尔的催促下，希特勒任命隆美尔为新建的 B 集团军群司令，负责在意大利中部组织抵抗。此时，西线的盟军已开始进攻意大利，北线苏军也发动了一次猛烈的反扑，战争进入高潮，希特勒已经控制不住局势了。

就在隆美尔欣喜地准备奔赴意大利展开行动的时候，纳粹党魁马丁·鲍曼及戈林等人再次在希特勒面前煽动说，隆美尔是一个反意大利分子，如果派他到意大利去，可能会带来一系列意想不到的恶果。希特勒对自己的决定又开始动摇起来。这时，凯塞林元帅和驻罗马的外交官也向希特勒保证，墨索里尼安然无恙，他想竭力避免采取破坏稳定局势的行动。希特勒犹豫了好几天，在这几天里，他又与墨索里尼在费尔特雷进行了会晤。希特勒深信这次会晤能够再次使他的盟友“完全恢复正常”。同时，罗马方面多次向希特勒保证，为了保住西西里岛，意大利“将使用一切手段”“战斗到最后一个人”。在这种情况下，连约德尔都重新萌发了对盟友的忠诚和坚定的信心。希特勒终于改变了主意，他让总参谋部通知隆美尔将还没有完全整合的 B 集团军调防到希腊北部的萨洛尼卡，执行阻止盟军即将在希腊或克里特岛登陆的使命。

隆美尔的情绪一落千丈，不得不悻悻地飞往希腊，执行这个“索然无味”的新工作。他在纪实录中写道：“有人向元首进谗言，不让我担

---

① 卡尔·邓尼茨（1891—1980）：纳粹德国海军元帅、国防军最高统帅、德国总统。在第一次世界大战中被英军俘虏，回国后加入海军。第二次世界大战中任德国潜艇指挥官、海军总司令、北方部队和民防司令。后被希特勒遗命为德意志帝国总统和国防军最高统帅。战后被判处 10 年监禁。

任驻意大利的德军总司令。他们说我是反意大利分子。我敢肯定，这是德国空军在背后捣的鬼。这样一来，我在意大利担任指挥一事又遥遥无期了。”

7 月 23 日，他和希特勒进行了一次长时间而深入的密谈。希特勒向他透露了在意大利的德国特工人员获悉的情报——有人阴谋推翻墨索里尼，企图以彼得罗·巴多格里奥①元帅取而代之。希特勒考虑了很久，最后还是把实情告诉隆美尔：“领袖（墨索里尼）已经被反叛者抓了起来。谁也不知道意大利将会发生什么，你立即赶回去待命。”

7 月 25 日上午 11 点，隆美尔的飞机在灼热的酷暑中降落在萨洛尼卡机场。他和参谋长高斯合计了一下，命令 B 集团军进入备战状态。

7 月 26 日中午，隆美尔再次奉命飞往希特勒的“狼穴”。这时，整个统帅部一片混乱，纳粹党魁、军队高级将领以及政府部门的高层人士，纷纷从四面八方赶来。隆美尔驱车通过岗哨和雷区，来到希特勒的会议室。不久，希特勒在副官陪同下走了进来，喧闹的人群立刻安静下来。希特勒环视了一下各位军政要员，向众人宣布了墨索里尼已经被抓的消息，然后以他那特有的尖锐嗓门叫道：“他们是一伙叛徒，这是确信无疑的。我们要把这些流氓一网打尽。”

隆美尔终于知道希特勒把这么多人找来的原因了。他理解希特勒此刻的心情。尽管最高统帅部对这种情况的发生早有预见，但他们却极力反对派隆美尔采取行动，现在局势恶化了，意大利一旦投降，盟军就可以把驻扎在西西里岛的 7 万德军精锐部队与德国本土的联系切断，中间隔着意大利从南到北 1000 多英里的距离。会上，一个当天从罗马逃出来的法西斯头目报告说，新政权很可能在 8 ~ 10 天内宣布与盟军停战。这样，盟军就有可能在热那亚和里窝那的北部登陆，这无疑将使休伯将军在西西里岛的驻军难逃厄运。

对于这种可能性，希特勒第一个本能的反应就是立刻放弃西西里战

---

① 彼得罗·巴多格里奥（1871－1956）：意大利元帅，曾担任过意军总参谋长、驻巴西大使、利比亚总督、意大利新政府首相等，以侵略阿比西尼亚和推翻墨索里尼而闻名。著有《第二次世界大战中的意大利》一书。

场，做一次类似“敦刻尔克式的大撤退”，把西西里岛的德国精锐部队撤回国内，德军可以把坦克和辎重扔在后面。但他很快又改变了主意，想采取以退为进的强硬措施，“我们为什么不马上进行一次政变，让我们的第3装甲师进入罗马，逮捕那些叛乱分子，活捉巴多格里奥”。

戈培尔同意这一措施，但在座的其他要员被希特勒不时改变的想法弄得无所适从，一时拿不出什么好建议来。

隆美尔因早有思想准备，所以仍能保持清醒的头脑。他向希特勒建议说，应该采取比较谨慎一点的做法，现在“即使能把被关押的墨索里尼抢出来也无济于事，他不可能阻止意大利向盟国投降。宁愿我们准备得更为充分一些，多考虑几条对策，这样我们成功的希望也会更大一些”。希特勒的情绪慢慢平静下来。他觉得隆美尔的看法很有见地，意大利还没有立即宣布与英、美停战，如果做得过火了，反而会产生适得其反的效果。

经过一番争论，希特勒最终决定让隆美尔立即做好进军意大利的各项准备工作。对此，隆美尔在纪实录中写道：“虽然在意大利北部还有两个意大利军团，但意大利显然打算背弃我们。从政治角度考虑，我们不宜入侵。但我们已经做好一切准备，并指派我负责组建军队。”

为了避免意大利获知这一计划，希特勒命令隆美尔即使在司令部所在地——萨洛尼卡也不能公开抛头露面，以免引起意军的猜疑。同时，那些为意军所熟悉的参谋人员也一样得藏身匿迹，他的司令部则用“最高统帅部复兴部队司令部”这个招牌来作掩护。

7月27日早晨，隆美尔离开“狼穴”，动身前往慕尼黑，他的隐秘司令部将设在那里。他的口袋里装着希特勒对德军入侵意大利的绝密指示。他这个神秘的新集团军已调集了2个步兵师（第44、第305步兵师）、1个装甲师（从几个部队抽调来的新编第26装甲师），还有米滕瓦尔德的山地战步兵学校的部队。

7月29日，希特勒从党卫队处获得一个确切的消息，意大利新政权正在与盟军秘密接触。丘吉尔和罗斯福之间来往的电报也证实了这一点，丘吉尔在电报中谈到了“指日可待的停战”。于是，希特勒命令隆美尔马上采取进军意大利的行动，密码代号是“阿拉里奇”。

隆美尔让第26装甲师担任打头阵的角色，迅速进驻罗马城北的阵地。“西西里的形势紧迫，你们必须马上占领那里。”他又告诫该师师长，真正的目标即使是对师一级的指挥官也属绝密。他特意吩咐说：“对意大利人要尽可能采取友好的态度，他们曾是盟友，尽量避免不必要的摩擦，你可对他们说我们是来帮助他们击退敌人进攻的。”“要是他们反抗呢?”师长困惑地问道。“那就谈判，”隆美尔回答说，“但是如果他们首先使用武力，你们就随时还击。”

当第26装甲师沿着奥地利和意大利之间的布伦纳山口曲折巍峨的高山行进时，隆美尔不得不坐在慕尼黑的临时司令部里静候佳音，因为他还需要隐藏一段时间，不能像在非洲战场那样冲锋陷阵了。他写信给露西说：

我不得不待在司令部里，不能和部队一起行动，以免意大利人由于看到我，从而推测出我们这次行动的真正目的。这无疑使我非常难受，但是一想到凯塞林不久以后再也不能在意大利为所欲为了，我的心情又舒畅起来。

8月1日，第44步兵师中的巴伐利亚和奥地利部队开始越过边界。当成千上万的德军士兵和坦克朝意大利边境推进的时候，在那里防守的意军惊恐万分。意大利最高统帅部没有料到德国会这么快采取军事行动，也没有通知边境防守部队应该采取什么措施。没有最高统帅部的明确指示，意大利边境守军自然不敢对自己的盟友开枪，只能把这一消息报告罗马统帅部，请示如何处理这一突发事件。

8月3日，党卫军的精锐师“莱布斯坦达特·阿道夫·希特勒”部队也开始越过布伦纳山口。

罗马当局的命令还没来得及下达给边防军，布伦纳山口已经被德军占领。隆美尔的部队开进了意大利，士兵们甚至在意大利国土上开始使用“占领后的德国马克”了。

面对既成事实，罗马当局只能顺水推舟，把德军的入侵行动说成是援助，表面上表示欢迎。隆美尔在纪实录中写道：

意大利国王已走投无路，英国人和美国人明摆着是不会给他一丝怜悯的。留给他的只有一个选择，要么让他的国家被弄得支离破碎，要么和我们并肩打下去。我希望不久就能面对面地和他结识。

但是，希特勒非常想了解意大利当局的真实想法和立场，他派出情报头子威廉·弗兰茨·卡纳里斯访问罗马。卡纳里斯到罗马等地走访了几天，回去报告说："没有迹象表明意大利人在阴谋策划叛变。罗马当局只有一个意愿，在我们的支持下把战争打下去。"希特勒对此仍半信半疑。

隆美尔根本不信卡纳里斯的那套谎话，他决定亲自去见证一下。7月31日，隆美尔先去看望了米滕瓦尔德山地战步兵学校的瓦兰丁·弗尔斯坦将军，他奉命打开并坚守阿尔卑斯山口。随后，隆美尔又去了意大利边境的波尔萨诺，与一些意大利军官交谈。格罗里亚将军的态度不那么热情，但是，他们的营房却被挤得水泄不通，因为士兵们很想与隆美尔面对面地谈话。隆美尔要求他的军官们想方设法把意军士兵拉到德国这一边来，尽量避免意大利人可能的反抗。

尽管如此，意大利军民对"阿拉里奇"行动的反对声还是越来越高。他们开始在铁路和公路上设置障碍，企图阻止德军源源不断地开进国内，并把意大利各师北调，从西西里战场开拔到阿尔卑斯山以南。罗马当局也在不同场合公开表示了不满。隆美尔心里明白，"很明显，他们是想煽动国民闹事"。他施展了聪明的外交手腕，指示弗尔斯坦去安抚心情复杂的格罗里亚将军，设法把事情办得稳妥些。

8月8日，一支企图开进拉斯佩齐亚海军基地的党卫军部队受到了基地意军的阻止，最后被迫返回。隆美尔分析时局后确信，意大利新政权正在密谋叛变，投靠盟军。

8月11日，根据希特勒的命令，隆美尔又匆匆飞回"狼穴"，向希特勒报告见到的情况，最后他建议说："我们必须采取强硬措施迫使他们改变主意。"

希特勒也看穿了意大利人的真实想法，但他没有当场表态是否同意，因为希姆莱、戈林、邓尼茨和伞兵部队的库特·斯图登特将军等人都在那里。他只是提醒说，意大利人在拖延时间，应想方设法让墨索里尼重新执政，这样就可以减少我们的很多麻烦和负担。戈林、凯塞林等人仍坚持说意大利不会投降，结果被希特勒大骂了一顿。会议结束后，希特勒决定亲自约见几位意大利军事首脑，听听他们的看法，这样一来，摊牌已不可避免。

对于希特勒这番言辞激烈的言语，隆美尔内心非常兴奋。他写道：

> 我想我应该掌握整个意大利的兵权，也就是说指挥南、北 2 个军团。我可以划归意大利最高统帅部指挥，但我的司令部必须设在罗马附近。这样，我就可以直接影响他们。

8 月 15 日，隆美尔和总参谋长约德尔乘飞机前往意大利博洛尼亚[①]，他们在郊外的一栋别墅里会见意大利军官。隆美尔、约德尔及其同僚个个腰挂左轮手枪，荷枪实弹，由党卫队的一个机械化营充当警卫。这算得上是一次最高规格和最严肃的盟友相会了。意大利最高统帅部派出了老到的谈判代表马利奥将军，同时又派秘密使者前往马德里与盟军暗中谈判。

马利奥将军来到博洛尼亚后，看到如此紧张的阵势，不禁吓了一跳。但他狡猾而机敏，很快便缓过神来，向隆美尔提出了抗议："无论我们的行为和命令是否得当，我们都不能容忍你们现在的这种做法。你们这是对我们的极大侮辱。"

约德尔站起来，直言不讳地反诘道："当我们的军队开进意大利，

---

① 博洛尼亚：意大利城市、商业中心，艾米利亚罗马涅的首府。位于波河平原南缘、亚平宁山脉北麓。

忠诚地想帮助你们抵抗入侵时，你们却把驻守西西里的军队撤了回来，并向阿尔卑斯山口疾进。你们这种与抗御敌人入侵方向相反的调动，到底说明了什么?”

马利奥对意大利从法国撤兵一事心中有愧，只得对约德尔的指责闪烁其词，竭力想用外交辞令来加以否认。

由于双方互不示弱，争论越来越激烈，最后，马利奥表示，意大利之所以撤兵，完全是因为罗马当局难以接受德国党卫军开进意大利的行为，“他们是墨索里尼的朋友，我们不能容忍他们的到来”。约德尔则表示，他们和其他部队没有什么本质区别，并话中有话地解释，“相反他们的战斗力要强得多”。马利奥显然难以容忍约德尔带有挑战性的解释，立即驳斥道：“如果我们派一支犹太部队开进德国，你们的感觉将会如何?”

这样争论下去肯定不会有什么结果，约德尔对马利奥将军的态度十分不满，因而直截了当地说：“元首已经决定进入意大利的这支新部队归陆军元帅隆美尔指挥，不管是党卫军还是其他部队。你们要注意这个事实。”

马利奥听到这一消息，当即惊讶得说不出话。隆美尔不是病休了吗，怎么这么快就带他的部队到意大利来了？直到这时，他才仔细打量隆美尔，发现这位元帅确实是全副武装，而且脸色特别好。他立刻表示反对：“隆美尔元帅的军队应该全部开到南部去阻止敌人的入侵，北部的防守应该交还给我们。”隆美尔仍旧没有说话，他把更多的机会让给了总参谋长约德尔。就这样，博洛尼亚会谈不欢而散。

隆美尔回到意大利一事，在意军最高统帅部里引起了一阵骚动。意大利军民对于隆美尔即将踏上意大利领土感到愤怒。会谈后的第 3 天，意大利最高统帅部维多里奥元帅写信给希特勒，要求他收回对隆美尔的任命。

隆美尔和约德尔此时的意见非常一致，他们向希特勒汇报会谈情况时建议说：“我们不必再考虑意大利的态度了，很明显，他们正在加速他们叛变投敌的步伐，我们必须尽快采取进一步的行动。”

所谓进一步行动，无非就是开战。但希特勒还是不敢轻易下这个决心。经过一番深思，出于对驻扎在西西里的德军部队的关心，希特勒下令让他们立即开始撤退，同时命令隆美尔将司令部搬到意大利北部的加尔达湖，监视意军的行动，并对意军起到某种程度的威慑作用。

意大利人是很了解隆美尔的，他像一颗定时炸弹落到了意大利境内，意军不高兴、不合作也是情理之中。他们不愿意向隆美尔提供任何帮助，甚至不允许隆美尔架设通往慕尼黑的电话线。在南部较远的地方，意大利人开始在公路上挖设阻止德军继续向前推进的坦克陷阱。

隆美尔在日记中写道："一旦元首发出代号为'轴心'的命令，我会很快地把这帮家伙收拾掉，当然这样一来，我们就不得不在两条战线上作战。好在我们在博洛尼亚并没有上他们的当，把阿尔卑斯山口交给他们。"

不久，隆美尔从戈培尔的防空专家阿尔弗雷德·伯尔恩德那里打听到了几个星期前在汉堡[①]发生的一件事：约 4 万市民在一场空袭的大火中葬身火海。戈培尔已下令将 200 万市民从下一个可能遭袭击的目标——柏林疏散。几天后，柏林果然遭到了空袭，隆美尔的参谋长高斯的家园和所有财产都毁于一旦，待高斯夫人从东普鲁士赶回去时，只剩下烧得焦黑、冒着青烟的一片废墟。露西和曼弗雷德依旧住在维也纳，这让隆美尔对他们母子二人的安全特别担心。他急忙给露西打电话，要她抓紧时间把他们最贵重的财产转移到安全的地方。因为把它们藏在乡下安全的地方，总比眼睁睁地看着它们被付之一炬要好。同时，妻子和儿子的安全也才更有保障。

9 月 3 日，英第 8 集团军的两个师在意大利的勒佐加拉勃利亚登陆。这大大出乎隆美尔的预料，他原以为盟军会在拉斯佩齐亚登陆，攻击停泊在那里的意大利军舰，这样盟军就可以在最后一道德军防线后面牢固地建立一个发起进攻的基地。

---

① 汉堡：德国最大外贸中心、第二大城市、第二金融中心，世界上第二大飞机制造区，位于不莱梅东北部易北河岸，有"世界桥城"之称。

9 月 4 日早晨，隆美尔奉命向希特勒汇报战况。希特勒似乎早已预料到这一状况，给人的印象是镇静自若，充满信心。隆美尔谈到意大利北部的形势，提出了自己的看法，希特勒同意了他提出的意大利作战计划，也就是沿实际的海岸线采取防御手段。为此，希特勒让隆美尔立即去谒见意大利国王，当面商讨共同应敌的办法。

很明显，这次会面只是一种形式而已，意大利的叛变已为官方所证实。但是，他们心照不宣地商谈共同抗击盟军入侵的计划和策略，都想把假戏唱到底。

但到 9 月 8 日，连假戏也唱不下去了，全世界的广播电台都播送了巴多格里奥元帅已和盟军签署无条件投降书的消息。巴多格里奥和马利奥对前来质问的凯塞林做了将近两个小时的狡辩，最终还是承认了这一事实。当天晚上，隆美尔的“轴心”行动开始了。德军迅速接管了罗马，并血腥镇压了米兰和都灵由意大利共产党组织的起义。拉斯佩齐亚军港里停泊的意军军舰逃向公海，直接驶往盟军占领的港口。巴多格里奥、安布罗西奥、国王以及王储都逃到盟军已经占领的地方寻求保护。

这时，美第 5 集团军在那不勒斯南部的萨莱诺从海上发起进攻。意军已经把布雷区的位置泄露给盟军。意大利南部的意军也开始掉转枪口，与盟军并肩作战。在古老而美丽的佛罗伦萨①，意军坦克与德军展开了激烈的战斗。隆美尔迅速采取行动，在佛罗伦萨分界线的北部（从厄尔巴岛到安科纳）开始解除意军的武装，并把他们一网打尽。近 80 万意军官兵缴械投降，其中将近 30 万人被押送到德国去服苦役。同时，德军缴获了 448 辆坦克、2000 门大炮和 50 万支步枪。

虽然失去了意军的协助，隆美尔却仍雄风不减。他准备将意大利北部的全部力量投到海岸防御中去，不再保留预备队，力拒盟军于海上。不巧的是，当晚他阑尾炎发作，被迫送往医院进行手术。他躺在医院里，仍然担心着前线的战事。

---

① 佛罗伦萨：意大利中部城市，托斯卡纳区首府，欧洲文艺复兴运动的发祥地，位于亚平宁山脉中段西麓盆地中。

此时，凯塞林的部队正在南部战区抵抗，试图遏制住盟军的攻势。但随着盟军登陆兵力的增多，9 月 16 日，他不得不命令部队边打边撤，一路上破坏公路、铁路、桥梁和隧道，阻止盟军快速推进。他一撤退，隆美尔的部队即使想增援也没有意义了。

9 月 27 日，隆美尔刚出医院，陆军元帅凯特尔①便从最高统帅部打来电话，要他飞回“狼穴”参加军事会议。9 月 30 日，隆美尔和凯塞林一起飞往“狼穴”，向希特勒汇报意大利的战况。

见面时，希特勒显得心力交瘁，一脸病容。隆美尔和凯塞林首先汇报了在意大利执行“轴心”行动计划所取得的战果。接着，隆美尔提到意大利最高统帅部一边在拉斯佩齐亚等地窝藏大量燃料油，一边却叫嚷海军没有燃料，不能为后勤船只护航，以致他在非洲被打败的事实。

希特勒对隆美尔的话表示怀疑，但当凯塞林证实他说的都是实话时，希特勒气愤地叫嚷起来：“这些废物怎么会干得这么神不知鬼不觉呢?”

这时，戈林也冲动起来：“那帮家伙这么多年来实际上一直在欺骗我们。他们居然把他们最先进的飞机和燃料都藏了起来，应该把他们都抓起来枪毙。”

希特勒与墨索里尼本是一丘之貉，自然要为墨索里尼开脱：“真正的阴谋家是国王和他的那些将军，看来他们很早就在策划这次造反了。”他转过身来，对隆美尔和凯塞林说：“你们在意大利能否坚守下去，对我们来说是生死攸关的事。我们必须坚持下去。”希特勒现在最需要的是时间（他还在抓紧时间赶造先进武器）。他可笑地认为，只要给时间让他缓口气，恢复元气，他就能把这场战争打下去，直到对手屈服为止。

隆美尔认为希特勒的这种想法是不切实际的幻想。他委婉地提出，目前最好的办法是将德军撤到意大利北部山区。“只要我们守住阿尔卑

---

① 凯特尔：即威廉·鲍德温·约翰·古斯塔夫·凯特尔（1882—1946），纳粹德国陆军元帅，希特勒的忠实拥护者。参加过两次世界大战，是第二次世界大战中德军资历最老的指挥官之一，战后在纽伦堡审讯被判绞刑处死。

斯山口，便能阻止敌人的继续推进。”他认为这道自然屏障是奥地利的门户，也是德国本土东南最好的防线，只要拖上一两年，就可再次发动反击。

他的建议立即招来了讥讽和攻击，高参们认为他又在搞非洲大撤退的老花招，对此全盘加以否认。相反，凯塞林也提出了建议，他用的是更老的招法——掘壕而守，打阵地战。他的建议立即得到了统帅部的赞同。反正高参们又不会到前线去卖命，凯塞林说能守得住就让他去守吧。幸运的是，前线传来捷报，凯塞林撤退的部队出人意外地打得很顺手，他们在罗马以南 90 英里从加埃塔到厄托纳的战线上，进行了一场防御战，暂时截住了盟军的进路。

隆美尔再一次感受到了被冷落的滋味，这让他既气愤又沮丧。原本归他的意大利驻军指挥权又不翼而飞了。他在给露西的信中沮丧地承认：

由于这帮不知天高地厚的蠢驴们不断在元首面前说我过于怯敌，所以元首似乎已忘记了他过去的许诺。

尽管如此，隆美尔对当前战局中的问题并没有舍弃不管，他指出，凯塞林的计划中有一个明显的漏洞，敌人一定会在罗马的任意一边，海上或更远的北部绕过这条防线。凯塞林则认为隆美尔是嫉妒自己，故意挑他的刺，两人大费口舌地辩驳了一番。隆美尔见凯塞林冥顽不化，便拒绝把在意大利北部作战的两个装甲师借给他。

几天以后，战事的进展正如隆美尔所料，盟军除了正面进攻外，同时开始迂回。巴顿的第 2 军绕过防线朝意大利北部推进。

10 月 17 日，希特勒召见隆美尔，安慰他说：“我想你的看法是正确的。”希特勒答应实现他的承诺：“凯塞林元帅不久将会调任到挪威去，由你担任整个意大利的德军最高司令，但是你必须把现在凯塞林据守的防线坚持到明年春天。”隆美尔听了喜出望外，但战势已今非昔比，形势不容乐观。他开诚布公地表示，在接任该职务之前要亲自视察凯塞林的战区，然后再作回复。

隆美尔这一强硬的保留意见，让希特勒感到失望而不安。他甚至怀疑隆美尔是在有意和他唱反调，这使他对给隆美尔的许诺产生了动摇。

在谒见希特勒后的第三天，隆美尔从“狼穴”飞回位于加尔达湖畔的司令部。在飞机上，他一想到自己不久将成为意大利的最高统帅，便不知不觉地飘飘然起来。回到司令部，他第一件事便是给最高统帅部打电话，询问命令下达的具体日期。在电话里，约德尔告诉他“命令已在途中”。这使隆美尔兴奋起来，他马上要了一瓶香槟为自己庆贺。然而，第二天早晨，约德尔却打电话告诉他：“元首的命令暂时被搁置。”隆美尔的头“嗡”地大了起来。“这是什么意思？”他追问道，但约德尔没有解释就挂了电话。

隆美尔只能在绝望的痛苦中反省自己。他终于明白，希特勒需要的是一个充满坚定的信念又有争取胜利的才能的执行者，需要一个能为他挽回败局的战神，一个为他本人鼓气的精神支柱。他与希特勒的谈话，导致他丢掉了这一梦寐以求的职务。

最终，希特勒决定把意大利的最高指挥权再次授予总是乐观的凯塞林元帅，尽管他的失败是必然的，但即使是败，也要让一个乐于接受失败的人来败。

这一消息很快传到了那些讨厌隆美尔的人耳中，他们一个个幸灾乐祸。

根据一些战略观察家分析认为，希特勒之所以突然改变主意，除了认为隆美尔是个冥顽不化、个性跋扈的失败主义者外，还有两个原因：一是统帅部的高参们对隆美尔有成见，经常在希特勒面前大肆贬低他，隆美尔对最高统帅部里的参谋人员又是指责又是咒骂；二是希特勒的突击队员刚好把墨索里尼抢了出来，使他再度成为意大利惶惶不可终日的独裁者，但隆美尔则操着德语大骂墨索里尼，指责他导致了轴心国在非洲的失败，这个时候，如果让隆美尔担任意大利的德军最高指挥官，显然不可能得到墨索里尼政府的支持。

驻防法国

本可担当大任的隆美尔又被冷落到了一边，这不仅让隆美尔本人感到失望，连希特勒本人对自己的这个决定也感到很无奈。难道威名赫赫的隆美尔该靠边站了？这对德国人民来说是无法理解的。希特勒不得不考虑这个被自己的宣传机器开足马力鼓吹起来的天才指挥官的安置问题。

很明显，隆美尔已经不可能作为凯塞林的部下继续待在意大利了，况且墨索里尼也不欢迎他继续留在那里。但对隆美尔也不能闲置不用，毕竟现在要用人的地方太多了。但应该把他调到哪里去呢？希特勒一时颇费思量。每当这个时候，参谋总长约德尔就显示出了他的智谋。

1943 年 10 月 30 日，约德尔把德国军界年事最高且资格最老的陆军元帅、西线战区总司令格德·冯·龙德斯泰特（龙德施泰特）连篇累牍的报告呈交给希特勒。这个报告中谈到“大西洋壁垒”防线的问题。这条防线是从 1942 年 8 月开始修筑的，位于欧洲与英国隔海相望的海岸线上。希特勒曾大肆鼓吹这条防线坚不可摧，但这份报告却认为这条防线现在千疮百孔、不堪一击。因此，约德尔建议让隆美尔和他的参谋人员代表最高统帅部前去检查和加固“大西洋壁垒”。约德尔认为，这对隆美尔及其参谋班子是一项很合适的工作，无论敌人从什么地方发动攻势，从战术上来说，具有专家之称的隆美尔完全可以胜任反入侵的指挥任务。“这对于他本人和帝国的安全来说都是最佳选择。”

约德尔的建议使希特勒连日来的烦恼一扫而空。他认为这是一个很稳妥的建议，但他并不想做得太过火，暂时还不能把西线的战术指挥权交给隆美尔，龙德斯泰特仍是西线战区总司令，哪怕只是做做样子，对隆美尔的行动多少会有一种制约作用。他要求约德尔起草一份适合于隆美尔的命令，只说是“研究任务”，而不指明“战术指挥”这样的概念。这样既可避免引起资历最老的龙德斯泰特元帅的不愉快，又能调动隆美尔的积极性。在德军中，只有隆美尔具有与英、美军队交战的丰富经验，而盟军也畏惧他。同时，这也给了隆美尔一个挽回名声的机会。

11 月 5 日，希特勒在“狼穴”中召见隆美尔，并当众宣布了这一新的任命。希特勒强调了这一任务对于帝国安全的重要性，“敌人从西线进攻的时刻，将是我们举国迎敌的时刻”。希特勒说，“这一时刻必须有利于我们，举国上下必须全力以赴。”他同时暗示，万一战斗打响，隆美尔将有可能担任西线战术总指挥，但没有说明他与西线总司令龙德斯泰特元帅之间是何种关系。

隆美尔对这一新的任命显然又惊又喜。整个西线战场与意大利相比，舞台大多了。遵照希特勒的命令，他立即飞回意大利做了扫尾工作。11 月 21 日，他分别与墨索里尼和凯塞林道别后，便飞离意大利回家去了。他利用几天的空闲时间，把露西和曼弗雷德从维也纳诺伊施塔特迁往故乡斯瓦比亚靠近乌尔姆的一座村庄里，之后便兴致勃勃地着手研究“大西洋壁垒”在敌军获得立足点之后必须采取的防御计划和可能的反攻措施。

12 月 1 日，隆美尔和他的参谋班子在慕尼黑登上了西去的专列。他们用了近 2 周时间巡视丹麦海岸的防御工事。

“二战”进行到这时，反法西斯同盟各国巨大的经济潜力，日益发挥出明显的优势，牢牢掌握了苏德战场、西线战场、太平洋战场的战略主动权。苏、美军队决定在欧洲开辟第二战场，意大利也退出了“轴心”同盟。德、日法西斯已经感到资源不足、兵力不济，转入了战略防御阶段。在这一大背景下，隆美尔的视察自然会发现不少问题，他对德国江河日下的局面也有所认识。但他还是一再向随行的参谋们灌输他在意大利北部时就已制定的防御原则：最好是在滩头就歼灭大规模入侵之敌。同时，他还在调查报告中指出，那里的粮仓贮存的粮食充足，物资丰富；德国空军在丹麦占有优势，虽然孤零零的海岸大炮群是那里唯一的防御设施，但盟军绝不可能从丹麦登陆。隆美尔之所以这样说，是因为不想再次让希特勒失望，他非常渴望得到西线的指挥权。

然而，就在隆美尔视察丹麦的同时，希特勒又派最高统帅部司令威廉·凯特尔秘密前往巴黎，向龙德斯泰特担保他可以稳坐西线总司令的宝座。凯特尔非常厌恶隆美尔，这是众所周知的。他在龙德斯泰特面前自然不会说隆美尔的好话，相反，他对希特勒的指示进行了一些曲意加工，添油加醋地劝告龙德斯泰特说："如果由于健康原因你打算让位的话，元首希望你明白，只有冯·克鲁格陆军元帅才适合做你的继任者。元首认为隆美尔不是个伟大的战略家，也不是担任最高司令官的材料。他只是一个骁勇精悍的战士。元首相信像你这样德高望重的人，就连隆美尔也要敬你三分。"显然，他是在鼓励龙德斯泰特不要轻易放弃手中的权力，不要畏惧隆美尔会替代他。

隆美尔没有完全领会希特勒的意图，对凯特尔此行也毫不知情，他只知道要努力工作，以报答希特勒的知遇之恩。12 月 14 日，他飞往德国南部。在飞机上，他与工兵专家威廉·梅斯将军谈论西线的防御问题。隆美尔说："敌人什么时候开始进攻呢？他们一进攻，我们的后勤补给就无法把飞机、汽油、火箭、坦克、大炮和弹药送上前线，这就要求我们排除在陆地范围内作战的可能性。唯一有效的防御是在海滩地带，只有那里，敌人的力量最为薄弱。但主战线从海岸到内陆拉得太远了。"梅斯认真倾听着隆美尔的讲话，隆美尔怕梅斯听不清，大声嚷道："我决定在整个'大西洋壁垒'地带构筑一道 6 英里宽的坚不可摧的地雷阵地和钢筋水泥掩体，我要杀伤力最大的地雷、反坦克雷、反空降雷；要用水雷击沉船只和登陆艇。"他的声音甚至盖过了飞机引擎的轰鸣声。他一边说还一边在一张空白纸上勾勒了几笔加以解释。

这次谈话给梅斯留下了深刻的印象。他后来写道："隆美尔不仅具有作为一个军人的伟大气质，而且在我看来，他是第二次世界大战中最了不起的工兵专家。我没有什么值得教给他的，他就是我的老师。"

12 月 18 日，隆美尔又飞往法国去视察那里的防御工事。这是他 1940 年离开法国后第一次回到这里。他下榻在巴黎郊外枫丹白露区的一幢豪华旅馆里。第二天，他驱车前往巴黎，拜访住在那里的陆军元帅龙德斯泰特，多家报纸都争相报道他到达的消息。隆美尔不想过早让英国人和美国人知道他已经来到这里，只对外宣称休养期间探访老友。但他对于报道还是感到非常愉快的，这说明他的名字具有很大的影响力。

隆美尔已经很长时间没有见到这位声名显赫的前辈了。龙德斯泰特已是68岁高龄，但仍然是德军中资历最深且很精干的一个军人，不仅德国军人尊敬他，连法国军人也尊敬地称他“老人家”。不过，龙德斯泰特对希特勒并不那么崇敬，甚至时常卖弄老资格，诅咒希特勒，但他又对希特勒的命令唯命是从，这可能是他作为职业军人的双重性格所致。

隆美尔这次见到龙德斯泰特，发现他已疾病缠身，老眼昏花，眼睑开始松垂，头上仅剩几缕稀疏的头发。而龙德斯泰特早已知晓隆美尔的来意，加上凯特尔对他说过那番话，自然不会对隆美尔热情相待。他简要介绍了西线的局势，最后还用英语说了一句：“在我看来，前景黯淡。”龙德斯泰特这句消极的话及其参谋人员懒散懈怠的作风，让隆美尔大感吃惊。他无法相信，承担整个西线防御重任的会是这样一些早已丧失斗志的“老人家”，不仅精神懈怠，而且行动迟缓。他还清楚地记得，在北非，英军只用2个月就埋设了近100万颗地雷，使他行动困难。而在这里，龙德斯泰特花了3年时间才埋下170万颗地雷。也就是说，每个月才埋设4万颗。“我将要改变这种工作作风，”当天他给露西写信说，“对于这项新任务，我将全力以赴。我要看着它转向成功。”

12月20日，隆美尔驱车来到第15集团军汉斯·冯·萨尔穆斯①上将设在图尔昆附近城堡里的军团司令部。

一位军长向隆美尔汇报说，集团军司令萨尔穆斯要求每个工兵一天埋10颗地雷。“20颗！”隆美尔急忙纠正道。萨尔穆斯很佩服隆美尔的才干，但私下却反对他对士兵的严苛要求。这位司令官解释说，士兵们握着铁镐和铁铲干上一天活后已筋疲力尽，再也没有精力和体力进行严格的军事训练了。隆美尔立即反驳道：“战斗打响后，我需要的是生机勃勃、训练有素的部队，而不是身体搞垮了的废物。”萨尔穆斯只好低声下气地申辩：“你到防线的各处走走，很快就会发现不可能一下子把

① 汉斯·冯·萨尔穆斯（1888—1962）：德国陆军大将。第二次世界大战期间历任北方集团军群参谋长、B集团军参谋长、第30军军长、第2集团军司令、第4集团军司令、第15集团军司令，参加过法兰西战役、苏德战争，后驻守诺曼底。

什么都做好，至少一年的工夫才能使你的计划生效。要是有人对你的做法不提任何意见，那他不是向你讨好，就肯定是个猪。”结果，他又招致隆美尔的严词呵斥。隆美尔不是怕部下叫苦叫难，而是担心他们失去信心和斗志。

萨尔穆斯作为隆美尔的老部下，也是一位经过战火洗礼的普鲁士式的严酷指挥官，他承认自己打心眼里讨厌隆美尔的霸道作风，何况隆美尔现在充其量只是个巡视员，并不是这里的最高指挥官。但是，萨尔穆斯仍然表示愿意听命于隆美尔，只要隆美尔一声令下，他还是愿意去浴血奋战。

作为战术专家，隆美尔越来越深刻地意识到盟军即将进攻的地点和可能采用的方式。他认为盟军首先会以猛烈的空袭开路，然后在海上军舰和空中战斗轰炸机的火力掩护下，用数以百计的突击艇和装甲登陆艇在广阔的战线上从海上登陆；与此同时，在离海岸不远的内陆投下空降部队，从后面打开“大西洋壁垒”，从而迅速建立桥头堡。至于登陆地点，盟军最有可能选择第 15 集团军驻守的从比利时到法国索姆河这一段海岸（加来地区），所以他对第 15 集团军的防御地段十分关注。

萨尔穆斯的防区还算比较坚固。这里的港口壁垒森严，地雷区埋设的地雷纵深有 30 ~ 50 码，碉堡工事密集，还有海岸炮群以及希特勒的最新式武器——远程火箭和弹道导弹。隆美尔要求萨尔穆斯必须扩大雷区纵深，将防御部队集中在紧靠海岸的地区，以便在盟军登陆时迅速组织强有力的反击。他告诫说：“把他们赶回大海，否则一旦他们在旱地上获得了立足点，就不可能再将他们赶下海了。”他把沿海岸部署一条地雷带的惊人计划告诉了萨尔穆斯——60 万颗地雷将等待他们去埋设。隆美尔还向萨尔穆斯担保：“上面已答应派 1000 架战斗机给我。”萨尔穆斯不禁欢呼道：“有上千架战斗机，我们就能击退任何进攻！”

萨尔穆斯非常赞同隆美尔的观点，但他又非常担心：没有龙德斯泰特的指示，按照隆美尔的要求去做，的确让他很为难。因此，隆美尔是否能说服龙德斯泰特，得到这位总司令官的支持，成为这一计划的关键所在。隆美尔心里明白，西线有些事并不是自己说了算，还需要慢慢求得各级指挥官的支持。

12月27日，隆美尔在用茶时把自己的防御计划概括地告诉了龙德斯泰特。作为一名资深的职业军人，龙德斯泰特对隆美尔的战术设计是理解和佩服的，但他在几个重要的细节问题上与隆美尔发生了分歧：他不同意把装甲师调到海岸的上端，因为如果敌人在其他地方发起进攻，将无法迅速把坦克调到那个地段去投入战斗。显然，他对隆美尔的推测判断并未达到绝对信任的程度。

此后，隆美尔有意加深了与龙德斯泰特的来往，即使是谈工作，也不去办公场所。慢慢地，龙德斯泰特也感觉到，隆美尔似乎并不像凯特尔所说的那样目中无人，他对隆美尔的态度渐渐好了起来。

新年来临，隆美尔开始筹划1944年的重点防务工作。

1944年1月2日，隆美尔视察了荷兰和比利时的海岸线。他并不真正指望敌人会在这里冒险登陆，因为无数条河道把这里的乡野分割开来，很容易使其成为沼泽地带。但他仍在这一带驱车跑了300多英里，详细考察了这一带的地形，才终于放下心来。

接着，隆美尔又拜访了德国空军驻法总司令斯比埃尔元帅，希望自己的防务计划能得到空军的支持，但斯比埃尔的回答却令他非常震惊。斯比埃尔告诉他，在敌人登陆的第一天，德国空军根本出动不了。尽管地勤人员可以迅速做好飞机起飞前的各项准备工作，但飞行人员却要在敌人入侵后好几天才能从德国国内和其他战线上赶过来。空军只有飞机，没有人，仅仅是一个空架子。

斯比埃尔谈到的情况令隆美尔万分失望。现在防守西线的德军，据统计有130万人。但是，许多师都是在苏联战场遭劫后转到这里休整的，他们需要一段时间进行恢复；还有一些新组建的师，士兵几乎没有经过任何训练，很难在短期内投入战斗。

新年的巴黎格外热闹，餐馆、剧场、妓院、酒吧都被军人们挤得水泄不通。街上的军人大都提着箱子抱着包裹，而不是荷枪实弹地扛着武器。不久，隆美尔发现这种“牛奶加蜂蜜”的享乐生活很自然地在西线的德军中蔓延开来，磨掉了他们的战斗热情和斗志。半个多月的调查和巡视，使他对这一切深恶痛绝。

“这些天来的调查情况告诉我，我们的‘大西洋壁垒’漏洞百出。如果这种状况不能尽快得到改变，我们根本无法在盟军登陆时迅速将其击退，这将会是一场灾难。”隆美尔毫不掩饰地向波茨坦陆军学院的老友、巴黎近郊的陆军指挥官海斯上校表达了自己的忧虑。他很快将视察结果向最高统帅部作了汇报，希特勒和高参们都对西线糟糕的现状感到十分吃惊。

随后，希特勒将自己最忠实的干将约德尔派往法国视察。几天后，约德尔在报告中写道：“西线的总司令更喜欢用他的乔治五世宾馆交换一个指挥所，那里蔚蓝的天空阳光明媚，空气清新，沁人肺腑……下属的各个指挥部和军官住宅不仅妨碍了安全，而且更有害于内在的精神状态和警惕性。如火如荼、希特勒式的战争场面已经销声匿迹，随着高背扶手椅和地毯而来的是皇家贵族令人眼花缭乱的奢侈品。他们的指挥所大多紧挨着豪华的别墅。”

1 月 10 日，经过反复权衡，希特勒决定授权隆美尔，让他尽快完善“大西洋壁垒”。隆美尔终于获得了统率 B 集团军群的权力。他又一次可以支配芸芸众生的命运了，一种无以名状的荣誉感不禁油然而生。他写信告诉露西说：

我终于得到了这个权力。龙德斯泰特正好也休假去了，我现在终于可以放手大干了。

希特勒完全同意隆美尔把敌人歼灭在海滩上的基本设想，守军可以将海岸地带变成死亡区；可以拦河筑坝，把乡村变成一片汪洋，更为残忍的是引进海水，淹没四野；可以把生活在沿海岸隆美尔标出的 6 英里长的死亡地带上的法国和比利时人赶出家园，撤往他乡；如果建筑物挡住了大炮的射程，可以拆毁，也可以砍伐大片森林，以便获得所需的木材。隆美尔下达命令说，在敌人的登陆舰艇靠近海滩时，等待他们的必须是排成阵势的地雷和暗伏在水下的暗桩或其他障碍物，步兵和大炮就在那里严阵以待。一切能够动用的人力和物资都必须集中到海岸附近，包括 B 集团军群所有的炮兵和精锐的装甲师。他还请来海岸防御专家弗雷德里希·卢格海军中将，帮忙建立一个真正牢不可破的防御体系。

令隆美尔感到失望的是，几百英里的防线所需要的地雷现有数量远远不足，而且他也没有真正获得支配装甲师的权力。原驻法装甲部队只有最高统帅部剩下的唯一装甲预备队，眼下它正在罗马执行任务，因为克拉克指挥的美第 5 集团军的一个军已于 1 月 22 日在安齐奥登陆。尽管如此，隆美尔仍在给最高统帅部的报告中说，他对挫败盟军在西线登陆的企图充满信心。“依照目前状况，在这些地段，敌人的任何登陆企图都将遭到彻底粉碎。”同时，他趁机提出了赶造大批地雷和接管西线所有装甲及机械化部队的请求。他在报告的结尾写道：“如果我得到了这些部队的指挥权，我的防御体系将会更加完美无缺。”

隆美尔的要求引起了龙德斯泰特心中的怒火。由于隆美尔的权力不断扩大，他这个西线总司令部实际上已是徒有虚名。而且，对于他与 B 集团军群的隆美尔是什么关系，统帅部也没有明示。这个一向对希特勒唯命是从的元帅也开始违抗命令了，他本来因身体原因递交了辞呈，但这时他反倒不想走了，他对希特勒要求他交出西线总司令一职的建议置之不理，并强辩说：“我不能把我的部下交给一个从非洲败退回来的元帅，我要对他们的命运负责。”

由于东线苏联战场和意大利南部正打得激烈异常，希特勒的军事后备队肩负的担子已经过重。对于地处中欧的德国来说，两线作战就像悬在头上的“达摩克利斯剑”，因此，最高统帅部对隆美尔的要求只能保持沉默。希特勒的主要坦克战专家古德里安和多尔曼将军竭力反对隆美尔要把装甲师配置在海岸地区的主意，隆美尔则据理力争，希特勒不得不亲自出面调解，最终使双方达成妥协：将西线 7 个装甲师中的 3 个划归隆美尔指挥，部署在海岸附近；其余师则作为最高统帅部的预备队，留在远离海岸的内陆。“敌人目前的意图还不太明确，所以必须采用保持预备队的方式维持战略后续能力。”约德尔随后写信通知隆美尔。

白纸黑字才为隆美尔争取到 3 个装甲师。1 月 29 日，隆美尔再次动身巡视防区，这一次是到诺曼底。这时，他的腰痛病再次发作，但他坚持在那里待了三天，巡视了狂风大作的海滩地区，驱车驶过卡昂①、法莱、瑟堡以及圣－梅尔－艾格利斯等一些不引人注意的市镇和乡村。他感觉这一带的防御力量过于薄弱，还特意去看了第 716 步兵师的防区。他强调卡昂处于风景秀丽的草地和林木繁茂、富庶丰饶的平原，是个需要重点加强布防力量的地带。随后，他赶到圣洛，会见了指挥防御诺曼底地段的第 84 军指挥官埃里希・马尔克斯。这是一个对英国人恨之入骨的独腿将军，曾在东线战场付出了一条腿的代价。但隆美尔觉得，这个充满乐观精神的守将没有把全部力量投到主要战线的防御中去，因此他对马尔克斯进行了严厉训斥，要求他立即弥补这一过失。

在视察诺曼底期间，隆美尔几乎对诺曼底的所有防御部队都提出了批评。马尔克斯后来写道："这次视察令人紧张不安，因为隆美尔是个事事都要亲自过问的人，但是不可能按照他设想的计划去构筑那么多的工事，一如部署巨大的地雷阵那样。"

由于盟军的飞机炸断了通往诺曼底的铁路和公路，建筑防御工事所需的水泥和木材无法运送过去。这一带的海滩比较平缓，海滩障碍物还停留在高水位地带。如果盟军在落潮时登陆，这些障碍物将很难发挥作用。为了克服其他物资的不足，隆美尔开办了生产水泥和四方体障碍物的工厂，修建发电站，重新开采矿山，等等。值得一提的是，隆美尔这种不怕困难的决心和毅力，在西线形成了一股无形的力量：士气渐渐恢复了，那种可以赢得胜利希望的机会毕竟还存在于拥有乐观精神的士兵当中，并开始传播蔓延开来。

自 2 月中旬以来，希特勒三番五次地宣称，英、美的联合进攻一旦开始，诺曼底海岸将是他们的进攻目标，或许还有布列塔尼②，而战略目标则是夺取瑟堡港。

3 月 4 日，希特勒在一次重要的作战会议上再次重复了他的"预

---

① 卡昂：法国北部城市，卡尔瓦多斯省的省会，位于奥恩河和奥东河的交汇处。

② 布列塔尼：法国西部的一个大区，位于布列塔尼半岛、英吉利海峡和比斯开湾之间。

感”，并给隆美尔发出指示。隆美尔于3月6日早晨又动身前往遥远荒凉的塞纳湾，第二次检查诺曼底的防御工事。

3月中旬，隆美尔抽空回到赫尔林根与露西小聚，期间发生一件非常令人不可思议的事情。在赫尔林根休假期间，隆美尔的参谋长高斯将军和妻子借住在他家，因为一点小事和露西闹翻了。原来，有一次，男佣赫尔曼·阿尔丁杰因为到花园里工作来晚了一点，高斯夫人便训斥了他一通。露西觉得高斯夫人搞得她心烦意乱，于是要求隆美尔撤销高斯的参谋长职务，而隆美尔竟然忍痛割爱，顺从地照办了。

高斯与隆美尔生死与共三四年，隆美尔很器重高斯，并把他视为知己。隆美尔自己也承认，“在这种关键时刻更换参谋长，对我来说无疑是个困难的课题”。然而，露西的一句话竟起到了如此大的作用。此事被人们传为趣谈。无论如何，临阵换将是兵家大忌。这种因为妻子对参谋长家眷的好恶而更换参谋长的行为，实在令人匪夷所思，它使本来就已混乱的局势更加混乱不堪。

接任高斯职务的是汉斯·斯派达尔[①]，也是一个被授予骑士十字勋章的中将。然而，谁也不曾想到这件看起来很偶然的事情，却为隆美尔未来的命运埋下了伏笔。

隆美尔并没有过多考虑这件事，又全身心投入西线的防务工作中。在他的督促下，B集团军群各部队加快了防御设施建设。两个多月后，“大西洋壁垒”已经修补得差不多了。远远望去，海滩障碍犹如丑陋的湿疹，隐隐呈现在西北欧的海岸线上。其中有钢筋混凝土筑成的呈四方体状的障碍物，有多层排列的楔形反坦克混凝土障碍，还有从右角把钢梁焊接起来的犬牙交错的捷克式环形筑垒阵地，以及其他不可名状、难以描述的障碍物，用以重创敌人的登陆艇。即使敌人能接近海岸，也必然会付出惨重的代价。隆美尔对外宣称：“依我所见，在这些地段，敌人不会成功地把脚踏到旱地上。”

---

① 汉斯·斯派达尔（1897—1984）：德国陆军中将，参加过两次世界大战，历任驻法大使馆武官助理、驻巴黎军事总督参谋长、驻法占领区军事总督参谋长、B集团军群参谋长、第5集团军参谋长等。战后参与组建新的德国联邦国防军，任北约驻中欧地面部队司令。

1944 年，德军在诺曼底海边设置的障碍物，企图阻止盟军部队登陆

4 月 17 日至 19 日，隆美尔带着参谋长斯派达尔等人又来到第 15 集团军的驻地。隆美尔出其不意地探访下级官兵，一位哨兵被这位陆军元帅的出现搞得惊慌失措，以致语无伦次向隆美尔叫道："报告，少校大人。"隆美尔也显得比平时幽默，他对哨兵说："见到当官的叫长官就行了，别叫'大人'。"种种迹象表明，盟军将在此登陆，隆美尔反复叮嘱这里的各级指挥官："这将是这场战争中最关键的一次战役。第三帝国的命运全系于你们身上。"他使部下大受鼓舞。

为了达成在诺曼底登陆的目的，盟军司令部实施了一个代号为"坚毅"的计划。该计划采取了一系列迷惑德军的措施。在紧靠法国北部的多佛尔地区进行军事演习和假集结，发出大量电报，此外还利用双面间谍和中立国家的电台提供和散发大量假情报。这使隆美尔对盟军在加来海峡登陆信以为真。

4 月下旬，德国情报人员报告，盟军将实施"霸王行动计划"，进攻时间可能是 5 月头一个星期或第 3 个星期。他们表面上好像是要在加来登陆，并让巴顿的第 3 集团军准备实施主攻，但实际上是在诺曼底登陆。

对于盟军的种种欺骗手法，希特勒并没有上当，他越来越坚信盟军登陆的地点是诺曼底。但是，狡猾多疑的他又不敢完全弃加来于不顾，因而仍在加来一带留下了整整一个集团军（德第 15 集团军）的兵力。同时，他在没有征求隆美尔意见的情况下，又将 1 个空降军调往诺曼底和布列塔尼半岛。

隆美尔对希特勒的部署非常纳闷。根据他的初步判断，盟军将在索姆河一带登陆。他之所以作出这样的判断，主要是因为他在诺曼底已经做了大量工作，他在那里的防御部署似乎无懈可击。密如森林的木桩和障碍物，黑压压地布满了每一片海滩，闯过障碍之后是纵深近百码的雷区。陆地上，种满了绑着饵雷和手榴弹的“隆美尔芦笋”。根据他的命令，横跨瑟堡半岛顶端数英里内的田野已被海水淹没，变成了一片机械化车辆难以行进半步的沼泽地；所有大路上都埋下了反坦克地雷；四处都有重兵和大炮。盟军要在这里从较宽的正面突破实在太难，但如果只

1944 年，隆美尔视察诺曼底防御工事

在较窄的地带突破，能够到达岸上的人也会被德军岸防部队消灭。因此，隆美尔心怀疑虑地给最高统帅部打电话，询问他们为什么要把重兵放在防御最坚固的地方。约德尔告诉他："元首已经得到非常确切的情报，敌人进攻的第一个目标将是瑟堡。我们得到的情报还告诉我们，敌人已经成功地进行了一次穿越你那一类障碍物的试验。"

这下隆美尔紧张起来了。他独出心裁地发明的各种新的防御技术竟会被盟军穿越，这个消息让他寝食难安。就在前几天，约德尔还拒绝了多尔曼提出的万一敌人在诺曼底登陆，就把第 74 军的全部人马抽调去增援的建议。情况怎么会变得如此之快呢？他立即命令他的副官准备车辆，第三次去诺曼底视察。

接下来的几天，隆美尔继续敦促部队加强防御工事，不敢对希特勒交付的重任有丝毫怠慢。几天前，希特勒对他说，整个德国都托付给他了。他还剩下几个星期可以作好准备，以迎接他一生中最大的一次战役。他在日记中写道："对于在西线即将到来的这场具有历史意义的战役，我充满了必胜的信心，几乎所有官兵都在急切地盼望它的到来，他们把这一战役看成是使敌人彻底丧失信心的大好机会。"根据他的命令，从瑟堡半岛到诺曼底的大路上增埋了上万枚地雷，部署了路障，四处都布有重兵和大炮。

随后，隆美尔驱车前往诺曼底检查马尔克斯将军是否按照命令在把他的预备队全部调往前线，并对如何防御进行了一些战术指导。接着他又去了布列塔尼岛。

5 月 20 日，德军在索姆河湾的警戒部队抓获了 2 名英军突击队员，并把他们押到隆美尔的指挥所。在纳粹的严刑逼供下，他们最终承认是来侦察地形的，并告诉隆美尔盟军将在索姆河湾登陆。隆美尔认为英军突击队员交代的是实情，加上 5 月的头几天对英军试验进攻的观察情报和破译的密码电报都证实了这一点。他根本不知道这也是盟军实施"坚毅"计划的一部分。他立即将这一消息上报最高统帅部，并对参谋们说："我要告诉你们，你们认为盟军将在诺曼底登陆的想法是错误的。"

他显然对在索姆 - 迪埃普海岸一带的防御充满了自信，“让敌人现在进攻我们吧，他们会心惊胆战、两腿发抖的”。

隆美尔意外得来的这个情报，并没有引起最高统帅部的重视，他们已准确预料到盟军即将进攻的目标肯定是瑟堡半岛。高参们在查看潮汐表后，提醒希特勒说：“6 月 5 日到 13 日将是盟军最适合进攻的日子。”希特勒立刻让约德尔把这一情况通过急电通知隆美尔，但隆美尔对这一消息（是消息，不是命令）不屑一顾。“这准是约德尔那帮愚蠢的参谋捏造出来的。”他鄙夷地说。他也查看了月相和潮汐表，认为 6 月 20 日以后才会有适于进攻的涨潮。在他看来，涨潮期才适合盟军登陆，因为那样小型船只、快艇等才可以在水面越过海滩上的层层障碍物和雷区。

做出这一错误判断后，隆美尔开始了向东的长途旅行，因为 6 月 6 日是露西的生日，他要前往赫尔林根的家为妻子庆生。

大战在即，国家生死存亡的关键时刻，隆美尔还满腹儿女情长，不惜离开战场回家为妻子庆祝生日，这种行为倒也浪漫，但也实在不是一种称职的表现，又或者是因为隆美尔对自己的判断和防御工事过于自信了。

临行前，隆美尔对参谋们说：“6 月 20 日以前敌人是不会进攻的，即使他们发动进攻，他们在海滩上也无法再逃回去。”

与此同时，德军情报部门反间谍处头目莱尔上校又得到了一份绝密情报。这份情报由两组密语构成，第一组密语的意思是：一些地下组织都部署在布列诺尼、诺曼底和横跨德军补给线的利勒 - 亚眠地区；第二组密语的意思是：盟军将于 6 月 15 日前发动进攻。莱尔不敢怠慢，立刻将这一情况报告柏林的秘密警察。秘密警察又迅速报告了德国最高统帅部。统帅部于 6 月 2 日将这一异乎寻常的情报转交给总参谋部驻西线“外国部队”的专家们。由于该机构负责人是反纳粹机构的成员，所以他什么也没做。莱尔同时也把密码直接告知龙德斯泰特元帅。龙德斯泰特的参谋们说，他们不知道这组密码用语，所以无法准确得知密码的意思。而此时隆美尔正在巴黎参加朋友的宴会。

6 月 6 日，隆美尔一大早就起了床，按往常的习惯先听了一会敌台的新闻广播，然后在别墅里摆满鲜花，准备为露西庆祝生日。上午 10 点左右，来自 B 集团军群司令部的一通电话打断了他的活动。参谋长斯派达尔报告：“盟军已经在诺曼底开始进攻了。”隆美尔听到这一消息，脸上顿时失去了血色，一下子愣在那里。过了一会儿，他才对着话筒大叫道：“确认一下敌人是否主攻，我马上就赶回来。”他又接通了希特勒大本营的电话，三言两语向希特勒报告了情况，随后换上军服，驱车直赴机场。

折戟诺曼底

1944 年 6 月 5 日凌晨，艾森豪威尔将军一声令下，盟军的登陆舰只驶离了英国的各个港口，这支庞大而神秘的特混舰队向诺曼底整整行驶了一个昼夜。

这是一次规模空前的军事行动，代号是“霸王行动”。盟军共集结了多达 288 万人的部队。陆军共 36 个师，其中 23 个步兵师、10 个装甲师、3 个伞兵师，约 153 万人。海军投入作战的军舰 5300 余艘，其中战斗舰只（包括 13 艘战列舰、47 艘巡洋舰、134 艘驱逐舰）约 1200 艘、登陆舰艇 4126 艘，还有 5000 余艘运输船。空军作战飞机 1. 37 万架，其中轰炸机 5800 架、战斗机 4900 架、运输机滑翔机 3000 架。

按常理，在侦察机、无线电、雷达和间谍战的时代，对于如此大规模的行动，德军不可能毫无察觉。只要英吉利海峡有一艘德国巡逻艇，至少也能提前 10 个小时给德军最高统帅部发出警告，但德国海军当天却声称海浪太大，巡逻艇无法出海，全部躲进了军港。直到 6 月 6 日凌晨，首批英军向德军岸防部队开了炮，他们才如梦初醒。正是这黎明的炮声，揭开了“二战”史中最壮观的一幕。

当天晚上，隆美尔赶回了设在拉罗歇 - 基扬的 B 集团军群指挥部，想立即搞清楚在诺曼底发生了什么。其实，隆美尔在早上 9 点收听敌军广播时，就已经听到了盟军正式宣布的重要新闻：“在艾森豪威尔将军的指挥下，由强大空军指挥的盟军海陆军部队，于今天早晨在法国海岸开始登陆。”只是他不愿意相信这是真的。

龙德斯泰特带着一种幸灾乐祸的口气告诉他，盟军已轻而易举地捣毁了他发明的那些小玩意。“这怎么可能!”隆美尔一边叫嚷，一边猛摇着头。斯派达尔向他详细汇报了盟军突破的情况：“敌人的舰只于夜间悄悄驶至第 7 集团军防区，在离岸不远的海面上顶风停泊了很长时间，等待海潮的下落，直到最低潮时他们才开始进攻。他们的先遣突击队员和工兵在凌晨 1 点便乘小船摸到海岸边，把我们的海滩障碍物炸毁了。第 7 集团军于凌晨 1 点 35 分开始进入戒备状态。清晨 6 点，在第一批步兵冲到海滩的 5 分钟内，第一个坦克群也同时开上了浅滩的斜坡。虽然还有不少地雷发挥了作用，但在敌人随后的进攻中，他们用喷火器和炸药把我们剩下的地堡都给解决了。遇有悬崖峭壁的地方，他们就利用在海岸附近的登陆艇上由火箭发射过来的绳梯攀登上去。”斯派达尔抬头看了看隆美尔的表情，接着又说：“敌人依靠空军的狂轰滥炸和海军的猛烈炮击，在我们的雷区中开辟了一条很宽的通道。空降部队还在岸防阵地后方投下了大批伞兵。”

“为什么我们不乘敌人立足未稳便立即进行反攻?”隆美尔阴沉着脸，气哼哼地嚷道。“我们原以为这只是敌人的一次掩护行动，真正的进攻将在第 15 集团军的防区。”斯派达尔讷讷地答道。在隆美尔回来之前，德军没有发起强有力的反冲锋。很明显，他想把这一责任推卸给隆美尔。隆美尔已没有时间与他继续争论这个问题，立即命令道：“马上进行反攻，马上进攻。”

德军在攻击距离内有 3 个装甲师，第 12 党卫装甲师和李赫装甲师离诺曼底最近，但他们一直在争论是否要开赴诺曼底。最远的是第 21 装甲师，但弗希丁格将军也不在他的第 21 装甲师指挥所里，他到巴黎去了。这支部队本来可以在 2 个小时内从卡昂开上前线，但斯派达尔并没有下达这样的命令，装甲部队一般比较难调动。无论是幸灾乐祸的龙德斯泰特还是最高统帅部的约德尔将军，谁也没有插手干预。因为谁也无法保证，这是敌人真正的进攻，而不是类似“坚毅”计划的欺骗行动。隆美尔本人也坚持认为这些消息要么是反希特勒的密谋分子凭空捏造的，要么是盟军有意编造的。因为他的情报官告诉他，“在英吉利海峡可能还有另一次大规模的进攻，此时多佛尔（加来）完全笼罩在一片烟幕后面”。隆美尔仍认为这一判断是正确的。他给约德尔打电话，抱怨缺乏空军和海军的支援。他警告约德尔说：“我总的认为，我们必须估计到敌人将在别的地方发起重点进攻。”这样一来，隆美尔在等待“敌人的第二次进攻”时，没有动用第 15 集团军的一兵一卒增援诺曼底。

此时，德国举国上下都在关注着来自法国南部的消息，人们都对隆美尔的才干深信不疑。为了蒙蔽视听，希特勒信心十足地预言：“敌人今年的进攻将在最有意义的一块地方遭到彻底的失败。”

一向果断的隆美尔在等待中错过了进行反击的第一个良机。如此一来，他在未来 5 个星期里的战略部署都显得手忙脚乱、毫无章法了。眼看英军和美军分为两个战区同时登陆，他竟然毫无办法。

6 月 7 日，英军战区的盟军在宝剑、黄金、朱诺 3 个滩头已有 15 万多人登陆。他们把“大西洋壁垒”撕开了一条约 20 英里长的裂口，英军由 7 个师的先遣队共同建立起了一个桥头堡，并逐步向纵深推进，掩护大部队登陆。德第 21 装甲师则用 6 辆坦克从进攻的英军部队中间冲开一条狭窄的走廊，杀到了梅河畔的卢克。下午 7 点 20 分，数百架盟军飞机临空低飞，在德第 21 装甲师后方投下了成千上万的降落伞，弄得刚刚从巴黎赶回来的弗希丁格不知所措。他见自己的装甲部队在强大的敌军面前孤军深入，已毫无胜算，忙下令停止进攻。

这一天，鉴于诺曼底的危急形势，希特勒终于将西线装甲集群另 5 个装甲师（已给了 3 个装甲师）的指挥权全部交给隆美尔。这 8 个装甲师都是希特勒的看家宝贝，隆美尔决心凭借这支精锐部队大举反击。面对严峻局势，他确定了两个反击目标：一是阻止盟军将登陆滩头阵地连成完整的大登陆场；二是确保卡昂和瑟堡。这样部署并没有问题，可惜这几支装甲部队从七八十英里外赶来，一路上在盟军的猛烈空袭下，根本无法成建制投入作战，即使零星部队到达海滩，也在盟军军舰炮火的轰击下伤亡惨重，失去了往日的威风。海岸阵地上的第 7 集团军各部队虽然拼死抵抗，但仍无法阻止盟军将几个滩头连接起来。隆美尔给马克斯·贝姆塞尔打电话，向他吼道："不管发生什么情况，你得阻止敌人获得新的立足点！"整整一天时间就这样浪费掉了，在盟军海、空军的绝对优势火力下，德军根本无力发动决定性的大规模反击。

6 月 8 日清晨，隆美尔又以极严厉的语气给第 21 装甲师和第 12 党卫装甲师下达指示，无论如何务必在 8 点前开始反攻。这两个装甲师由第 1 党卫装甲军的塞普·狄特里希将军全面指挥。由于盟军出动上千架飞机拦截轰炸，两个装甲师均损失惨重。弗希丁格的第 21 装甲师只有 70 辆坦克能向前运动。狄特里希将军不得不一再推迟反击的时间。

下午，隆美尔亲临战场。他从望远镜里看到盟军舰艇已经密集到完全遮住近岸的海面，滩头上的士兵密如蚁群，炮弹爆炸声让人分不清是从哪里、从什么样的炮口发射出来的，甚至发射炮弹的指挥官也搞不清楚炮弹是落在了敌人阵地还是落在了自己的士兵中间。如此混乱的局面迫使隆美尔开始调整思路。他要亲自了解什么地方需要炮火支援，什么地方该投入增援部队和给养物资，计算散兵坑能容纳几个掷弹手。

隆美尔先驱车来到吉尔将军的防区巡视，只见数千架敌机在天空飞行，声音震耳欲聋。地面上的形势也十分严峻，光天化日之下，英军甚至只有一个连的兵力都敢向桥头堡阵地 60 英里的范围内进攻。随着空袭而来的是德军无线电通信绝大部分中断，吉尔将军的无线电卡车已损失四分之三，狄特里希的 20 组收发报机只剩下 4 组在工作。

与此同时，德军的指挥机构重叠而又混乱。每个装甲师的指挥官在行动前，不得不竭力辨明一大堆互相矛盾的命令，其中包括最高统帅部、西线战区总司令龙德斯泰特、B 集团军群总指挥隆美尔，还有的来自第 7 集团军司令部以及西线装甲群的吉尔或第 1 党卫装甲军的狄特里希。李赫的装甲师已从夏尔特尔赶到诺曼底，但在 100 多英里长的路上遭到多次空袭，损失了 85 辆装甲车、5 辆坦克、123 辆卡车，其中包括 80 辆油罐车。这段时期，德军的作战被搅得混乱不堪，彼此之间毫无协作可言。

这天，英军装甲部队已推进到林格弗尔村庄北部的林子里，李赫装甲师的一个坦克战斗群在拜尔莱因的率领下迎战。由于处在近距离范围，双方都用穿甲弹互射。经过一个多小时的激烈战斗，德军最后放弃了林格弗尔村。

与英军的战区相比，美军登陆的战区似乎要麻烦得多。美军分别在奥马哈、犹他两处登陆，再向瑟堡－卡昂纵深推进。6 月 8 日夜里，在贝叶西北奥马哈海滩登陆的美军第 1 师，由于海上的狂风恶浪和强大的德军防御，遭受了重大损失。美军的许多两栖坦克无法推进，动弹不得；登陆艇被德军的机枪火力死死压住。一个德军工兵营与美军争夺海岸边的一座村庄时，在对战中打死了一名年轻的美军军官，从他的公文包里发现了近百页美第 5 集团军的作战命令。通过对这些文件的仔细研究，纳粹专家们知道了艾森豪威尔的部分计划。

首先是兵力的估计，盟军准备在这个战场投入 150 万人（后来实际上还有所增加），第一批盟军投入了 50 多万人。其次是美军进攻的方向，即登陆后向瑟堡－卡昂（后来巴顿打到德国北部）推进。其中还有关于英军的一些情况。这些文件的发现，不仅打击了隆美尔过于强盛的自信心，也给他带来了前所未有的挑战。现在隆美尔终于不再怀疑这是盟军的骗局了，因为盟军在战场上的兵力已经证实了这一点——诺曼底就是主战场。但他还有一点迷惑不解：巴顿集团军的 25 个师到哪里去了？

根据情报部门的分析对比，隆美尔的兵力与盟军兵力悬殊，而且他的兵力相对分散，分布在长达几百英里的海岸，难以一下子形成合力。即使能将西线 2 个集团军的所有兵力集结起来，也不过 10 多万人。加上希特勒“恩赐”的几个装甲师（其中 3 个师原本就属于西线装甲群），总兵力不超过 17 万人。

隆美尔面临着怎样用 1∶4 的兵力，把第一批登陆的 50 万盟军赶下海去的艰难课题。6 月 9 日整个下午，隆美尔一直待在第 7 集团军的指挥所里，冥思苦想，忧心如焚。

与此同时，德军最高统帅部对诺曼底迟迟不见决定性的反击行动也感到惴惴不安。他们认为时机已成熟，应该把第 15 集团军的部队开上去投入战斗。

为了尽快作出决定，6 月 10 日早晨，隆美尔再次驱车前往诺曼底。沿途为了躲避盟军的空袭，他先后 30 次跳出车外，找地方卧倒掩蔽，直到中午才到达吉尔将军的指挥所。在那里，隆美尔了解到，狄特里希的装甲部队正按计划向北反攻，但盟军的进攻一整天都在逐渐加强，他已被压制在防线一带。敌空军正在摧毁村庄，炸毁桥梁，扫射公路，而德国空军却连影子也见不到。

当天晚上，隆美尔回到城堡给约德尔打电话，再次请求空中支援，最后他说：“我建议你从最高统帅部里派几位先生来亲自看一看。”随后，他与斯派达尔一起去见龙德斯泰特元帅，并就不断恶化的局势向最高统帅部总司令凯特尔起草了一份措辞激烈的电文。在电文中，他列举了德军的种种不利条件，建议重点防御西翼，保卫瑟堡，消灭美军的桥头堡。但最高统帅部否决了他的建议，命令他将防御重点放在东翼。

6 月 12 日，盟军已建立起 60 英里宽的联合登陆场，向欧洲大陆输送了 33 万多名官兵、5.4 万辆坦克车辆和 11 万吨军用物资，并且还在以每天 10 万人左右的速度增兵。也就是说，盟军预定的第一批登陆部队 50 多万人最迟在 6 月 15 日前就可以全部完成登陆。

6 月 13 日，盟军将进攻的重点转向瑟堡。瑟堡是隆美尔的要害部位，他命令第 84、第 47 军和党卫军第 1、第 2 装甲师不惜一切代价阻挡盟军推进，但盟军在占绝对优势的坦克和空军的掩护下，不断击溃德军的层层阻击，继续向瑟堡挺进。德军放弃了通往整个瑟堡半岛的重镇卡兰丹。一旦盟军占领瑟堡港，他们就不必再从隆美尔防守的海滩上运送士兵和武器装备，而可以直接从这个港口把大批后备部队和物资运上岸。

到6月15日，隆美尔终于发现已无法在瑟堡阻止盟军进攻了。公路和河道都已被盟军封锁，无法再向瑟堡支援。隆美尔向希特勒建议说："我们只有让他们撤退，否则他们将会全军覆没。"还未得到同意，他便下令瑟堡的守军向半岛北端后撤。

6月17日，希特勒亲临西线督战。他在苏瓦松①附近的元首专用指挥所里等着龙德斯泰特、隆美尔和他们的两位参谋长。隆美尔再次向希特勒坦率吐露了自己的看法。他说："元首阁下，我们现在面对两线作战的困境，我想应该是用政治手段来收拾残局的时候了。我们应该和英、美媾和，集中力量在东线作战。"隆美尔的话毫不隐讳，"媾和"两个字深深刺伤了希特勒，他没想到对自己最忠诚的元帅会抢先说出"媾和"两个字，震惊之余，他对隆美尔大声嚷道："这不是你应该关心的事。你要做的就是守好你自己的防线，这样对你我来说都是一个最好的结果。"

隆美尔强调说，蒙哥马利将一如既往地像在北非那样，在诺曼底使用同样残酷的手段——继饱和轰炸之后而来的是各种兵器和装甲车辆的无情屠杀，德军赔本也拼不起。

为了安慰隆美尔，希特勒又使出了他惯用的伎俩。他找来了V型导弹的指挥官，给隆美尔和其他西线指挥官打气。这位指挥官简要介绍了在过去几周已经向伦敦发射了1000多枚V－1导弹②。"我们在英国的谍报人员告诉我们，我们的袭击已经使敌人快到了崩溃的边缘，"希

---

① 苏瓦松：法国皮卡第大区埃纳省的一个城镇，位于法国东北部埃纳河畔。

② V－1导弹：由德国卡塞尔地区格哈德·费思勒股份有限公司设计，在第二次世界大战中被德国大量用于攻击英国东南部目标和欧洲大陆的各种目标，英国称之为"有翼飞弹"或"飞机飞弹"。

特勒最后盯着在场的将帅们说，“你们只需要坚持，用不了多久，敌人就会全面崩溃的。”

接着，龙德斯泰特开口发言，他请求希特勒毫无保留地放弃整个瑟堡半岛代价高昂而又僵死的防线，有秩序地撤入港口和要塞。希特勒不得不接受现实，采取果断措施，因此没有争辩就同意了。

希特勒不愧是一个狂热的政治演说家，他只待了几个小时就再度使隆美尔身上产生了新的巨大的魔力。他精神抖擞、信心十足地回到了B集团军司令部。

6月26日拂晓，盟军向瑟堡半岛顶端发起了最后的攻势。经过一天的炮击、轰炸后，坦克和步兵开始进攻。该地区由狄特里希的第1党卫装甲军防守。由于是在狭窄的区域内作战，该师遭到重大损失，但也摧毁了蒙哥马利的60辆坦克。该防区的多尔曼将军心里明白，接下来盟军将突破他的第7集团军的陆地防线，包抄卡昂。一旦卡昂被盟军攻占，他在瑟堡半岛的守军就孤立无援了。

这时，第1党卫装甲军的狄特里希请求派出步兵和坦克增援，多尔曼便向隆美尔请示。隆美尔当即命令多尔曼：“告诉党卫队霍瑟将军，把他所有的兵力全部集中起来。”保尔·霍瑟是第2党卫装甲军的指挥官，他下令第9、第10党卫军装甲师火速增援。但是，只有第9党卫装甲师奉命开到前沿，第10党卫装甲师还在后面未及时跟进。多尔曼显得惊慌失措，身心也由于极度紧张而垮了下来。多尔曼曾两次拿起电话准备命令霍瑟派他的第2党卫装甲军帮助狄特里希防守卡昂，但两次都改变了主意（他没有权力直接给装甲军下命令）。

不久，盟军攻占了奥栋河上一座完好无损的桥梁，这是位于奥恩前面的最后一道河流障碍。多尔曼大惊失色，想把霍瑟的第2党卫装甲军调来防备盟军对半岛的突破。但霍瑟找了个借口，申请战术延迟。

在这生死关头，多尔曼认为敌人的进攻已迫在眉睫，一切措施都于事无补了。2个小时后，多尔曼死于指挥所的浴室里——他服毒自杀了，官方对外则宣称是“因心脏病猝发而死亡”。

瑟堡被盟军攻陷后，隆美尔待在他的秘密司令部里，情绪低沉，他感到“一切都完了，我们必须尽早结束这场战争”。他给露西写信说：“军事上一点也不顺心，我们必须做好发生严重事变的准备。”

6 月 29 日，希特勒在贝希特斯加登举行了高级军事会议。会前，隆美尔对龙德斯泰特元帅说：“政治局势已经非常清楚，全世界都已经起来共同对付我们，我们已经没有赢得这场战争的丝毫希望了。”他指望这位资深元帅能站在他这一边，规劝希特勒尽早与英、美媾和。隆美尔也曾将自己的意图对戈培尔和希姆莱透露过。当时，这几个军政头面人物听着他的讲话，只是偶尔点点头，并没有明确表示反对。这使隆美尔更加坚信他能说服希特勒尽早放弃现在的政策。

会议开始后，希特勒首先对德国面临的严峻形势表示十分不满，然后又开始向与会的将帅们鼓吹那些导弹的轰炸数据，希望用火箭、电动潜艇和喷气式飞机等新式武器来挽救不利局面。他的战略是在远离德国城市以外的地区进行战争，竭力赢得时间。

这次隆美尔再也没有兴趣听这些了。希特勒讲完后，他站起来发言说：“元首阁下，多尔曼将军的自杀给了我们一个警示。我作为 B 集团军群的指挥官来到这里，是因为我想我们放弃现在的战争政策的时候已经到来了，我们应该对全体德国人民负责。我想我们应该明白目前的国际政治形势对我们很不利。”

希特勒简直不敢相信隆美尔居然开始关心起政治来了，没等隆美尔把话说完，他便大声叫道：“我的元帅，我需要的是你汇报你那儿的战场局势，而不是要你在这儿给我高谈什么世界形势，这不是你分内的事。”他用拳头狠狠地敲着桌子。

此时，隆美尔显得冲动而固执：“尊敬的元首，历史要求我必须先谈谈我们所面临的政治形势。”

“你只谈军事，其他什么都不用谈。”希特勒再次厉声打断了他的讲话。

隆美尔用眼神向戈培尔和希姆莱发出求援信号，但他们视而不见。

隆美尔只得硬着头皮继续说："元首阁下，我必须谈谈这个主题。我还想问问您，我们还有什么力量来赢得这场战争？"

"住口！"希特勒已经忍无可忍，他把隆美尔痛骂了一通，并翻出了阿拉曼的旧账。数落完后他又说："你马上离开这儿，我绝不允许一个失败主义者在这里高谈什么悲观论调。"

隆美尔环视了一下四周，发现所有人都用惊讶的目光盯着自己，仿佛他突然变成了一头令人恐怖的怪物。他低着头，默默无言地走出了会议室。

第十一章　古来征战几人回

多线作战

1944 年 6 月 29 日晚上，隆美尔怀着沉重的心情离开了伯格霍夫，于第二天下午回到 B 集团军群司令部。他知道，由于自己意气用事、直抒己见，希特勒不会再信任他了。这是他最后一次见到希特勒，他已经做好了希特勒派人来接替他的最坏打算。同时他又再次下定决心，无论出现什么后果，也要服从元首的意志。这种自相矛盾的选择令他内心痛苦不已。

伯格霍夫会议在没有隆美尔的情况下继续进行。希特勒叫来海军上将邓尼茨和帝国元帅戈林，命令戈林使用空投水雷、鱼雷和遥控炸弹对付蒙哥马利的补给线。他说："我们要敷设地雷，在塞纳湾周围投入更多的水雷，要有一股猛虎的狠劲。与其往后在陆上分头与登陆的部队作战、捣毁他们的军需物资，不如趁早在海上将船只连人带货击沉，这样效果更好。"邓尼茨也接到了同样的命令，要他运用袖珍潜艇打击敌人的舰队。实际上，德国海军并不占任何优势，要歼敌于海上简直是痴人说梦。邓尼茨对此心知肚明，但是他还是准备试试希特勒所说的新式武器。

希特勒又命令空军第 3 军指挥官雨果・斯比埃尔把敌人从法国的天空赶出去，等他的战斗机中队得到补充后就马上行动（事实上已向法国战场派出 1000 架德国新型战机）。他要求防空部队从巴黎到诺曼底沿路层层部署高射炮火力网，把这段路程变为敌机的死亡线。斯比埃尔心里一点儿把握也没有。德国空军与英国空军交战数年，在第三帝国最强盛的时候，也未能取得一次完全的胜利，现在面对同盟国的空军，即使赢一场局部空战也并不容易。元首还有什么秘密武器可用呢？

希特勒召开这次军事会议目的是要扫除德军官兵的悲观情绪，但他的鼓动已经不那么激动人心了。他在讲话结束时说："要是一切顺利，也许我们还能在近期内向美军发动一次反攻。"

隆美尔虽然没有开完这次会议，但他对希特勒的宗旨是很清楚的。他希望希特勒停战，并不是说要缴械投降，他并不想马上退出法国战场。当他回到秘密司令部的时候，争夺卡昂的战斗仍在激烈进行之中，他打算死守卡昂城。

6 月 30 日，隆美尔向西线装甲群指挥官吉尔将军解释了希特勒在伯格霍夫发布的命令："敌人因为 V 型导弹投入战斗而被迫转移。现在要做的就是用炮火消耗他们的有生力量，抓住每一个机会，用猛烈的炮火狠狠地打。卡昂是敌人向巴黎突破的要塞，因此我们得把更多的部队调往那里。"

吉尔接到命令后，立即下令让装甲部队在夜间发起进攻。但是，3 个残缺不全的装甲师都遭到了盟军的反坦克炮和军舰上的大炮轰击，德军坦克再次受到重创。

7 月 1 日，吉尔一脸沮丧地向第 7 集团军司令部呈交了一份坦率的局势报告。这份报告很快被转送到斯派达尔和龙德斯泰特手中。吉尔在报告中建议道："鉴于我军和我们的事业的利益，请立即从卡昂的桥头堡撤退，使德军在敌军舰致命的炮火射程外重新构建一条防线坚守。"斯派达尔和龙德斯泰特都同意吉尔的建议，因此当即批准了吉尔要求撤退的请求。

但隆美尔不同意他们的决定。他驱车赶到吉尔的指挥所，要求刚刚撤下来的装甲师继续坚守原地，并准备亲自督战。不仅如此，他还准备从增援的几个装甲师中调 2 个师过来坚守卡昂。

当隆美尔从吉尔那里回到司令部时，龙德斯泰特的参谋长古恩特·勃鲁门特里特恰好从巴黎打电话来，告诉斯派达尔："元首命令，不准从卡昂撤退，要守住现有的防线。除了死守防线外，还要以有限的反攻阻止敌人进一步打开缺口。”但斯派达尔对这一命令置之不理。

希特勒很快得知了卡昂发生的事情，他解除了吉尔的职务，派汉斯·埃伯巴赫将军去接替他。同时，因龙德斯泰特也建议从卡昂撤退，加上他曾递交辞呈，希特勒以关心老元帅的健康为由，让他解甲归田。

隆美尔不禁为自己坚守卡昂的决定感到庆幸，甚至认为自己有可能接任龙德斯泰特的职务。但是，希特勒新的任命让他极为惊愕，继而大失所望。接替龙德斯泰特职务的是陆军元帅汉斯·京特·冯·克鲁格，克鲁格是普鲁士人，机灵活跃，以具有远见卓识而出名。谣传他在敌机扫射他乘坐的小车时依然待在里面不动，以此证明他不是胆小鬼。克鲁格比隆美尔大 9 岁，军衔也高于他，是苏联战线上的一员老将，打仗勇猛，不屈不挠。

7 月 3 日下午，隆美尔从诺曼底回到司令部不久，克鲁格便来看望他。当隆美尔见到他时，克鲁格脸上还洋溢着前一周在伯格霍夫作为元首座上客时那种信心十足的表情。老元帅的这种表情和他那双锃亮的皮靴，立刻使隆美尔对他产生了一种厌恶感。很显然，老元帅是故意装模作样给隆美尔看的。两人的首次会谈竟变成了一场激烈的舌战。克鲁格一开场就想给隆美尔一个下马威：“你必须习惯于像其他将军那样服从命令。”接着，他摆出一副审讯的架势，要求看一看隆美尔宣称的他手下将军们提出的悲观报告。

“你似乎忘记了自己是在和一位陆军元帅说话。”隆美尔毫不客气地回敬他。

“我完全知道，”克鲁格早料到隆美尔不会那么温顺，他反驳道，“直到今天，你一直在自行其是，独断专行，无视你的顶头上司而越级向元首报告你自己的想法和计划，以后我不允许再有这样无理的事情发生。”

“我的职责规定得很清楚，”隆美尔毫不示弱地回答道，“我必须防守海岸。为了达到这一目的，我要求西线总司令按照我的意愿调集一切必要的部队，采取一切必要的措施。”

“瞧瞧你的军需司令那副笨手笨脚的样子吧！”克鲁格讥讽道，“到现在为止，你还没真正指挥过比一个师更大一点儿的部队！”

对于这一侮慢，隆美尔敏捷地回答道：“老元帅领导的部队再多又怎样呢？你也得在战场上和英国人碰头的。”说完他扬长而去。

克鲁格后来十分得意地对他的参谋们说，他在这场舌战中首战告捷。他不准隆美尔越俎代庖，直接和元首打交道，但隆美尔还是想方设法让希特勒听到了他的意见。当天晚上，隆美尔又写了一份有关诺曼底目前战役的长达10页的报告，一份送给希特勒的副官施蒙特，一份送给克鲁格，并附了一短信：“你初来时曾训斥，‘你现在要学会执行命令’。这话未免损人太甚，我要求你回答为什么要这样指责我。”

隆美尔在报告中提到西线管理层次混乱，建议必须把所有部队都集中在一个完整统一的指挥体制之下。但克鲁格对此不屑一顾。

隆美尔与克鲁格的矛盾，立即引起了巴黎的密谋分子的注意，再次产生了在未来推翻希特勒的革命中利用隆美尔这一名字的希望。斯派达尔立即向在巴黎的密谋分子的关键人物冯·施图尔纳格（德驻法国的军事总督）写了报告。隆美尔不知不觉被卷进了一个巨大的阴谋之中。

在一定程度上，隆美尔之所以走上不归路，也有点受其盛名所累。在德国民众的心目中，他是一个战无不胜的英雄，以至于非洲的惨败也被宣传描绘成与他毫无关系。他在公开活动和私人生活中均没有任何污点，只是在履行一个军人的职责。而他的对手英国人对他则又爱又恨，一方面欣赏他在战场上的骑士风范，另一方面又对他十分忌惮。考虑到这些，对密谋分子来说，恐怕没有比隆美尔更适合出任军事首脑的人选了，他们早就注意到了普通民众和盟国对隆美尔的认可，这也是许多密谋者宣称“隆美尔站在他们一边”的原因所在。

7月4日，德军终于发现了谣传已久的巴顿集团军——美第3集团军。隆美尔期待已久的对手终于露面了，然而，此时他却在积极谋求和谈。在去卡昂的路上，他低声对海军上将卢格说，有必要向英国人和美国人提出停战，“我军的全部努力一直是徒劳！”卢格不愿意直接反驳他，委婉地说：“1918年的时候，情况也是如此，一切似乎毫无希望，但恰恰是全世界对德军士兵的素质表示了巨大的敬仰，从而才加速了德国的复兴。今天也同样存在着这样的敬仰。陆军元帅阁下，他们特别尊敬你。”这段时间，隆美尔常借机与下属谈话，试探性地提出类似的问题。

巴顿的部队开到欧洲战场后，德军西线的压力与日俱增。但隆美尔仍然坚守卡昂，并在圣马洛西北利用沼泽和山林等有利地形构筑新防线，让从瑟堡半岛撤下来的第 7 集团军和 2 个装甲师一起驻守。

7 月 7 日，盟军向卡昂发起凶猛的攻势，以猛烈炮火轰击德军阵地作为进攻的序幕。这一夜，军舰上的大炮和野战炮向德军阵地倾泻了 8 万发炮弹；从晚上 9 点 50 分开始的为时 40 分钟的空袭中，皇家空军的战略轰炸机对这座中世纪的古城投下了 2560 吨炸弹。坚守卡昂北郊的德国空军第 16 野战师的数名指挥官殒命或负伤。库尔特・梅耶的党卫军第 12 装甲师浴血奋战，摧毁了盟军至少 103 辆坦克。结果，卡昂古城最后变成了一堆瓦砾，车辆已无法通行，该城最终为盟军所占。

就在卡昂失守当天，斯派达尔在巴黎与施图尔纳格一起密谋，一定要争取隆美尔。施图尔纳格决定让牙尖嘴利的副官恺撒・冯・霍法克去说服隆美尔。而隆美尔对他们的密谋活动毫不知情。据说霍法克通过特殊途径在第二天见到了隆美尔，两人交谈了差不多半个小时，具体都谈了些什么，无从得知。

7 月 10 日，美军又向守卫在圣马洛交叉路口的德国伞兵和李赫的装甲师发起了进攻，使圣马洛城陷入危境。当天晚上，克鲁格来到隆美尔的司令部，他刚来时威风凛凛、不可一世的神气派头此刻已经荡然无存。他来这里的目的很明确，是找隆美尔商议防守之策。当隆美尔指出美军随时都有可能突破圣马洛防线时，这位身经百战的老元帅脸上浮现出惊恐的表情，他随即请隆美尔写一份关于德军前景的预测报告，并诚恳地说：“我想让元首知道这里的确无法再坚守下去了。”现在他和隆美尔对主要问题的看法已经基本一致了。

隆美尔没有马上写报告，而是亲自奔赴圣马洛去指挥那里的阻击战。那里的美军一点儿也不比英军差。

7 月 11 日，斯派达尔又与密谋分子悄悄接头，并得知了政变的一些细节，不过他并没有和隆美尔谈起这些事情。霍法克从巴黎赶到柏林，见到了他的表兄克劳斯·冯·施陶芬柏格[①]上校，大概是把他与隆美尔见面之事告诉施陶芬柏格。施陶芬柏格是一个年逾四十的壮汉，行动欠灵活敏捷，但却被密谋分子选定为暗杀希特勒的刺客。

就在密谋分子进行各种准备时，隆美尔指挥他的部队在圣马洛坚持到 7 月 17 日。他每天看到的都是盟军的飞机、大炮和坦克不停地对防守阵地的德军狂轰滥炸，浑身血淋淋的士兵们躲在堑壕里作着绝望的抵抗。隆美尔越发感到形势的恶化，他再次电请希特勒采取政治措施，同时向最高统帅部呼吁："再也不能做这样无谓的牺牲了，虽然我军各处都在英勇抵抗，但是这场寡不敌众的战争已经接近尾声。在我看来，采取政治措施已迫在眉睫。作为 B 集团军群的指挥官，我觉得有责任讲清这一点。"当然，他同时也把报告送了一份给西线战区总司令克鲁格。

对现实形势的估计和对希特勒的忠诚，这两者之间的矛盾无时无刻不在折磨着隆美尔，使他内心饱受煎熬。他一方面希望尽快与盟军讲和，停止战争，共同对付苏联；另一方面，他又不甘心放弃这场战争，作为一个热衷于打仗的军人，只要还有一线希望，他就会不自觉地寻找一切机会去争取最后的胜利。因此，这些天来，他总是犹豫不决，徘徊踟蹰，但在行动上又忙着把这场战争打下去。一有空隙，他便驱车到战场各处看望指挥官们，又犹豫着不愿把德国未来的前景一语道破。他一边视察防线，一边争取前线指挥官们对他与盟国媾和想法的支持。

7 月 15 日，隆美尔在与西线装甲集群新任司令官埃伯巴赫密谈时说："我希望得到你的支持。为了德国人民的利益，我们必须合作。我们不能再这样盲目地打下去了，我们必须实现停战。"埃伯巴赫没有什么明确的态度，而是表示了极大的忧虑，认为隆美尔的所作所为将在德国引起一场内战。

---

① 克劳斯·冯·施陶芬柏格（1907—1944）：纳粹德国陆军上校，是 1944 年密谋刺杀希特勒的人物之一，国防军内的抵抗组织"黑色乐队"的核心人员，曾四次身背炸药试图行刺希特勒。失败后被处死，并遭"焚尸扬灰"。

当天，隆美尔又对卢格说：“无论他们是解除我的兵权还是调换我的工作都无所谓，我并不认为他们真有必要这样做。应当允许对局势负有责任的指挥官说出他们的心里话。”

7 月 16 日，隆美尔在视察第 17 航空师时，对老部下瓦宁中校袒露了自己的计划：“克鲁格元帅和我已经给元首送去了最后通牒，敦促他作出在西线停战的决定。”

“要是元首表示反对呢?”瓦宁忍不住好奇地问道。

隆美尔直言不讳地说：“如果那样，我们就开放西线，让英国人和美国人长驱直入，一定要让他们赶在苏联人之前进入柏林。我们必须这样做，否则我们将会成为历史的罪人。”

隆美尔这种“舍西保东”的想法，不但被希特勒认为是辱没国家的做法，而且也没有得到盟军的认可。由于苏联对英、美企图与德国单独媾和表示出异常强硬的态度，英、美被迫放弃了与德军西线指挥官们达成一切协议的计划，再次重申德国必须无条件投降。

刺杀风波

西线的战斗仍在进行着，而密谋分子的阴谋也在暗中继续进行。形势更为复杂的是，英国特种空军部队也盯上了隆美尔。

据《皇家空降特勤队战争日记》记录，自诺曼底战役打响之后，特勤队得知隆美尔负责西线防御，就准备对他下手，以此作为对希特勒的一个“威胁和打击”。几个月来，特勤小队都在探听、寻找隆美尔的秘密司令部所在，准备再次对这只困守西线的“狐狸”痛下杀手。7 月 14 日，英军戈登山地部队的威廉·弗雷塞少校在一座山崖脚下发现了隆美尔的秘密司令部。弗雷塞被派到法国中部建立代号为“猎犬”的游击队根据地，主要任务是破坏自地中海到诺曼底的德军交通线。

得到可靠情报后，英军特种空军司令部的麦克利奥准将发布命令：“击毙陆军元帅隆美尔和他参谋部里的高级官员，或将他们绑架到英国。”特种空军部队派上尉莱蒙德·李带一支特勤小分队实施“猎狩行动”。小分队被空投到夏尔特尔市附近，但因夜间空投不是很成功，一些设备被摔坏和丢失，他们无法立即采取行动，只好潜伏下来，伏击战线后方德军的运输车队，伺机寻找机会。

这段时间，隆美尔每天都要驱车跑二三百英里，待在司令部的时间很少，这使他无意中避开了悄悄来临的死神。可惜的是，他躲过了这一劫，却逃不过另一场大灾难。

7 月 17 日，隆美尔视察第 1 党卫装甲军，与塞普 · 迪特里希将军谈完话后，他让司机丹尼尔下士开车回城堡。当天下午，空气沉闷而又炎热，隆美尔钻进汽车后就一直沉默不语。汽车在一条笔直的公路上奔驰，隆美尔坐在前面，膝上摊着一张地图。后座上兰格的身旁坐着一位观察敌情的下士。一会儿，公路上出现了很多遭到敌机轰炸后燃烧的卡车和小车，挤满了从诺曼底来的难民。德国人已觉察到死神正在降临。他们的马拉车、牛拖车载着家什用具，车上挂着白布，向上帝祈祷敌机轰炸时手下留情。

接近利瓦诺特时，观察敌情的下士发现了 8 架盟军飞机。隆美尔命令司机把车子转进与公路平行、树叶繁茂的隐蔽小路上，但几英里后，小路与大路又汇合了。他们正要开上第 179 号公路，隆美尔发现 2 架盟军轰炸机朝他们直冲过来，他立即命令丹尼尔把车子开往旁边 300 米处的灌木丛，但还没等车子转过弯来，飞机上的机炮便朝他们扫射了。炮弹在后面的公路上爆炸，火花四溅。兰格一遍又一遍地尖叫：“敌机在左边!”“炸弹落在右边!”一发炮弹在离车子不到 1 米的地方爆炸了，强大的气浪把车子掀起来，汽车失控冲过小路栽进了旁边的沟里。隆美尔的头被一个坚硬的东西击中，头骨凹陷下去。司机丹尼尔当场毙命。又一架烈焰式飞机来了，飞行员看见车子已摔进沟里，匆匆扫射了一阵，便掉头飞走了。

隆美尔被送进了贝尔内空军医院，一位当地的医生用碎布条缠住他凹陷流血的头部，随后又给他注射了两瓶樟脑油。正是这种简陋的急救方法，使隆美尔保住了一条命。3 个小时后，隆美尔的参谋长斯派达尔获悉了这次“路途事故”，急忙打电话给战区总司令克鲁格，克鲁格向贝尔内空军医院打电话询问情况。外科医生说，隆美尔昏迷不醒，经 X 光检查结果表明，他的头部有 4 块碎骨，但他仍奇迹般地活着。这使外科医生惊讶不已。

在西线战区，克鲁格终于可以放心地、完全地从战术上控制诺曼底了，因为希特勒已经决定撤销 B 集团军群，并将其属下的所有部队指挥权交给他，但不知这副担子他一个人能挑多久。

这场意外的车祸始终是个谜。隆美尔大难不死，也许是天意。但是，给他带来灾难的远不止这次车祸。就在他住进医院的第三天，柏林又发生了一件关系到他生死存亡的大事。

7 月 20 日中午 12 点 30 分，密谋分子施陶芬柏格准时把一只皮包放在东普鲁士腊斯登堡“狼穴”的地下室里，接着逃了出来，飞回柏林。令人意想不到的是，施陶芬柏格离开后，豪辛格的助手勃兰特上校嫌这只皮包碍事而把它放到了会议桌的另一头。12 点 45 分，装在皮包里的一颗英制定时炸弹轰地炸响了，地下室剧烈震动，落下一阵烟尘。参加德国最高统帅部军事会议的一些将军参谋被炸死或炸伤，但是，他们的元首希特勒很幸运——只是擦破了点皮。这就是第三帝国历史上著名的“7・20 事件”，是德国反希特勒分子们策划的一次暗杀行动。下午 6 点 38 分，德意志广播电台中断了正常节目，播报了此次行刺的消息并宣布希特勒还好好地活着。

隆美尔一清醒过来，就关心起前线的战事来。他正准备把第 15 集团军全部调往南面，置蒙哥马利于不顾，去与巴顿一较高低。当得知已经不用他操心西线的战事时，他顿觉眼前一片黑暗。

7 月 22 日，斯派达尔和克鲁格赶来看望隆美尔。医生刚一离开病房，隆美尔就挣扎着从床上坐起来，并侧过头去，让他们看看他的脑袋，以证明他已“痊愈”。斯派达尔没有看，他知道隆美尔的伤势，只是向他简单汇报了圣马洛阵地的最新情况，但没有提起暗杀希特勒失败的事。

午夜过后，希特勒亲自发表广播演说，他的声音由于狂怒显得有些颤抖。“谋划这次行动的叛徒们将要受到惩处！”他最后歇斯底里地狂叫。密谋分子听到希特勒的叫声后惶恐不安，施陶芬柏格、霍法克、斯派达尔等人不得不采取紧急应对措施。陆军军需主任爱德华·瓦格纳第一个对着自己的脑袋开了一枪。克鲁格获知谋杀希特勒的事件后，沉默良久，最后对他的参谋长说："我对西线已不再抱有希望了，因为一切目的都不会达到。希特勒是民众崇拜的偶像，只要他活着，一切都还无法预测……"随后，他又给希特勒发了一封效忠电报。

隆美尔也在病床上收听了这天晚上的广播，听完后他高声嚷道："这帮疯狂的家伙，他们怎能谋杀元首？一个士兵在战场上就可以杀死他，可那又有什么好处！"隆美尔虽然一直希望希特勒采纳他的停战建议，但他仍然忠于他的元首。"是谁想要谋害元首，真难以置信！"他气愤地询问前来探望他的卢格上将，"没有元首，我们国家将会陷入一片混乱之中。"密谋分子们显然误解了隆美尔和克鲁格。

1944 年 7 月，希特勒带领墨索里尼查看暗杀现场

隆美尔一直在死亡的迷阵中挣扎而不自知重重危险已包围着他，他吵嚷着要马上出院，去指挥战斗。一个医生为了劝阻他，故意从病理室取来一块人造头骨，用锤子把它敲碎，对他说："你头部的伤势就跟这块头骨一样，如果你想马上行动的话。"

隆美尔无奈，只得失望地躺回病床上，眼睁睁地看着别人把他送上担架，然后放到一辆卡车上。7 月 23 日早晨，卡车驶往巴黎。

元帅陨灭

在美军的数次攻击下，圣马洛防线已是岌岌可危，眼看就要守不住了。在这紧要关头，隆美尔被送往巴黎附近的一家医院治疗。他是一个不守纪律的伤员，总是闲不住。刚到那里，他就迫切要求亲自面见元首。被拒绝后，他给希特勒拍发了一份慰问电："我的元首，请接受我的真诚祝愿，愿您能早日康复。"7 月 24 日，他接到了希特勒的一封简短回电："请接受我希望你早日康复的最良好的祝愿。"这以后希特勒便杳无音信了。这是隆美尔与希特勒的最后一次电报交流。

7 月 25 日，盟军出动 3000 多架飞机向佩里耶、圣马洛之间纵深 5 英里、宽 1 英里的地域投掷了 4700 吨炸弹。美军 3 个师利用这一猛烈轰炸，于早上 11 点在狭窄正面转入进攻。另有 2 个坦克师和 1 个步兵师准备继续扩大这个缺口，并向库唐斯实施突击。

第二天黎明，美军进入莱赛和佩里耶，坦克先遣部队则直抵库唐斯。这一突击威胁着德军的西翼防线，它可能会被切断。克鲁格试图以 3 个坦克师由东面实施猛烈反冲击，借以挽救危局，但没有成功。这 3 个师中有 2 个师被美军冲散，无法形成战斗力。幸亏克鲁格指挥灵活而及时，才使本已付出严重代价的西翼没有遭到完全合围。但美军抓住有利战机，用 8 个步兵师和 4 个坦克师在库唐斯两侧向南猛攻，于 7 月 30、31 日先后攻占了格郎维尔和阿夫朗什。

此后，盟军基本控制了诺曼底。对于前段时间坚守在这里的隆美尔，英国公开宣布他已负伤，现在或许已经一命呜呼了。

听到这一消息后，隆美尔不顾伤痛，于 8 月 1 日在巴黎举行了一次记者招待会。他挣扎着在病服外面套上一件陆军制服，让新闻记者拍下他那相对而言没有受伤的侧影。他对自己的随军记者埃斯贝克说："英国人已经把我勾销了，他们宣布我死的消息已经不是第一次了。而我没有死，也不会那么轻而易举死掉的。”

几乎同时，在东普鲁士的“狼穴”里，希特勒与总参谋长约德尔正在密谈。希特勒拿出一份秘密文件给约德尔看，里面有霍法克中校与克鲁格和隆美尔谈话的证明报告。谈话的内容只是隆美尔当时说，两个星期之内，在盟军优势兵力和装备的压力下，西线将土崩瓦解。希特勒坚持认为，既然是与密谋分子接头，谈话的内容肯定不止这些。更糟糕的是，几天前，那帮密谋分子采取应急措施不当，反而加快了事情的败露。施图尔纳格自杀未遂，在昏迷中，他又提到了隆美尔的名字，尽管他以后并没有交代出具体细节，但希特勒已经认定隆美尔也参与了。

希特勒告诉约德尔，打算先解除克鲁格西线战区总司令的职务，但对隆美尔的指控暂不声张，待他病好以后再进行审讯。

由于盟军正在向巴黎推进，8 月 8 日，隆美尔被送回他的家乡斯瓦比亚。他又重新回到了露西的身边。当他步履蹒跚地走进赫尔林根的山庄时，露西看到他头部的伤痕，流露出惊慌失措的表情。而他则强颜欢笑道：“感谢上帝，我的头还没有像费尔医生所说的那样四分五裂。”

8 月 12 日，潜逃在外的密谋分子之一、莱比锡市市长卡尔・戈台勒被捕归案。在希特勒秘密警察的逼供下，他随意找来一个放文件的箱子，说箱子里面有密谋文件、声明和同伙的名单。这些文件中提到的名字，大都是在前线参加过战斗的元帅、将军。纳粹希姆莱得到这些东西后，把它们精心或者说别有用心地整理了一番，特意在笔记本上写上了克鲁格和隆美尔的名字，然后去向希特勒汇报。

8 月 18 日，已经接到解职命令的克鲁格在返国途中服食氰化物自杀，他的职务由瓦尔特・莫德尔①元帅接任。

凡是参与这一阴谋的陆军军官，先由陆军荣誉法庭审判，一旦发现有重大嫌疑，希特勒便把这些人从陆军中除名，然后交给人民法庭判决。8 月 19 日，人民法庭判处施图尔纳格、霍法克及巴黎的一些同谋

① 瓦尔特・莫德尔（1891—1945）：纳粹德国陆军元帅。在第二次世界大战后期历任南方集团军总司令、西战场总司令、B 集团军总司令，表现出卓越的军事指挥才能，被希特勒称为“东线的救星”。

者死刑。除霍法克外，其余的人均在当天被绞死。几天内，大约有 700 名军官被先后处死。

截止到目前为止，所有关于对自己的指控和怀疑，隆美尔仍一无所知。他觉得自己的伤势已经好得差不多了，但一直没有得到希特勒的任何指示。他每天都接到几个集团军的作战情况报告，西线已经全面溃败，“大西洋壁垒”已不复存在，盟军即将进入巴黎。他整天坐卧不安，但他仍安慰露西说：“元首一定非常担心我的伤势，所以不愿让我过早地重返前线。”

天生的机会主义性格，使隆美尔在这个时候仍然摇摆不定，选择了投机观望。他明知有人预谋推翻希特勒，但却表现得无动于衷。无论是出于不愿卖友求荣，还是对推翻希特勒存在侥幸心理，都可以理解为他内心并不真正拥戴纳粹，但又希望以自己对希特勒的忠诚，来换取显赫的地位和荣耀。

这段时间，邻居们常常看见隆美尔靠在儿子曼弗雷德的手臂上摇摇晃晃地在花园里散步，军服上缀着一枚新得的伤员金质奖章。有一次，他和儿子谈起希特勒被谋杀的事，痛心地摇着头说：“元首死去比活着具有更大的危险，我所需要的是能够在西线独立行动，并且达成停战协议。”

8 月 25 日，盟军解放巴黎。就在这一天，希特勒下令逮捕隆美尔的参谋长斯派达尔。消息传来，隆美尔不禁大惊失色。他连忙给希特勒写了一封信说明情况。从这时开始，他才开始考虑自己的处境。随后接连发生的几件小事，使他隐隐约约有了不祥的预感。

一天晚上，仆人卢斯托似乎听见有人轻手轻脚地走到门口，但开门后只看到一个人影晃了一下，便消失在黑暗中。此后只要注意观察，就会发现夜晚在花园里，总有人影闪动；当他们外出散步或是到旁边的小树林里去采蘑菇时，也有可疑的人一直跟踪他们。毫无疑问，这些人是秘密警察，隆美尔已经被秘密监视了。

隆美尔从多尔姆卫戍部队找来了一个卫兵，并让儿子也随身带上枪。一天夜里，卫兵朝一个闯进别墅里的人开了枪。隆美尔气愤地嚷

1944 年 8 月 25 日，巴黎解放，戴高乐将军的第二装甲师进入首都

道："他们怎么能这样对待我，如果我发现了他们，就把他们统统干掉。"

9 月 1 日，斯派达尔被正式解除 B 集团军群（已撤销建制）参谋长职务。

9 月 3 日，隆美尔被正式解除 B 集团军群指挥官的职务。他身不由己地被卷入了一场由反战分子掀起的旋涡之中。

秘密警察于 9 月 11 日和 12 日对斯派达尔进行了审讯，他起初招供承认，霍法克于 7 月 9 日来访，的确和隆美尔在城堡的院子里散过步，隆美尔只说过对西线不抱希望了，企图得到希特勒的允许，与蒙哥马利会面和谈。他承认 7 月 22 日到医院看望过隆美尔，隆美尔说，暗杀发生后，他感到要从另一个角度理解与霍法克的谈话了。

斯派达尔与霍法克的供词全然不同。据秘密警察报告说，霍法克交代，他确实与斯派达尔讨论过暗杀阴谋，隆美尔事先也应该知道这件事。这样一来，斯派达尔就处于进退两难的境地，他要么把所有过错都推给隆美尔，要么一口咬定霍法克在撒谎。这个死结是怎么处理的，已经无从得知，因为对斯派达尔和霍法克的审问记录早已被销毁。但可以肯定的是，秘密警察完全听命于希姆莱，他的报告将决定斯派达尔、隆美尔等人的生死。

被解除职务后，隆美尔一直郁郁寡欢、焦躁不安。9 月 26 日，斯派达尔的妻子给隆美尔写来一封信，10 月 1 日他就满怀同情地给她复了函。就在同一天，他又给希特勒写了一封长信。

信的开头说，由于他的健康状况还不能使他足以接受并接任新的工作，他为此感到十分内疚。他接着写道："头部有 4 块碎骨，受伤后西线出现了不利局面，特别是我从前的参谋长斯派达尔革职被捕——我偶然得知此事——等一系列事件，给我精神上造成了难以忍受的负担。"他在信中赞许斯派达尔的才干以及在战场上的表现，并提醒希特勒，他曾亲自授予斯派达尔骑士十字勋章。他还说："斯派达尔严守纪律，为众多士兵所了解，并忠心耿耿地帮助我在可能的范围内尽快完成'大西洋壁垒'的防御部署。我不能想象，究竟是什么使斯派达尔中将遭到了革职和逮捕？不幸的是，诺曼底的防御工事证明不可能进行有效的战斗，不能将敌军在海上或初登陆时就地歼灭。其原因我早就向您报告了。"他还讲到了自己和克鲁格元帅之间不和的情况，最后说："我的元首，你知道我在自己的权力和能力范围内已经尽了自己的职责，不论是在 1940 年的西线战役，还是在 1942 年的非洲战役，以及 1943 年在意大利的战斗和眼下的西线战役中，我都一如既往。我心中向来只有一个信念，那就是为您和新德意志帝国去战斗，去取得胜利。希特勒万岁！——埃尔温·隆美尔。"

隆美尔为什么要在事情发生 20 多天后才写这封信呢，这实在令人费解，也许他始终相信自己是清白的，相信希特勒会还他一个公道。

然而，事情并没有隆美尔想象的那么简单。10 月 4 日，陆军荣誉法庭专门重新开庭审讯一部分有嫌疑的军官，听取证词。陆军元帅凯特尔作为最高统帅部总司令亲自主持开庭，另外还有 5 名将军作为法官。斯派达尔和隆美尔都在受审之列，但凯特尔决定用巧妙的方式传讯隆美尔。

10 月 7 日早晨，凯特尔元帅给隆美尔家里去了个电话。他冷冰冰地通知隆美尔："元首要你马上来柏林参加一个重要会议，我们会派一辆专列到乌尔姆接你的。"凯特尔还约定了一个日期，即 10 月 10 日。

隆美尔似乎预感到了什么。放下电话后，他和家人讨论了此事："我可不会再上当了，我现在认清了这些人的真面目，我到了柏林便休想再生还了。"

为了证实一下，隆美尔怀着一丝侥幸的心理给最高统帅部去了一个电话，询问此行到底为了什么事。接电话的是威廉·布格道夫将军，他刚刚接替施蒙特担任陆军人事部部长和希特勒第一副官。他对隆美尔说："元首让凯特尔元帅和你讨论一下你的未来。"布格道夫和隆美尔私交不错，忍不住在电话中向隆美尔发出了暗示信号。

布格道夫的话外之音，让隆美尔感到极度不安。他小心谨慎地说："恐怕我来不成，我在 10 日那天与专家们有个约会，他们说鉴于我的健康状况，一定不要作长途旅行。"很显然，他是在找借口推脱。

随后，隆美尔立刻打电话让他的主治医师、图林根大学的脑科专家阿布里赫教授，为他开了一张不能作长途旅行的证明。有了这张证明，他就像拿到了一张救命符。他劝露西不要再为他担心："等到元首的心情平静下去以后，我会当面向他解释清楚的。一切都会过去的。"

他哪里知道，这个借口使他弄巧成拙，希特勒怎会轻易就相信他的谎话。以他多疑的性格，他一定怀疑隆美尔想借机逃跑。于是，他命令秘密警察一面加紧对隆美尔的监视，一面敦促凯特尔加快对隆美尔施以惩处的步伐。

10 月 11 日，刚参加完柏林军备会议的海军上将卢格来到隆美尔家。见到老朋友，隆美尔有些喜出望外，亲自驾车到 70 英里外的奥格森堡去，可没想到秘密警察很快就把这件事报告给了希特勒。

10 月 12 日，希特勒向凯特尔口授了一封给隆美尔的信，信中提出了两种选择：如果隆美尔认为他对霍法克的辩解和指控一无所知，那么他就必须向元首交代；如果不是这样，那么对他的逮捕和审判将不可避免。

10 月 13 日早晨，隆美尔和露西一起驾车前去看望老朋友。上午 11 点，希特勒大本营给隆美尔的山庄打电话，男仆卢斯托接了电话，他回答说陆军元帅已经外出。布格道夫又亲自打电话去，得到的回答也一样。布格道夫告诉男仆："请转告陆军元帅，明天中午至下午 1 点，我和另一位将军要来拜望他。"凯特尔把希特勒的信件和审讯报告交给布格道夫，要他亲自送往赫尔林根。凯特尔指示布格道夫，如果隆美尔选择受审——这种可能性对隆美尔来说几乎没有，就在当日陪他一起回来；假如隆美尔真的选择了第二条道路，最好提供给他毒药，而不是手枪，那样他的死亡会更自然一些。

晚上，隆美尔回来听了男仆转达的话，终于感到绝望了。

10 月 14 日一早，隆美尔换上了他在非洲指挥作战时最爱穿的开领制服。非洲那段军事生涯是他最为得意、最引以为豪的，从而也使他成了希特勒身边的大红人和国内众多粉丝的偶像。他特意跟儿子曼弗雷德到花园去散步，想把事情如实告诉儿子，但终究不忍心。他神色忧郁地对曼弗雷德说："昨天晚上，我接到电话，统帅部将派两名将军来和我谈我的重新任命的问题。这只有两种可能，一是上军事法庭受审，一是让我到东线去作战。"

"您愿意到东线去吗?"曼弗雷德忍不住好奇地问道。

隆美尔想，作为一名普鲁士元帅级的军官和堂堂的男子汉，应该采取适当的行动免遭逮捕和审判。他双手抓住曼弗雷德的肩膀，激动地说："我们在东线的敌人太可怕了。假如他们征服了整个欧洲，哪怕只是暂时的，也将是一场巨大的灾难。如果有这个阻止他们的机会，我一定会去的。"

中午 12 点左右，一辆绿色轿车在隆美尔的别墅门口停了下来，从车上下来一高一矮两个将军。高个的是陆军人事部部长布格道夫，他是个大块头，脸色红润，气色极佳。矮个的是希特勒的侍卫长梅塞尔，长着一个尖而长的翘鼻子，看上去像老鼠一样机警。

布格道夫装模作样地问候了隆美尔的病情，并说元首非常关心他的健康。随后，梅塞尔彬彬有礼地对隆美尔说，希望和元帅单独谈一谈。

隆美尔脸上强作笑容答道："可以，请到我的书房里谈。"他把他们领进书房。当他走到门口时，又转过身来对他的副官艾丁格吩咐道："把那份关于诺曼底情况的材料准备好。"

到了书房，布格道夫神色严峻地打量着自己的昔日老友，然后缓缓地说："元帅阁下，您被指控为谋害元首的同犯。"他的话使隆美尔的心一下子沉了下去。随后，布格道夫向隆美尔展示了他的参谋长斯派达尔和密谋分子霍法克的供词。"非常不幸，他们在供词中都提到了你，说你向他们保证，一旦刺杀成功，你将积极支持他们。"

隆美尔对这一切感到十分迷茫。他记不起过去对斯派达尔说过什么，但绝对记得跟霍法克说的话，他们除了谈西线的局势，没有一句与谋杀希特勒有关。他不明白自己是怎么被牵扯进这件事的。他是曾经劝说过希特勒放弃西线，但这些丝毫没有减少他对希特勒的忠诚，他甚至还带头在向希特勒效忠的保证书上签字。但现在他一时半会儿能把话说清楚吗？即使能说清楚，对他们说也没有用，显然元首已经作出了判决，他们只不过是来执行判决。他不准备再申辩，黯然说道："好吧，我承担后果，接受元首的任何惩处。"

几分钟后，隆美尔走出书房，脸色一片死灰，喉咙像给卡住似的说不出话来。过了一会儿，他才慢慢对露西和儿子说："我在一刻钟之内就要死了。……死在自己人手里是很使人伤心的。但是这座房子已经给包围，希特勒元首指控我犯了卖国罪。总算是他的好意，姑念我在非洲的战功，已准我服毒自尽。这两位将军已经把毒药带来了，只要3秒钟即可生效。如果我接受，他们不会像平常惯例那样株连我的家属，这是对你们而言。他们也不会加害于我的僚属。"他又继续说，"假如有一点风声泄露出去，他们就认为他们已无尊重协议的必要了，你们明白吗？"

曼弗雷德问他："难道我们不能自卫吗？"

隆美尔说："那完全不在考虑之列。宁可死一人，也不要让大家在乱枪中丧生。况且，我们也没有充足的弹药。"接着，他把副官艾丁格叫来。艾丁格得知此事后，心也冷了大半截。他们给隆美尔的告别时间只有 10 分钟，因此他加快速度说："他们已经有了最精密的准备。我死后还可以享受国葬的荣典。我已经要求在乌尔门举行。在一刻钟之内，你，艾丁格，一定会接到一个从乌尔门华格纳医院打来的电话，说我在途中因中风死去了。"

露西被这一意外的消息吓晕了，隆美尔在她唇边吻了一下，最后叮咛道："我想斯派达尔也会有这种结局的。你们不要记恨他们，好好照料他的夫人。"说完便向楼下走去。

隆美尔套上褐色的非洲装甲军的制服，戴上帽子，又把小狗关进书房，环视四周后，带走了希特勒授予他的元帅杖。露西不忍送别。曼弗雷德冲了下去，紧紧地抱住他。在艾丁格和曼弗雷德的陪同下，他默默地走出宅门，慢慢穿过花园。四周像死一般的寂静，脚下的碎石发出嚓嚓的声音。

走到大门口，一个身着党卫军制服的司机为隆美尔打开了车门。隆美尔向露西和曼弗雷德挥了挥手，便坐进了汽车。布格道夫和梅塞尔也跟着上了车。隆美尔坐在车后座的右边，车门被关上，奔驰车开动了。驶出 500 米后，他们停在一个有砾石坑的小树林里。布格道夫要求梅塞尔和司机离开，5 分钟后再回来。后来，司机回忆说："几分钟后，我看到隆美尔元帅坐在汽车后座上，显然生命垂危。他毫无知觉地瘫倒，抽泣着……他嘴里还残留着氰化钾。"他的军帽掉在一旁，元帅杖也从手里落了下来。

艾丁格默默地守候在电话机旁。曼弗雷德默默地陪伴着母亲。时钟嘀嗒嘀嗒地响着，10 分钟后，艾丁格在电话里被告知隆美尔因中风而死去的噩耗。

他们驱车直驶医院，不许医生验尸。布格道夫马上打电话报告希特勒：隆美尔已按预定的计划安置完毕。

隔了一天，即 10 月 16 日，希特勒一本正经地给隆美尔的妻子露西发去唁电。唁电全文如下："你的丈夫的逝世对于你无疑是个莫大的损失，请接受我最诚挚的吊唁。隆美尔元帅的英名和他那英勇的北非战绩，将永垂不朽。”

刚担任西线总司令不久的莫德尔元帅向全国发布了讣告，宣布隆美尔元帅因 7 月 17 日所受的创伤过重，不幸治疗无效而死，他代表全体西线官兵对隆美尔的死表示深切哀悼。

希特勒还特意成立了“葬礼研究小组”（这是希特勒在 10 月 14 日上午就计划好的）。10 月 17 日，葬礼在乌尔门举行。希特勒送去了花圈（这也是他在 10 月 14 日上午就预定好的）。

隆美尔的丧事按事先的承诺举行国葬。他的灵柩由炮车拖引，上面覆盖纳粹德国的国旗。69 岁的老元帅龙德斯泰特致悼词。他说，隆美尔元帅的“心是属于元首的”。随后，在一辆炮车的牵引下，灵柩慢慢地驶向墓地。

纳粹德国的一位“功勋卓越”的陆军元帅，就这样走完了他 53 年的人生之旅。这场未能成功夺走希特勒生命的暗杀行动，最终却成功夺走了隆美尔的性命。

所谓“成也萧何，败也萧何”，希特勒在德国政治舞台上的出现，改变了隆美尔的一生，使他声名鹊起，从此走上飞黄腾达之路，但最终也是希特勒的怀疑，把隆美尔推上了为纳粹殉葬的绝境。

我们无法设想，如果隆美尔没有遇到希特勒，没有受到希特勒的赏识，他的人生轨迹将会怎样。也正因为如此，隆美尔对希特勒是忠诚的、无条件服从的。

作为希特勒的马前卒，隆美尔很幸运，在其他法西斯帮凶一个个变得臭名昭著、为世人所唾弃的情况下，他的名声却扶摇直上，成了唯一一个被战争双方都奉为英雄的纳粹将领，生前身后荣誉不断，几乎让人忘记了他身为纳粹将领的事实。但不管怎样，他帮助希特勒直接或间接带给世界人民的苦难，是无论如何粉饰也无法掩盖的。

此外，因为不参与政治，隆美尔还被塑造成一个超脱于政治之外的军事天才。但是，他的骄人战绩并不能弥补他在战略决策上的不足。不可否认，他是一个战术巨人，他对装甲摩托化部队的理解和使用是极为充分的，但在战略上，目光短浅的他始终搞不清总体局势，一意孤行，结果把北非这个次要战场打成了主要战场之一，把德国总参谋部最初设想的防御战打成了闪电进攻战，这也注定了他失败的命运，并直接导致德国失去了一个牵制盟国的重要筹码。从此，英、美开始对德国占领的西欧地区发起了直接进攻。从这个角度来说，隆美尔的军事建树仅仅停留在战术层次，他充其量是个名将，而不能成为军事大家。

一场非正义的对抗全人类的侵略战争，注定了隆美尔的一生将以悲剧收场。而希特勒最后自导自演的备极哀荣的“国葬”，也正是隆美尔矛盾悲剧一生的象征。